# 復興とは
# 3・11その時 そして

朝日新聞盛岡総局編

岩手、宮城、福島各県の中高生と、音楽を通して被災地を応援する人気デュオ「ゆず」が出演した「復興支援音楽祭　歌の絆プロジェクト」が2014年3月2日、仙台市で開かれた。実行委員会（三菱商事、朝日新聞社）の主催約2000人の観客も一緒になって、復興への願いと誓いを込めて歌声を響かせた＝日吉健吾撮影

岩手県の陸前高田市と隣の大船渡市で亡くなったのは1896人。2014年3月9日、その遺族ら約30人が陸前高田市の更地に集まり、犠牲者と同じ数の連だこを空に放った。地元有志が「亡くなった人たちを忘れないように」と企画した。両親を亡くした岩手県滝沢市の公務員菅原則彦さん（41）は妻子と参加。「犠牲者を忘れてしまう怖さを感じるときもある。心の整理がつかない」と話した＝福留庸友撮影

住民の1割を超す218人が死亡・行方不明となった岩手県大槌町安渡地区。2014年3月9日の追悼式では、半鐘をたたき続けて犠牲になった越田冨士夫さん（当時57）をしのび、午後2時46分から1分間、半鐘を連打した。越田さんは、鳴らない防災無線のサイレンの代わりに、しまってあった半鐘を持ち出し、屯所の屋上で打ち鳴らした。式には約150人が集まり、海に向かって手を合わせ、献花した＝上田潤撮影

地震発生時刻にあわせて、防潮堤で手をつないで祈る人たち＝2014年3月11日午後2時46分、岩手県宮古市、小玉重隆撮影

三陸鉄道南リアス線の熊木トンネルを歩く参加者たち＝2014年3月11日午前9時15分、岩手県釜石市、金川雄策撮影

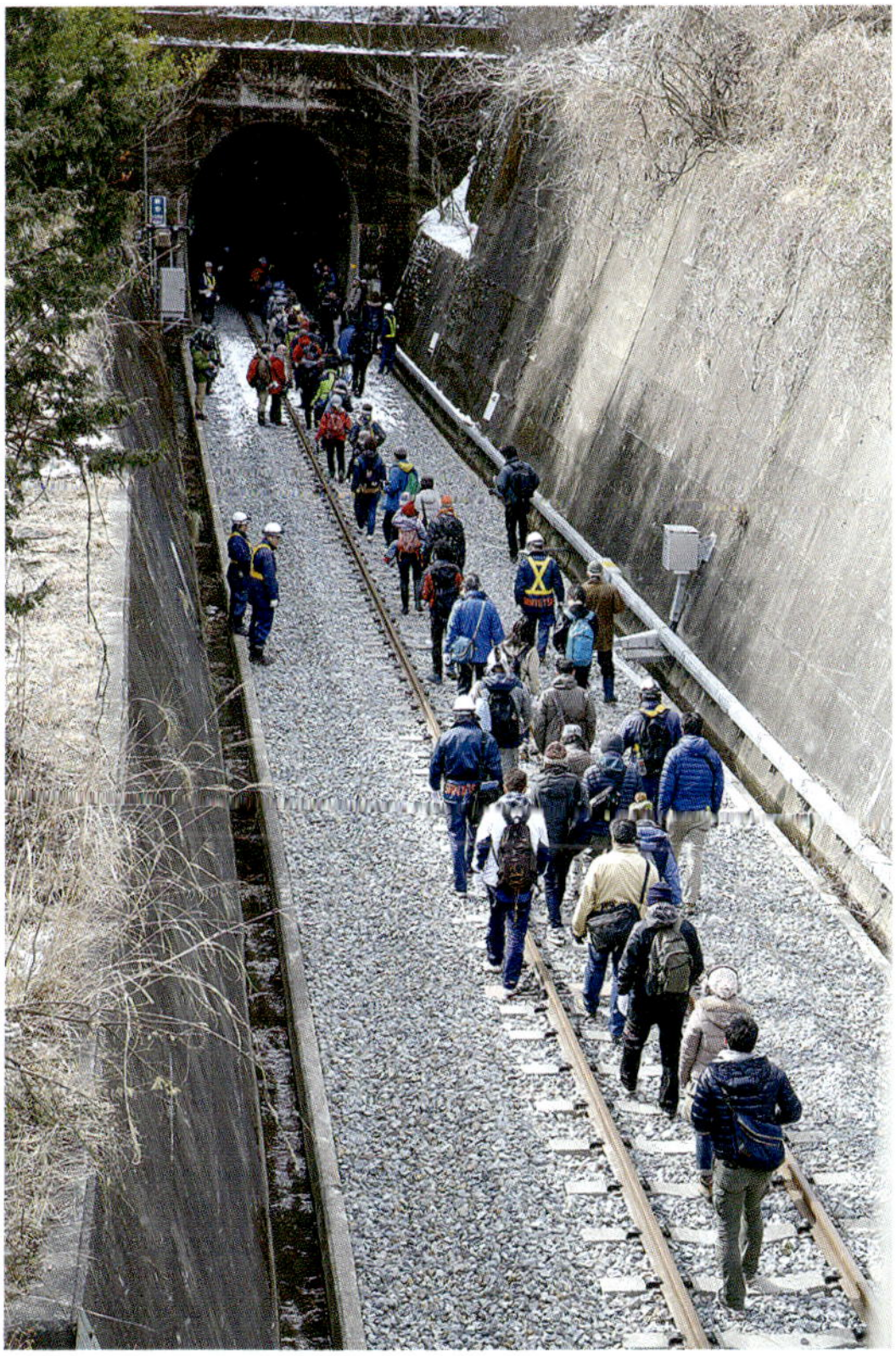

三陸鉄道南リアス線の鍬台トンネルに向かう参加者たち＝2014年3月11日午前9時32分、釜石市、金川雄策撮影

釜石駅を出発した三陸鉄道の車内で記念写真を撮影する親子連れ＝2014年4月5日午前、福留庸友撮影

三陸鉄道南リアス線が全線復旧し、唐丹駅に到着した一番列車＝2014年4月5日午前6時24分、釜石市、日吉健吾撮影

盛駅のホームは記念列車を見送る住民や鉄道ファンらでごった返した＝2014年4月5日、大船渡市盛町、松本龍三郎撮影

釜石駅では、乗客がメッセージを書き込んだ＝2014年4月5日午後、釜石市、福留庸友撮影

住民たちは3年1カ月ぶりに久慈駅から到着した列車を歓迎した＝2014年4月6日、岩手県岩泉町の三陸鉄道北リアス線小本駅、岩井建樹撮影

くす玉を割って記念列車を見送った＝2014年4月6日、宮古市の三鉄宮古駅、阿部浩明撮影

旧市街地の試験盛り土。かさ上げ工事は夏から本格化する＝2014年6月、陸前高田市、杉村和将撮影

宮古市田老地区。奥の高台では造成が進んでいる。下は巨大防潮堤、中央はたろう観光ホテル＝2014年9月3日、本社ヘリから、飯塚晋一撮影

吉里吉里駅（手前）付近のJR山田線。レールはさびつき、奥の線路は草に埋もれている＝2014年9月3日、大
町吉里吉里、本社ヘリから、飯塚晋一撮影

整地が進む大槌町中心部。中央は旧町役場＝2014年9月3日、本社ヘリから、飯塚晋一撮影

左上の山を削った土砂を巨大なベルトコンベヤーで運んでいる＝2014年9月3日、本社ヘリから、飯塚晋一撮影

左上の河口付近では防潮堤や水門の工事が進む。小中学校跡地や防災センター跡周辺ではかさ上げに使う土砂が
山積み＝2014年9月3日、本社ヘリから、飯塚晋一撮影

# 序文

「まえおむこう　まええ」

４歳だった孫娘が震災直後にそうつづった小さなプラスチック板を、大切に保管している被災男性がいます。漁業集落の代表として復興へと歩んできました。海が見える方が素早い避難につながると防潮堤の建設に「ノー」を貫きました。男性を支えたのが、孫の9文字でした。

ひらがなも習っていない孫がなぜそんな言葉を書いたのか、男性には今も分かりません。震災直後、「前を向こう」というキャッチフレーズが被災地やテレビ、新聞で語られていたことは記憶しています。国内はもとより海外まで伝わった「絆」と似ています。

東日本大震災から４年が経ちました。残念ながら、まだまだ前を向けない人が被災地にはたくさんいます。応急だったはずの仮設住宅は、当たり前の風景のように存在し、今も多くの被災者が生活を続けています。仮設住宅が立つ校庭で子供たちは走り回れません。海沿いにはかさ上げや防潮堤の工事を待つ宅地跡が広がります。

一方、前進が目立つのは道路や水門、防潮堤などコンクリート構造物です。被災地の国道を、土砂を積んだ大型ダンプがひっきりなしに行き来します。まるで昭和の高度成長期です。

時間の経過は残酷です。仮設住宅では「自宅に戻れないまま老人ホーム行きかも」といった会話が交わされています。将来を考える時間ができた分だけ、悲観する人もいます。夫を津波で失った女性が、自ら命を絶ったそうです。仮設住宅の花壇の世話を続けた人だったと周囲は悲しんでいます。父親が自死した家庭もありました。仕事が見つからないと悩んでいたそうです。

被災した人たちを支えているのは、生まれ育ったふるさとや家族を愛する気持ちです。ごくわずかな変化に希望を見いだそうとしています。取材で通う仮設住宅のお年寄りたちも次第に災害公営住宅の入居先が決まってきました。完成は1年も2年も先ですが、表情が明るくなりました。住宅再建のめどがまったく立たない男性は長男の大学合格に希望を見いだします。80歳を超えた男性は被災した自宅跡付近のかさ上げ工事が始まっただけで気力を振り絞れるそうです。

「希望学」を唱える東京大学の玄田有史教授らが、岩手県釜石市を中心に被災やその後の体験の聞き取りを続けています。「過去に挫折を経験した人ほど未来に希望を持つ傾向がある」との分析が出発点だそうです。過疎化に震災が加わり、人口減は現実味を帯びつつあります。教授らの分析でいけば、被災地はきっとこの困難を乗り越え、希望を持てるようになるはずです。取材で出会う人たちと話をしていると、そうあって欲しい、いや、そうなると確信します。

私たち記者も震災の発生時、あまりにも大きな犠牲に言葉を失いました。それから4年。生活再建が進まないのはなぜか。腰を上げようとする人に立ちただかる壁は何か。新たな取材テーマが次々と出てきます。復興に区切りはありません。風化はさせません。向かうのは前です。

朝日新聞釜石支局長
山浦　正敬

# 復興とは 3・11 その時そして 目次

目次



〈注〉本書に収録した記事は、朝日新聞岩手版で2012年4月1日〜2014年10月30日に掲載した中から選んだものです。文中の肩書や年齢、学校・学年、住所などは基本的に掲載当時のままですが、連載を一本にまとめる都合や年月の経過を踏まえ、必要に応じて読みやすく修正した部分もあります。

# あの時あの場所で

3・11
その時
そして

## 判断任せられ、運転士葛藤

三陸鉄道（2012年4月1～6日掲載）

「どうしようか」。あの日、三陸鉄道北リアス線で久慈発宮古行き列車を動かしていた運転士、下本修さん（48）はひとり、葛藤と戦っていた。

海まで200～300メートルにあり、津波で大きく破損することになる野田村の十府ケ浦海岸沿いの線路を地震直前に通り抜け、二つめのトンネル内で突然、無線の声が響いた。ガーガーというひどい雑音に混じり、「止まれ、止まれ」。

時速50キロまで加速しており、揺れには全く気づかなかったが、トンネルを出て、下り坂のカーブで緊急停止した。減速して初めて周りの木が激しく揺れているのに気づいた。

久慈市の運行部に連絡すると、「大きな地震があった。久慈は停電中だ」。すぐ乗客に伝えた。けが人はなかった。乗客は高校生ら学生8人と、旅行客や地元の大人7人。代行輸送の可能性もあり、行き先を確認すると、盛岡や東京へ乗り継ぐ予定の人もいた。

次いで運行部から「大津波警報発令」を知らされたが、停車位置は高台。「救助を待て」と指示された。

そこまではよかった。「久慈も避難する、あとは運転士の判断に任せる」。それから一人で行動しなくてはいけなくなった。

震災当時、下本運転士と客が乗っていた三鉄車両＝普代駅で伊藤写す

トンネル内で列車が緊急停止し、暗がりを乗客2人とともに脱出した南リアス線に比べ、外で止められたのは幸いだったが、指示を仰いだり相談したりする相手がいないのはつらい。

携帯もつながらなくなった。高校生が「震度7の大地震らしい」とみなに告げたのが最後だった。

無線がつながっていたときは、いちいち客席に行って伝えたが、もう話す内容はない。一人運転席に戻り、考えた。

300メートルほど先に民家が見えた。そこまで歩いて救出を求めたらどうだろう。しかし、下り坂で運転士が車両を離れ、万が一、ブレーキが外れたら……。余震が不安を増幅させた。

全員を連れて避難、という手もあった。だが、足の悪そうなお年寄りの女性客もいる。

黙っていた客の一人が運転席に近づいてきた。

「どうするんだね」

「もう少し待ちましょう」

そう答えるのがやっとだった。
ひっきりなしに運行部を無線で呼んだ。しかし応答はなかった。
停車したまま、3時間、4時間。そのまま夜になり、雪がちらついてきた。

## ●午後7時半、乗客救出

高台に緊急停止し、孤立した三陸鉄道の車内で、運転士下本修さんの救いは、後部座席にいた高校生たちだった。ジャージー姿でトランプに興じている。地元の生徒で本当は家の不安があっただろうに、屈託のない声が響き、日常が続いているようだった。

久慈を出る時、燃料を満タンにしてきた。ディーゼルカーなので暖房や照明は途切れない。電車ならこうはいかない。「田舎のローカル線でよかったな」と思った。トイレや飲料の自動販売機も生きていた。

いらだちをぶつけてくる乗客はいなかった。ただ、自分が歯がゆかった。乗客の盛岡市の元高校教諭、宮田規義さん（78）によると、下本さんは運転席でわきの窓にひじをつけ、ぼんやり前を見ていた。頭を抱え込んでいるようだった。

その下本さんが前方から近づく懐中電灯の揺れる明かりを見つけた。普代村の消防団だった。「大丈夫ですか」。まもなく、途中駅に避難していた三鉄作業員が現れた。午後7時半。客15人を救出してもらった。

列車移動に備え、一人残った下本さんは深夜、作業員と車で脱出し、野田玉川駅へ。無線で久慈を呼んだが応答はない。車中で夜を明かした。星がひどくきれいだった。

津波は同駅に押し寄せ、5駅前方の島越駅は駅舎を流された。きわどい場所でずっと停車していたとは、まだ知らなかった。

## ●ユニーク商品、注文次々

被災レールの販売、きっと芽がでるせんべい、こたつ列車キーホルダー。ユニーク商品を連発する三陸鉄道の物産担当、菊池弘充さん（47）は2011年5月まで、釜石駅長だった。

あの日、駅にいた社員3人と客3人はすぐ避難した。大揺れの後、いったん駅に戻った。テレビも防災無線も聞こえない。ただ余震がひどい。「駅長、絶対津波が来る」。海沿い出身の部下の進言で高台へ向かった。「逃げろ」と高い声がして、2キロ離れた海側で土煙が上がった。駅前は湖になった。

2日後に戻ると、線路はジェットコースターの軌道のように曲がっていた。釜石以南の南リアス線は復旧のめどが立たなかった。

震災5日後、一部運転を再開した宮古以北の北リアス線の応援に入った。ホームでは手旗信号で列車を送り出し、踏切に社員が立ってロープで通行を制限した。訓練はしていたが、本当にするとは思っていなかった。

菊池さんは、開業1年前の1983年に入社した三鉄1期生。自分たちで会社を作った自負がある。がれき撤去の自衛隊が記念に残した置物をヒントに、レール販売を始めた。最初の200

個は1日で完売、次の400個を3月までに売り切った。最初のとき、注文のほとんどを受けたのは菊池さん。大阪から鹿児島から次々に電話が入り、「頑張って」。乗ったこともない人たちが多く、激励の言葉に胸が熱くなった。

## ●被災地に3千人案内

三陸鉄道が被災地ガイドを始めたのは、11年5月の連休のことだった。

提案したのは、同社の自称「準社員」草野悟さん（61）。元広告会社幹部で、県の委託で6年前から沿岸の観光振興などに取り組んでおり、三鉄の総合企画アドバイザーでもある。駅周辺の飲食店を案内する「駅1グルメ」を発表した直後の震災だった。

あの日、仙台出張のため、車で盛岡へ向かっていた。激しく揺れ、ラジオで沿岸の異変を知ったが、もう戻れない。翌日、とんぼ返りして、すぐさま走り出した。

停電の中、望月正彦社長（60）らは、宮古駅に停車中だった車両を対策本部にし、5日後から順次列車を動かし始めている。

とはいえ、解雇したパートら14人を除いても社員は約80人。仕事をどう確保するか。

そこで考えた仕事の一つが被災地ガイド。「フロントライン研修」と名付けた。自宅を失った社員が自ら案内し、被災の経験を伝える。被災地支援だからと値引きも旅行会社も断った。行政、NPO、研究者らこの1年で3千人を案内した。

第1号は全国の不動産鑑定士30人の視察だった。バスの中で最初にマイクを握ったのは草野さん。被災者にカメラを向けない、大声を出さない、酒は飲まないで、と注意することから始まった。

## ●再開しても現実厳しく

田野畑村で1日あった三陸鉄道の再開式典を、同村の漁業、畠山忠男さん（68）は、複雑な思いで見ていた。

畠山さんは、1984年の田野畑駅開業式典で進行役を務めた。自治会の若手で消防団班長をしており、村長に指名された。「村にこんなに人がいたのか」。そう思うほどの人出で、涙を流している人もいた。村と交流のある早稲田大の学者もあいさつした。

鉄道は明治三陸津波後に構想されて以来、地域の悲願だった。戦後ようやく始まった工事は旧国鉄の経営悪化で何度も中断し、一時は赤さびたレールが放置されたままに。敷石に名前を書いて並べる運動が行われ、地域を挙げて運動した末の開業だった。

しかし、開業効果は思うように表れなかった。人口はいまや当時の7割に減った。並行する国道45号やそのバイパスが整備され、車の利用者が増えた。定時に運行する列車は心の支えだったとはいえ、がら空きの車内を見ると胸が痛んだ。

そして震災。あの日、目の前で自宅が流されていった。いまは高台の高校グラウンドの仮設住宅で暮らす。「盛岡に移りたい」という妻を説得し、村内に家を建て直すつもりだが、駅近くの元の場所にはもう戻れない。駅周辺の160世帯の半数が被災し、どれだけが戻るか。「鉄道復活はほっとしたけど、現実は厳しい。自分たちの生活がどうなるのか、見えないんだ」

## ●無人駅にはしたくない

三陸鉄道の田野畑駅は何もなくなった街の跡を望む高台にある。白壁にピンクの花びらが描かれ、そこだけ華やいでいる。駅頭の宮沢賢治の詩碑の隣には、ベートーベンの交響曲第9番の音楽をバックに子どもたちが駅に向かって行進するビデオが上映されている。

村から駅管理を請け負う自治会有志に雇われた「駅員」、中崎美香さん（30）は1日、1年ぶりに仕事に復帰した。

あの日も一人勤務だった。大揺れに慌てて外に飛び出したが、戻った。防災無線が大津波警報を告げ、怖かった。でも客を置いて逃げるわけにはいかない。金庫も気になった。男性客や電話ボックス付近の女性客が逃げ出すのを確認し、ようやく脱出した。海近くの自宅に戻って着替え、高台の保育園の子どもの元へ走った。自宅はその直後、津波で全壊した。間一髪だった。

自治会の紹介で4年前、偶然、引き受けた仕事。一人で、切符販売から喫茶コーナーまで担当する。たまに団体客が来ると、てんてこ舞いする。でも決まった時刻に現れる医者通いのおばあさん、駅の図書コーナーの本を読みにくる子どもたちと一言、二言会話するのが楽しみだった。「こんにちは」「いい天気だね」。そんなやり取りで、家族のような気持ちになった。

前のにぎわいが戻るかどうか分からない。でも「無人駅にしたくない」という地元の熱意を信じ、きょうも勤務につく。

（伊藤智章）

※三陸鉄道は２０１４年４月に北リアス線も南リアス線も完全に復旧した。12月には震災で運休していたＪＲ山田線宮古・釜石間の三鉄移管が決まり、山田線を挟んで南北に分かれていた三鉄は一本につながることになった。総延長は１６３キロとなる。

## 病院避難は想定外

### 岩手県立大槌病院（２０１２年５月９～20日掲載）

２０１１年３月11日、県立大槌病院の中は、落ち着かない雰囲気だった。地震の予感ではない。異動内示の日だったからだ。岩田千尋院長（65）が十数人に伝え終えた16分後、大きな揺れが来た。病棟担当の主任看護師・高橋純子さん（41）は、３階の病室で女性患者の点滴の具合をチェックしていた。

指示を聞くために病室の扉を開けに行こうとしたが、女性患者が「助けて、どうしたらいいの」と体にしがみつき、動けなかった。「落ち着いて、安全に誘導しますから」と言い聞かせた。本当は、高橋さんも怖かった。町の防災無線は「津波警報が発令されました」と一度言ったきり何も聞こえなかった。

次の対応がしやすいように、患者は３階の階段に近いナースステーション前に集められた。高

3階の病室に、がれきがぶつかり、ひしゃげた窓枠＝2011年3月11日午後4時、大槌町新町の県立大槌病院（同病院提供）

橋さんは他の看護師とともに病室から患者を連れ出した。だれか残っていないか確認しようと病室に入った時、目の前の大槌川堤防から、黒い波がみるみる滝のようにあふれて来るのが見えた。3階にも到達しそうだった。

事務局長の佐々木勝広さん（53）は、1階で外から駆け込んでくる人を階上に誘導していた。電動車椅子の男性も、エレベーターが動かないので階段で担ぎ上げた。1階入り口から津波が入ってきたのを見て、慌てて階段を上がった。

外来担当の主任看護師・菊池智子さん（58）は、他の看護師らと、内視鏡カメラなど持ち運び可能な機器を持って上がった。数人いた外来患者も階上に誘導を終えていた。

「バリバリ」。1、2階の窓が突き破ら

れた。その津波に流されて来た家が3階の病室の壁にぶつかり、ガラスが割れ、窓枠が内側に折れ曲がった。窓側の患者はすでに出ていたので、助かった。病院の外では、渋滞の車が津波にのまれ、悲鳴が上がっていた。

もはや3階も危ない。岩田院長は「屋上に上がれ」と指示した。医師2人、看護師12人を含む職員約70人で、入院患者53人を屋上に連れて行った。歩くのが難しい患者は、毛布やシーツに包んで4人がかりで持ち上げた。波は、3階の下の踊り場で渦を巻いていた。パニックになる暇さえなかった。10分程度で屋上に逃げ終えた。患者はだれも津波に巻き込まれずに済んだ。

病院では、津波の避難訓練はしていなかった。「そもそも病院スタッフが避難することは想定外だった」と佐々木さんは言う。災害時は、2次救急病院として患者が搬送されてくる場所と想定されていた。岩田院長は「病院は絶対に津波が来ない場所にあるべきだった」とつくづく思う。

〈県立大槌病院〉
1939年、県医薬購買販売利用組合連合会の病院として開設。50年、県立病院に移行。震災前は稼働病床数60、常勤医師3人、看護師45人だった。

## ●延焼を恐れ不安な一夜

大津波に襲われ、県立大槌病院の周囲は海になった。もう外には避難できない。屋上には、洗

屋上の職員や患者の前で火柱が上がった
＝2011年3月11日午後6時ごろ、大槌町新町、大槌病院提供

濯物を干す10畳ほどのサンルームがあった。マットを敷いて、足の踏み場もないほど患者を寝かせた。物干しをかけるホックに点滴袋を引っかけた。

1時間もしないうち、周囲から「ボーン」という爆発音が次々聞こえた。あちこちから火柱が上がった。消す人はいない。燃え放題だった。病院の暖房に使う重油は、午前中に満タンにしていた。目の前に漁船が迫った。その横に火のついた家が流れてきた。引火すれば、ひとたまりもなかった。不安な中で、医師も看護師も外を見ないようにして、患者の世話に集中した。

夕方になり、雪が降り始めた。自分で歩ける患者は、何とか浸水を逃れた3階に戻し、看護師も上下に分かれた。医師も看護師も、防寒着を入れたロッカーは津波で流され、白衣姿だった。患者の間にはさまって寝た。「火事の炎は延焼が怖い半面、そのせいで少し暖かい気がした」と言う職員もいる。

認知症の患者は「自分の病室ではない」「おなかがすいた」などと訴えた。看護師は「今は大変な状況なんだぁよ」と説明したが、それでもわからない患者には、仕方なく外を見せた。すると、納得したのか、黙った。

## ●泣きながら患者みとる

3月11日夜。暗闇の中から、県立大槌病院には「助けて」という声がいくつも響いて来た。屋根の上に乗り、ずぶぬれで流れてきた男性がいた。職員がシーツをひも状につないで引っ張り上げて助けた。だが、大半はどうすることもできず、やがて声は消えた。

入院していた53人には、危篤と小康状態を繰り返していたような患者も多く、11日の震災前にも1人亡くなっていた。停電で機器が使えず、1階の薬品庫も流された状況では、懸命の看病も及ばない患者もいた。

電動の人工呼吸器が使えなくなった男性患者は、看護師が3人1組で班を作り、徹夜で手で呼吸器を押して空気を送り込み続けた。たんは看護師が器具で引っ張り出した。

翌日、酸素の残りがつきてきた。看護師らは患者を囲み、「ごめんね。ごめんね」と泣きながらみとった。その日のうちに妻と娘が訪ねて来た。事情を話すと「よくしてくださった。みなさんにみてもらったおかげで私たちも助かった」と感謝された。「もっとできることはなかったのかと苦しい気持ちに包まれていたが、少し救われた気がした」と高橋さんは振り返る。

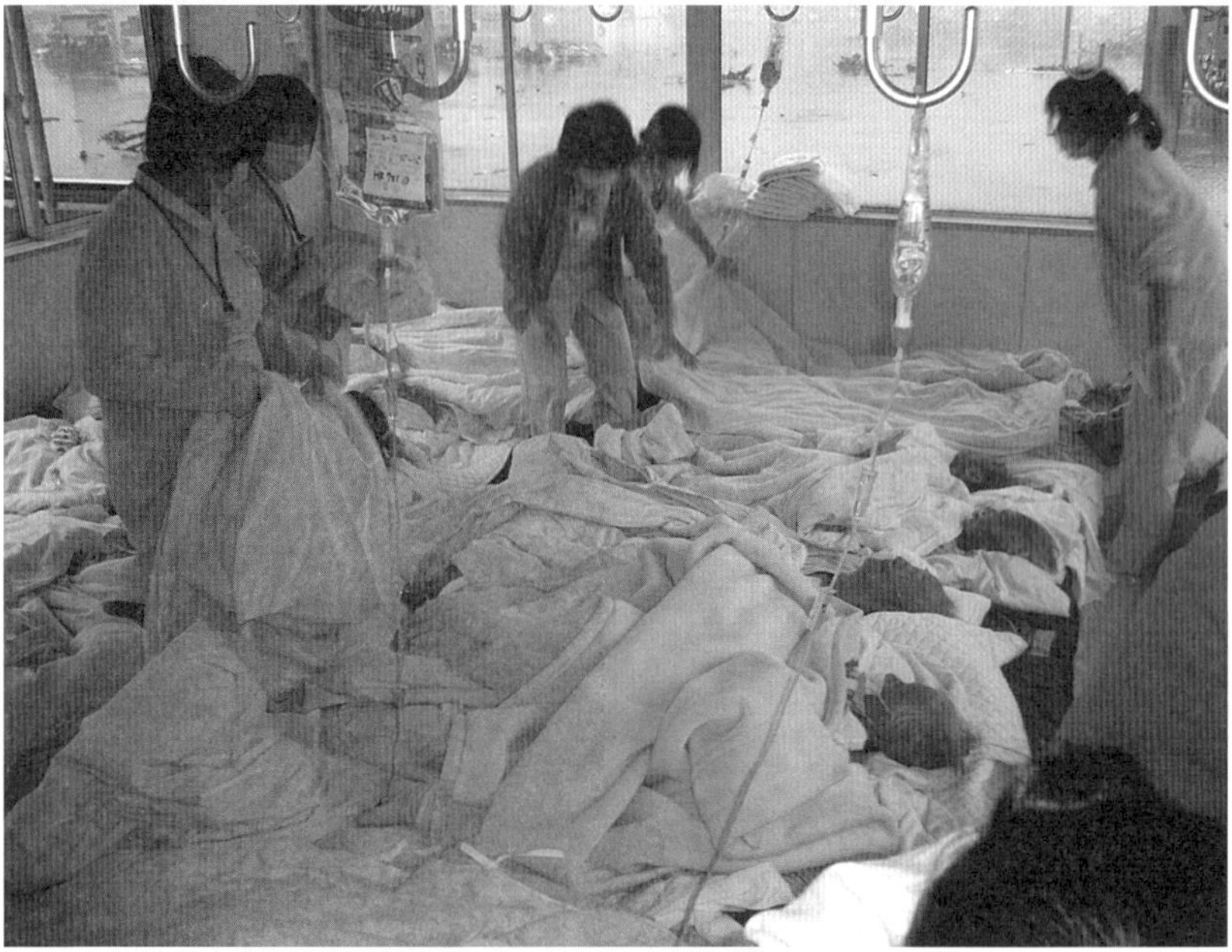
サンルームに避難させた入院患者を介護する看護師＝大槌病院提供

孤立した病院内で2人、その後に移った大槌高校でも1人が亡くなった。「震災がなければ、もう少しでも生きていられたのに」と、岩田院長は悔やむ。

## ●形見のラジオが情報源

津波が入った2階から何とか取り出せた非常食を3日はもたせようとすると、1人分の一食におかゆ100ミリリットルと水50ミリリットルしかなかった。翌12日、17キロ先の山間部に家のある職員が、ヒッチハイクで戻っておにぎりを握ってきた。自衛隊や消防団からも食料が届き、飢えの心配はなくなった。まだ外に避難できる状態ではなかった。岩田院長は「外に出るな」「火を使うな」と指示した。

屋上にはシーツを「ＳＯＳ」の形に並べた。午前9時ごろ、自衛隊のヘリが病院近くに降りた。救助を要請したが、隊員は「偵察なので乗せられない」。別のヘリを出すように要請しておく」と言って去った。1時間ほどすると、ヘリが屋上に来た。が、別の場所から透析患者を搬送するために呼ばれ、間違ったのだった。頼んで、津波でおぼれて運ばれてきた重症患者を乗せてもらった。

結局その後、ヘリは病院に来なかった。後で聞くと、他で孤立住民を見つけたので優先させたという。職員は、安心して屋上で手を振ることもなく待っていた。後で医療関係者に聞くと、「屋上に人がいないので、大槌病院は生存者なしとの報道も流れた」という。

貴重な情報源となったのは、手動で空気を送り続けた末に亡くなった、あの男性患者が持っていたラジオだった。震災前、看護師が「この歌知ってる？」と話しかけると患者が反応するので、会話のきっかけにもなった。13日朝、そのラジオから、看護師が気になるニュースを聞いた。

## ●「また地震？」避難決意

13日の昼ごろ、看護師の菊池さんはラジオのニュースを聞いて驚いた。「3日以内に震度7の地震が来る確率は70％」

幹部に報告し、職員らは「病院が倒壊するかもしれない」と進言した。協議の結果、「ヘリ救助を待っていられない」と、明るいうちに大槌高校に避難することを決めた。

53人いた入院患者は、家族が引き取るなどして28人になっていた。非常階段から出て車椅子に乗せ、自衛隊が切り開いた道を移動した。職員は、高台にある大槌高校への約1・5キロを何往復もした。

最後の患者を病院から連れ出し、看護師の高橋さんは毛布や医療器具など必要なものを運ぼうとしていた。その時、また津波が来そうだとの情報が伝わった。高橋さんは「やはり来たか」と同僚と屋上に逃げた。「堤防がない。前より高く波が来るかもしれない」と、屋上のはしごを上り、病院の看板の下まで避難して手を振った。30分ほどして自衛隊のヘリが来て、大槌高校まで運んでくれた。実際は13日朝、津波警報から注意報になったが、まだ解除されていなかったため、注意喚起する情報が流れたのを勘違いしたようだった。午後5時30分に避難を終え、約30分後、注意報は解除された。

看護師らは身の危険からは開放された。しかし、今度は患者の搬送と、次々と来る外来患者の応対に忙殺されることになる。

## ●口コミで増える「外来」

震災3日目で県立大槌病院のスタッフが移った県立大槌高校には、1千人近い避難者がいた。教室を四つ借り、患者の部屋、薬品の収納場所、職員が休む場所に分けた。

心臓病、高血圧、ぜんそくなど、避難者が薬を求めて来た。医師は処方に苦労した。今まで飲んでいた薬の種類を覚えていないことが多く、わかっても不足していたので2日分しか渡せなかった。当初はカルテ代わりのメモ用紙に記録した。

口コミで「外来」は増えた。主任看護師の菊池さんの記録では3月14日は1日39人だったが19

日には172人に達した。

一方で、入院患者や治療が必要な外来患者を、ベッドのある施設や内陸の病院に搬送させる必要があった。

14日、菊池さんのもとに、3カ月の女の赤ちゃんを抱いた母親が祖母に付き添われて来た。釜石市の防災センターで津波に遭ったという。「赤ちゃんと一度離れたが、必死で腕をつかんで抱き寄せた。背中をたたいて水を吐かせ、紫がかった顔色がよくなった」。その後、ミルクをあまり飲まなくなったので来たのだという。

38度近い熱だった。診察を受けながら母親は「2歳のお兄ちゃんも一緒だったが、手が離れて目の前で流されてしまった」と涙ぐみ、菊池さんも一緒に泣いた。赤ちゃんは2時間後、県立釜石病院に救急車で運ばれた。

## ●家族の安否確認できず

県立大槌病院の多くのスタッフは、自分の家族がどうなっているのかわからないまま、患者の世話を続けた。入院患者を安心な場所に搬送するまで落ち着けなかった。岩田院長らが、町内の施設や近隣の病院に直接頼みに行き、少しずつ受け入れてもらった。

看護師の高橋さんは小学生の長女（12）、長男（10）や、母（70）の身を案じた。吉里吉里の自宅付近は津波ですべて流されたと人づてに聞いていた。家にいた母は、長女や長男がいる避難先の小学校に向かったという話を聞いた。「ひょっとしてお互いを捜しに戻って」と頭をよぎったが、確かめに帰ることはできなかった。

3月15日、高橋さんは担当している男性患者が内陸まで搬送されることになり、付き添いで救急車に乗ることになった。大槌高校を出発しようと車が動き始めた時、前に、3人の姿を見た。高橋さんに会いに来たのだった。

「止めてください」。救急車を降りて、子どもたちを抱きしめた。

子どもたちは無言だった。救急車が何台も止まり、避難者であふれる騒然とした雰囲気に、圧倒されてしまったらしかった。

高橋さんはすぐ救急車に戻り、盛岡に向かった。わずか数分の再会だった。

## ●手を差し出し泣く患者

3月15日、県立大槌病院の男性患者と看護師の高橋さんを乗せた救急車は、盛岡に向かった。余震が続き、道もがれきだらけなので、通常なら2時間ほどのところを3時間以上かけて慎重に搬送した。高橋さんは、子や母に会えて安心したのと、道が曲がりくねっているのとで、ひどく車酔いした。

男性は肺炎だったが、脳梗塞《こうそく》の後遺症で意思疎通はできるものの言葉が出ない状態だった。搬送先の看護師が名前を呼んだ。男性は看護師の顔を見つめるだけで反応を示さなかった。看護師は「意思疎通のできない患者ですね」と言った。

高橋さんは「いいえ、話すことはわかります。理解もできるし、反応も示すことが出来ます」

と説明した。しかし、その看護師は「あなたにはわかっても、ほかのものにわからなければ、意思疎通できないってことでしょ」と素っ気なく言った。高橋さんは「専門的にはそうかもしれないけれど」と、男性がかわいそうになった。

入院病棟まで移動する間、男性は涙を浮かべ、高橋さんに手をさし出した。高橋さんはその手をぎゅっと握り「大丈夫だよ。よくなって大槌に帰ってきてね。奥さんには必ず伝えるからね」と声をかけた。とは言ったものの「どんなに不安だろう」と思うと、高橋さんも涙が出てきた。

## ●我が子の待つ避難所へ

震災発生時に県立大槌病院に入院していた患者53人のうち、引き取り先が決まらず県立大槌高校に移動した28人の入院患者は、3月15日までに町内や内陸の施設に全員搬送を終えた。災害派遣医療チームや大阪市消防が協力した。病院スタッフは一度解散し、手伝いが可能な職員は交代で医療活動を続けることになった。

16日には借りていた教室を空け、外来診療をする保健室に医療材料などを固め、応援の医療チームが勤務に加わった。外来の主任看護師の菊池さんが、外来と病棟の看護師を合わせてローテーションを組んだ。菊池さんは家が近いので、引き続き1日置きに勤務した。病院としての診察は25日まで続いた。

病棟の主任看護師の高橋さんは、16日にやっと子どもと母が待つ吉里吉里小の避難所に帰った。副校長になかなか戻れなかったことをわびると、一緒に泣いてくれた。

その夜は、長女と長男を両脇に抱きかかえて寝た。大槌高校ではぼうぜんとして言葉が出なかった長女も、せきを切ったように話した。「怖かった」「ばあちゃんが流されたと思った。長靴を履いて走ってきてほっとした」「弟もすごく泣いていたんだよ」

患者を守った誇りと引き換えに、我が子を不安に陥れていた。「そばにいてあげなければ」。高橋さんは高校に戻らなかった。だが、吉里吉里小にも健康不安を訴える人は多く、救護班に加わって看護師の仕事は続けた。

## ●開業医も回診を手伝う

県立大槌病院は4月25日、市街地の公民館「上町ふれあいセンター」で診療を再開した。浸水域だったが、他に場所がなかった。早朝からお年寄りらが列を作った。

町内は診療所と薬局が全滅した。在住の開業医6人は全員被災し、ほとんどの医療器具を流されてしまった。植田俊郎さん（57）は、往診に出かけた直後に津波が来たので、バッグを抱えたまま医院の屋上からヘリで助けられた。降りた弓道場の避難所ですぐ診療を始めた。「聴診器があるのとないのとでは、患者の安心感が全く違った」

ふれあいセンターでの診療に、同じ開業医の藤丸潔さん（41）とともに参加した。大槌病院と開業医は震災前からよく連携していた。病院の医師不足を補うため、植田さんらが病棟の回診を手伝っていた。その関係が震災に生きた。

植田さんは診察しながら「被災地は、生死がはっきり分かれている」と思った。入院が必要な患者は内陸に移った。残った住民は病状が比較的軽い人ばかりで、命を落とした人との差が際だって見えた。ただ、糖尿病や高血圧を悪化させる人が目立った。「菓子パンばかり食べているし、運動する所もない。やむを得ない」

病院は6月27日、大槌川沿いの浸水しなかった場所に建った仮設診療所に移った。9月、植田さんを一人の医者が訪ねて来た。

## ●長崎から貴重な助っ人

植田さんを訪ねてきたのは、長崎県大村市で病床が160もある病院で副院長をしている宮村通典さん（66）だった。娘の夫が大槌町の出身で、その母は被災して仮設住宅暮らしだった。植田さんが診療していた寺野の避難所に、宮村さんの母校長崎大から医師が応援に来ていた。その縁で9月18日、仮設住宅に娘の義母を見舞った後、植田さんに町内を案内してもらった。言葉が出なかった。

専門は心療内科。生活が落ち着くにつれ、被災者の心のケアが重要になる。「これは長期戦だ。移り住むしかない」。阪神大震災の時、開業したばかりで何もできなかったことがずっと心残りだった。「行かなければ、一生悔いが残る」

宮村さんは僧でもあった。岸壁で法衣になり読経した。犠牲者を弔うのも、宮村さんのもう一つの目的だった。市街地は二つの寺が全壊し、墓石も割れて無残な状態をさらす。「寺の再建の力になりたい」とも思った。

「植田さんのお手伝いができないか」と相談したが、植田さんは医師不足の病院に勤務することを勧め、医師会や県医療局に紹介した。国立釜石病院と県立大槌病院が候補になった。岩田院長の強い勧誘と、宮村さんの希望で、2012年4月から大槌病院に勤務することになった。貴重な4人目の常勤医師になった。

## ●「どこに再建」思案続く

2012年3月27日、プレハブが並ぶ大槌町役場仮庁舎の一室。県立大槌病院の岩田院長、佐々木事務局長や、町内の開業医は、碇川豊町長ら町幹部と向き合っていた。

話題は、大槌病院をどこに再建するかだった。町側は、この仮庁舎の裏を打診した。岩田院長らは即座に難色を示した。すぐそこまで津波が来たからだ。

岩田院長は「万が一にも津波が来ない場所に」と考えていた。と同時に「震災時に孤立して患者が来ることができないところや、日常、利便性の悪い土地はだめだ」とも思う。

佐々木事務局長は「三陸道を早く通してもらい、沿道に病院を建てれば、現在30分かかっている釜石への搬送が20分以下になる」と主張した。実際、医療体制が比較的整っている県立釜石病院などに急患を送る機会は、震災前から多かった。

岩田院長も同じ意見だ。「医師不足が解消されるだけの増員が見込めなければ、釜石と連携して補うしかない」。幸い、今も救急対応を開業医を含めて融通し合うなど、関係はいい。それを生かすには、交通アクセスが大きな要因になってくる。

町は9月までに公共施設の配置も含めた都市計画を決定する。次の話し合いは5月23日。「いつまでもこの状態でいいわけがない」。岩田院長の心は休まらない。定年は延長された。

（東野真和）

## これこそが諸行無常か

### 仙寿院（2012年6月3〜10日掲載）

釜石市の仙寿院の住職芝崎恵応さん（55）は妻友子さん（55）と車で甲子川に架かる国道283号の五の橋を渡っていた。ドーンという音がして車が浮き、大きく揺れた。2011年3月11日午後。「大地震だ。津波がくるぞ」

家族が住む寺の庫裏に長女瞳さん（26）がいる。古い建物だから心配だ。渋滞する国道を避け、裏道へ。クラクションを鳴らしながら落石や道の真ん中に止まった車をかき分けるように走った。普段は数分の道のりが20分近くかかった。長女は境内で泣いていた。「大丈夫。でも津波が来るから」

高台にある寺は津波の避難場所。すでに近所の約10人が逃げて来ていた。本堂は落ちた仏具などが散乱しており、その場にいた若手の檀家《だんか》らに片づけを手伝ってもらっていた。

この時、ドーンという音が聞こえた。海が盛り上がっていた。「津波だ」。境内に逃げ込んだ人は100人を超えていた。この人たちが下にいる人に叫んだ。「早く上がれ」

境内から市街地を望むと、波が町並みを襲い始めた。民家の窓から手を振って助けを求めるおばあさんが見えた。1分もしないうちにその家は横向きになり流されてしまった。

近づくこともできず、見ているだけだった。「あり得ないことが起きている。諸行無常とはこういうことを言うのだろう」

被災者が次々と寺に逃げてきた。700人余り。本堂のほか客殿、庫裏も開放した。仙寿院は避難所となった。

## ●指揮官同士が言い争い

震災2日目の朝、釜石市の仙寿院におにぎりが届いた。250個。3人に1個しかない。配った市職員は文句を言われて泣いた。

芝崎さんは西部地区に出かけた。開いていたスーパーで食料などを調達した。リュックサックにチョコレート、左手に2リットルの水6本、右手にトイレットペーパーを持った。寺に戻る途中、釜石小学校の前で自衛隊と警察の部隊が向き合っていた。

双方の指揮官が道路のがれき撤去の方法を巡って言い争いをしていた。警察は「少しずつがれきを寄せないと人を捜せない」。自衛隊は「大通りを浜町まで通行できるようにするには一気にがれきをかき分けたい」。

そばで見ていた芝崎さんは声をかけた。「見苦しいよ。やめたら」。小学校にいた避難者も「何をやってるんだ」とあきれていた。それでもやめないので怒鳴った。「いい加減にせい」

さらに続けた。「私が背負っているのは何だと思う。食料が足りず、山を越えてチョコレートを買ってきたんですよ。生き残り、孤立している人のことを考えてほしい」

仙寿院だけで700人。付近の避難所の事情も警察に伝えた。ただ、地図も持っていない応援の人たちは被災状況を把握できていなかった。「どこをどうすればいいのか分かっていないようだった。苦境にいる私たちのことも頭になかったのでしょう」

## ●「給仕第一」気づかされ

津波が町をのみこむ惨状を前に、仙寿院に逃げた人たちはなすすべがなかった。その中で、あるおばあさんがこうつぶやいた。「神も仏もない」。隣にいた芝崎さんは言葉もなかった。

その翌晩、芝崎さんは参っていた。思うように食料や水が手に入らない。体は疲れ、がれきの中で釘を踏んだ足が痛い。毛布にくるまって横になると、思わず愚痴が出た。「仏さまも役に立たないのか」

すかさず瞳さんは言った。「私たちは仏さまに仕えているから大勢の人のためにお世話ができる。私たちがやらなければこの人たちは命を縮めてしまう」

9歳で得度して以来、仏さまはじめ檀家《だんか》、信者、一般の人に仕え、修行を積んできた。この「給仕第一」という基本を忘れていることを気づかされた。実は、長女瞳さんが妻友子さんに「なんで私たちだけがやるの」と不満を訴え、妻が給仕第一を説いていた。その長女が住職の父を注意したのだった。

翌13日、食糧を探しに行ったが、開いているスーパーはなかった。JR釜石駅前に物資があると聞き、20リットルの水を背負って帰った。

寺には約300キロの米があった。しかし、ガスが途絶えて炊けない。一方、近くにある石応禅寺は炊事施設やわき水があるが、米がなかった。仙寿院から米を持ち込み、14日から石応禅寺でおかゆの炊き出しを始めた。

4月になると自衛隊の炊き出しが始まり、さらに弁当も届くようになった。

## ●宗派超えて助け合った

「葬式を出してほしい」。しかし、芝崎さんは断るしかなかった。避難所の運営をしながらの個別の供養は無理だったからだ。遺体安置所や火葬場での読経、寺院や墓地が被災して行き場のない遺骨の保管。「宗派を超えてみんなで助け合おう」。釜石市と大槌町の19寺による「釜石仏教会」を3月19日付で設立した。

震災から4日目、遺体安置所を回り始めた。旧釜石二中の体育館には100を超える遺体が並ぶ。祭壇には土を入れた実験用ビーカーのような容器に線香が立っている。お経を上げると、右前の女性が泣き始めた。幼いわが子の遺体を見つけたのだった。

生後間もない赤ちゃんや臨月の妊婦さんの遺体もあった。無念の声が聞こえてくるようで「お経を読むのがつらかった」。

5日目には火葬が始まった。1日に通常の2倍の7、8体、ほどなく十数体に。毎朝、被災した唐丹町の盛巌寺の住職が読経に通っていた。「一人では大変、交代で」と声をかけた。3月末からボランティアの僧侶に手伝ってもらうようにした。

以前から宗派を超えた組織が必要と考えていた。ただ、震災を機にとは思いもしなかった。「普段はお布施が高いとか、なまぐさ坊主と言われているかもしれない。でも、坊さんたちは懸命に自分の仕事を続けた」

火葬場などでの読経に一息つくと、仏教会は身元不明者の百カ日や一周忌の法要を営んだ。

## ●盗まれたつぼと衣戻る

3月末、芝崎さんは本堂奥にある釈迦殿と呼ぶ場所に入って蹴つまずいた。床には木箱が二つ。お釈迦様の脇には風呂敷包みがあった。木箱にはつぼ、風呂敷には2着の白い衣。いずれも姿を消していたものだった。「悪いと思って返してくれたんだ」

700人を超える避難者でごった返したため、4日目に半数が甲子町の避難所に移った。それまでは客殿2階にも避難者が入っていた。その床の間に飾っていた高さ約50センチと約40センチのつぼ2個、白の衣2着がどこを捜してもなかったのだった。

しかし、一方でホッとしていた。寺宝がなくなっていなかったからだ。寺宝の一つ、旧安田財閥から寄進された「文殊菩薩《ぼさつ》像の掛け軸」は、つぼのすぐそばの天袋に保管していた。掛け軸の値打ちは1千万円ほど。一方、つぼは50万円と30万円ほどだった。

衣は絹の冬物。「暖を取るためだろうし、古いからもういいよ」と言っていたが、内心は「こんなものまで持っていかなくても」。

家族の下着類も洗濯物を干していた場所からなくなった。長女は「しょうがないよね」。ただ、少し高価な勝負下着だけは諦めきれなかったようだった。しばらく文句を言い続けた。

つぼを持ち去った人は「悪い」と気づき、心の中で後悔したはず。「人間、捨てたもんじゃないな」と思った。

## ●PTSDまさか自分が

「眠れない」。5月末、芝崎さんは体の異変に気づいた。目を閉じると、津波の光景がよみがえってくる。そして、胸が苦しくなった。

長女が心的外傷後ストレス障害（PTSD）ではないかと医師から言われていた。「他人には『ならないように』と言っていたあなたがなったんじゃない」。保健師でもある友子さんに促され、近くの旧釜石一中にあった赤十字の救護所に行った。

「住職さん、PTSDですよ」。若い医師がニヤニヤしながら言った。「何で私が」と尋ねた。医師は「マスコミの取材を受け、まじめに答えたからですよ」。取材を断ることにした。

処方された睡眠導入剤を飲んだ。10日ほどは寝ても2時間ぐらいだった。いつの間にか薬なしで眠れるようになった。

6月の百カ日法要の時だけは、被災当時のことを話さない条件で取材に応じた。今、記者らの名刺は約200枚。朝日新聞だけで10枚もある。

今でもたまに津波の映像が頭に浮かぶ。「うなされているよ」と妻に起こされることがある。震災から時が経てば、ふだんの生活に戻る。張りつめていた精神状態もふだん通りになるのだろう。「何があっても耐えられるほど人間の精神は強くありません。耐えてばかりでは身が持たないですから」

## ●身元不明の遺骨を供養

毎朝午前7時。仙寿院の本堂で、芝崎さんはお経を上げる。今も身元が分からない遺骨20柱が釈迦殿にある。この人たちへの読経でもある。長女は水を換え、菓子を供える。

11年4月、釜石仏教会は旧中学校に置かれていた身元不明の遺骨を預かることにした。「仏教徒だけではない」と警察は渋った。しかし、「宗教や宗派を超えて追悼する」と会の代表として仙寿院が保管することになった。多い時は170柱あったが、DNA型鑑定が進んで減った。

100を超えていた8月、3柱だけ番号ではなく名前が書き込まれていた。一人は「贈ったイニシャル入りの腕時計をはめていた」。もう一人は「私が編んだセーターを着ていた」。ともに「間違いない」。しかし、DNA型鑑定の結果を待つしかなかった。遺族の心中を察し、名前を書いたのだった。

遺骨を取り違えては取り返しがつかない。万全を期すのは当然だ。ただ、「万が一、違っていてもいい」というほど亡きがらにすがる遺族もいた。「もう少し遺族のことを考えても良かったのでは」

12年3月10日には市職員有志による身元不明者の一周忌法要を催した。追悼と家族のもとへ帰ることを祈った。

「お経はすべての人の心の安寧のためです。とりわけ遺族の方々の気持ちが和むことを願っている」

## ●希望育む桜5千本計画

仙寿院の避難所は11年8月1日に役目を終えた。芝崎さんは最後の一人に米とみそを手渡して送り出した。144日間。長かった。

寺は、10月末から中心市街地の復興を話し合う場になった。

「被災者の意見をまとめて復興計画をつくり市役所に提案しよう」。若手の商店主や会社員ら16人が集まった。市役所や都市計画コンサルタント会社の担当者に来てもらい、月3回ほど議論を続けた。芝崎さんは進行役を務め、尻込みする若者にしゃべらせた。

12年春、議論の結果を市に提案した。中心市街地に商業施設を集積させ、魚菜市場を作ることだった。釜石名物だった橋上市場を復活させ、にぎわう街を目指した。

釜石には家族で魚加工を営む零細業者が多かった。この人たちが被災し、大半が再開できないでいる。だから市場に入って魚を加工して売ればいい。それを釜石名物にしよう。

この提案は市の土地利用計画や復興交付金の事業に反映されていない。「あれほど言ったのに」とメンバーは驚いた。「これでは釜石に希望はないね」

嘆くばかりではない。桜5千本計画を始めた。市街地と港の境などに桜を植える。凄惨《せいさん》な場所を安らぎの場所に変え、希望につなげたい。「立派に育った姿を私たちは見ることはできないかもしれないが、孫や子の世代に桜を残したい」

（三上修）

# 撤収、避難、大声で叫ぶ

## 越喜来小学校（2012年6月12～17日掲載）

「また、来たな」。地の底からうなり声を上げるような地鳴りの音。2011年3月11日午後、大船渡市立越喜来《おきらい》小学校の今野義雄校長（55）は校長室で身構えた。2日前に三陸沖を震源とした震度5の地震があったばかり。だが、揺れはぜんぜん違った。

しがみついた机ごと振り回された。「やべ」と思わず立ち上がった背後に、額に入った歴代校長の写真が次々落ちてきた。約400キロある耐火金庫がズリズリと動き回る。外では金属が激しくぶつかり合う音。出てみると、校舎に併設した避難用のらせん階段が、揺れで弓のようにしなりながら建物をたたいていた。

2~6年生は6時間目の授業中、1年生は帰りの会の最中だった。停電で校内放送はできない。「撤収」「避難」と大声で叫んだ。防災担当で副校長の遠藤耕生さん(51)に各教室を見回るよう指示し、校長室に戻ろうとすると、別の耐火金庫が出入り口をふさぎそうになっていた。

地震から約3分。揺れが収まってきたのを見計らって児童たちが避難を開始した。らせん階段は使えない。1階に教室がある1、2年は非常口から階段を使って、2階の3~6年は避難用スロープを渡ってそれぞれ道路に出た。スロープは前年に設置したばかりだった。

## ●道路直結スロープ活用

越喜来小の2階から校舎脇の道路に通じるスロープは、地域の人の強い要望で10年に設置された。

1960年のチリ地震津波の際に旧校舎が1階まで浸水した。その後、校舎は建て替えられたが海岸までの距離は約200メートルしかない。地区懇談会が開かれるたびに津波への備えを強化するよう求める声が住民から上がっていた。

1階の非常口から校舎脇の道路に出るには階段を上らなければならない。2階から避難する場合、1階まで下りてから階段を上ることになる。スロープにより、3~6年生がいる2階と道路が直結された。完成後に全校児童が参加した避難訓練で、学校から第1避難所の三陸鉄道・三陸駅までの所要時間は約3分とそれまでの半分に短縮された。2011年の津波で、その3分が大きな意味を持った。

今野校長は、1年生が避難するのを見届け、最後に校舎を出た。手には黄色の誘導旗。駅に向かう途中、何度も校舎を振り返った。そこに再び大きな地鳴りがした。

## ●「あと3分遅かったら」

第1避難所の三陸鉄道三陸駅に着き、今野さんは各担任に児童の安否確認のため点呼を求めた。3年生からの報告がない。「3年はどうした」。すぐに「異常なしです」と報告があった。「訓練ではなかったこと。とんでもない事態にみなが戸惑い、混乱していた」

全員の無事を確認すると、防災担当の遠藤さんが「第2避難所に移りましょうか」と尋ねてきた。駅からつづら折りの坂道を上って約10分。高台にある南区会館だ。駆けつけた駐在所の警察官から大津波警報が発令されたことを聞いた。ためらわずに移動した。

坂道を上り始めて間もなく、津波の第一波が襲来した。「津波だ、津波が来た」。ざわつく子どもたちの最後尾を歩きながら今野さんは思った。「避難があと3分間遅かったら」と。「子どもたちはもっと間近で津波を見ることになった。動揺や不安はあんなものではすまなかったと思う」。校舎2階と道路を直結したスロープの効果に改めて感謝した。

津波は浦浜川を逆流し、後ろから回り込むように校舎に流れ込み、たちまち水位を増した。「俺の車が流されるじゃ」。職員の車がプカプカと浮きながら押し流されていく。1階から2階、そして3階へ。校舎がみるみる波にのまれていく。「キャー」と子どもたちから悲鳴が上がった。

## ●寒空の下2時間耐えた

「いいがら、早ぐ行げ」「大丈夫だ」「心配すんな」。大津波警報が発令され、不安と恐怖のなかで今野さんは子どもたちにそう声をかけた。安心の根拠があったわけではなかった。「家や人が流される光景を子どもたちには見せられない。その思いだけでした」

第2避難所の南区会館にたどり着くと、座布団を集めて児童を広間中央に座らせた。古い木造の建物は余震のたびに窓ガラスが大きな音を立てた。子どもたちは悲鳴を上げ、座布団をかぶって身を縮めた。さらに上に避難することにした。寒空の下の砂利道で防寒着のない児童たちは2時間近くとどまった。

会館に戻るとすでにあたりは薄暗くなっていた。近所の人たちがストーブや毛布を運んできてくれた。「おっかながったべ」「さんむがったべ」「ほら食べろ」。パンやおにぎり、温かいうどんの差し入れが届いた。

会館に避難したと聞きつけ、子どもを引き取りに親が次々やって来た。無事な姿に互いの表情が緩む。そんな様子を見守りながら今野さんは、第1避難所で引き渡した児童の安否が気になっていた。「あの後、津波が襲ってきた。巻き込まれはしなかったか」。全員の無事が確認できたのはそれから2日後だった。

## ●引き渡しは校長が判断

被災した越喜来小学校は4月、やはり津波の被害を受けた崎浜小学校とともに隣の甫嶺《ほれい》小学校に移って授業を再開した。教室が足りず、校庭に鉄道コンテナを置き、校長室や特別支援学級、更衣室などにあてて急場をしのいだ。

「記録や帳簿類はほとんど流され、備品や資材も不足しがち。毎日が手探りの状態だった。3校が一緒になってなんとか切り盛りした」と今野さんは話した。

震災の痛手のなか、地震や津波に備えた危機管理マニュアルをいち早く見直した。実際の避難で今野さんが最も心配した親への引き渡しがテーマになった。

10年に同校が作成したマニュアルは、親が子どもを迎えに来た際には引き渡すことを基本としていた。

しかし、今回の震災では引き渡し後に津波の犠牲になったケースが各地で相次いだ。改訂マニュアルは「原則として避難所に待機する」と児童を避難先にとどめることを明記し、引き渡しは「校長が総合的に判断する」とした。

## ●子どもたちと一歩前へ

「親に引き渡せばあとは学校に責任はないということにはならない。子どもの命を預かるということはそういうことだと今回の震災で身をもって学んだ」。危機管理マニュアルを改訂した今野さんは話す。

不便な環境で授業をしてきた3校は12年4月、震災以前の計画通り越喜来小学校を軸に統合し、新たなスタートを切った。15年度に新校舎が完成する。今回の津波到達点から国道45号をまたいで約1キロ先の高台に建設する。

12年度は県教委から復興教育の推進校に指定されている。防災をテーマに地震や津波のメカニズムを学び、防災マップ作りや炊き出し体験などをして地域ぐるみで防災学習に取り組む。

「多くの支援に自分たちもやらなくてはと子どもたちは感じている。そんな子どもたちの姿に地域も『がんばっぺ』となる。震災を忘れてはいけないが、引きずってばかりもいられない。子どもたちと一緒に前へ進んでいきたい」

（志田修二）

それぞれの「復興」へ

3・11 その時 そして

## 膨らむ海、慌てて避難

### 中川淳さん（2013年2月1〜7日掲載）

釜石市の中心街にある友人の家を出て、10秒か15秒しかたっていなかった。ハンドルが壊れたかと思うほど車が揺れた。慌ててブレーキを踏んだ。アスファルトが波打っていた。視野に入った電柱のトランス全てが、火を噴き出していた。車を降り、ガードレールにしがみついた。

揺れが治まった3、4分後、中川淳さん（79）は、車に飛び乗り、自宅に向かった。下平田地区にある自宅は、目の前が海。津波がくると確信したけれど、見に行かないわけにはいかなかった。

中川さんが生まれたのは1933（昭和8）年5月27日。約3カ月前の3月3日、釜石東方沖を震源とする「昭和三陸沖地震津波」が起きた。三陸一帯で3千人を超す死者・行方不明者を出した。家は床上浸水し、2歳年上の兄は津波にのまれ、九死に一生を得た。

だから、両親から「どんな小さな地震でもすぐ避難しろ」と厳しく教えられた。「このぐらいの地震だとあの親類の家」と、震度によって避難先も決まっていた。夜寝るときは、翌朝着る服を、着る順番にたたんで枕元に置くことも、徹底的にしつけられた。

52年3月に岩手大の入試の最中に起きた地震で、慌てて教室を飛び出そうとして試験官に怒られた。「逃げることが体にしみこんでいるんです」

それでも、自宅を見に行ったのは、被害に遭わない自信があったからだ。頭の中で計算した。

津波が来るまでに少なくとも20分はある。それだけあれば、自宅を見下ろせる高台までいける。そこまでは津波はこない。

車に飛び乗って、信号機が点《つ》かなくなった道を、高台へと避難する車に逆らうように進んだ。海を左手にして国道45号を南下した。しかし、目標地点まで行っても、立ち木に遮られて海が見えない。

震災当日避難して自宅を見下ろした場所に立つ中川淳さん＝釜石市大平町3丁目

時計を見た。まだ20分は経っていなかった。少しだけ下った。見えてきた。海が、膨らんでいた。真っ黒だった。いつも釣りをしている岩礁が消えていた。

慌ててUターンした。2、3分で、「鉄の歴史館」に着いた。当初から考えていた高台の避難場所だ。その脇にある、地区を一望できる駐車場に行った。

3時半ごろだと記憶している。見下ろした一帯を津波が襲っていた。自宅が地面から引きはがされ、近くの作業小屋の屋根を越えて、沖に流されていった。

## ●バッグひとつで大阪へ

「鉄の歴史館」の脇にある駐車場から、集落全体を津波が襲う様子を見た中川さんは、北側を見渡せる歴史館の駐車場に移動した。そこから、釜石湾の入り口にある湾口防波堤が見える。

31年の歳月と総事業費1215億円をかけ、2009年に完成した自慢の防波堤だ。水深63メートルから立ち上がる防波堤は、ギネスブックに「世界最深の防波堤」と記され、町を守るとりでのはずだった。延長1960メートルの防波堤が倒れるところだった。ぼうぜんとして見続けた。

その日は、近くにある妹の家で世話になった。翌日、自宅を見ようと出かけたが、がれきで近づけなかった。そこに2日間いて、心配する次男が住む大阪の家に身を寄せた。気温が緩んだ4月には北海道の長男宅に移った。ボストンバッグ一つに、全財産が納まった。

大阪にいても、北海道にいても、携帯電話がよく鳴った。手紙もきた。避難所にいる知人たちからだった。「これからどうなるのだろうか」。みなが将来の不安を口にした。長く町内会長をした中川さんは、帰らないわけにはいかないと思った。

5月の連休明け、兄が子どもの家に身を寄せることになり、借りていた釜石市街地の住宅が、そのまま借りられた。そこから毎日、避難所に通い、地区民を見舞った。実態が分かるにつれ罪の意識が深まった。

## ●犠牲者の多く海知らず

釜石市平田地区は、1896年の明治三陸大津波で858人が亡くなった。昭和三陸大津波では1人しか亡くならなかった。壊滅的打撃を受けてから37年しかたっておらず、「地震が起きたら高台へ逃げろ」という教えが生きていた。

今回は、行方不明者も含めて24人の犠牲者を出した。昭和三陸大津波から78年もたっていて、生き証人が少なかった。それが大きいが、「私のせいでもあるんです」と中川さんは肩を落とす。

平田地区の海側に当たる下平田地区の中でも、さらに海側の一画に、最初に家を建てたのが中川さんだった。1973年、実家からほど近い所だった。その後次々と家が建ち出し、ほどなく約40戸の新しい町ができた。その全てが、今回流された。犠牲者も出た。「自分が引っ張ってきた家です」

釜石市は毎年、昭和三陸津波が起きた3月3日、避難訓練をしている。午前6時にサイレンが鳴る。住民は指定された避難所に逃げる。そこで中川さんら係員は、だれが訓練に参加したかを点検する。

いつも参加しない人がいる。空いた家に、よそから移り住んできた人たちだ。犠牲者の多くが、そういう海を知らない人だった。「もう少し訓練参加を呼びかけていれば……」

そういう後ろめたさを、地区再生に取り組むエネルギーに注ぐことにした。

## ●自ら声上げ復興策検討

前にも増して中川さんは、仮設住宅に住む地区民を1軒ずつ訪ねては、意見を聞いた。

被災者は口々に言う。この先の暮らしのこと。今まで住んでいた土地のこと。新しい町のこと。防波堤のこと……。不安と疑問が渦巻いていた。

それなら、自分たちで声を上げ、下平田をよみがえらせる運動をしようじゃないか。約470世帯の住民の意見がまとまり2011年9月1日、「平田地区復興プロジェクト委員会」が発足した。班長ら24人で組織し、中川さんが委員長に選ばれた。

市の復興計画が固まる前でないと、自分たちの計画を反映させることはできない。あまり時間がなかった。一週間に1度のペースで話し合いを続けた。

こだわったのは、居住ゾーンから海が見えるかどうかだ。漁師は海面の色を見て、出漁の判断をする。沖の雲を見て、岩に当たる波をみて、風向きをみて、船を出せるかどうかを決めてきた。かつて家の窓を開ければできたこれらが、浜辺までいかないとできなくなる。さらに、海が遠くなることで津波への危機感が薄れる。

だから、海が見える程度の高さの防波堤で安心に暮らせる町づくり、を基本に検討を重ねた。

## ●三つの堤で津波を防ぐ

中川さんが委員長を務める「平田地区復興プロジェクト委員会」は、現地を歩き、協議を重ね約3カ月後に「復興計画」をまとめた。三つの堤で津波を防ぐことを柱とした。

一つ目の堤は、壊れなかった中川さんの自宅前にある高さ4・3メートルの防波堤。既存の県道を高さ8メートルにかさ上げして、そこを第3堤とし、両堤の中間の標高6メートルの地点に県道を新設して、それを第2堤とする案だ。

第3堤の山側は全て8メートルまでかさ上げして居住ゾーンにする。ここからは海が見下ろせ、下は非居住区にする。

かさ上げ用の土は、近くにある標高約40メートルの丘陵を切り崩す。平地になったそこに、流された郵便局や診療所を再建し、商店や住宅も建てる、とした。

その計画を、11年12月に市に提出した。何度かの協議の末に、防波堤を6メートル、県道は1本で7メートルにかさ上げするということで、12年2月に合意した。

そして今、新しい町についての話し合いが始まろうとしている。居住ゾーンを決め、道路はどこにどう造るのか。幼稚園はこう造って欲しい。集会場はここで、と思いを集めて市に伝える。単に、いま住める場所を造るのではない。「100年後の人たちが『よく考えてやってくれたな』と思ってもらえる町を造りたいんです」と中川さん。慎重に話し合いを進める。

## ●鎮魂・復興を桜に託す

自分たちが住む新しい町の姿を模索しながら、中川さんは復興釜石新聞のコラム「足音」を書き続けた。連載を始めて約半年後の12年4月14日号で、海水に洗われた、500メートルも続く嬉石地区の桜並木の話を書いた。陸前高田市の「奇跡の一本松」は枯れてしまった。県外避難中で前年は見ていないこの桜は「今年は咲くだろうか」と書いた。

読者からすぐに反応があった。「絶対咲く」「もうピンクになっている」。その通り、間もなく美しい花をつけた。

その生命力の強さを利用して防潮林ができないかと考えた。家族や兄弟を失った人や支援の人に鎮魂の意味を込めて植えてもらう。それが満開になる。復興のシンボルにもなる。そんな思いが強まっていった。

「お手伝いします」という声が各地から届いた。その人たちで12年7月、「釜石に桜を植える会」を発足させた。会則もできて、中川さんは会長に就任した。

桜の木は1本3千円で有志に買ってもらう。植樹場所は、市の復興計画と連動させグリーンベルトや海辺の公園などを選ぶ。だから「復興計画が固まる約2年後から」と伝えているのだが、気の早い人が苗木を送ってきたりする。

少なくとも5千本は植え、10年後には「春になったら釜石に桜を見に行こう」とみんなが言う名所にする計画だ。

## ●砂も砂鉄も戻り始める

活動の合間を縫って、中川さんは自宅跡に立ち寄ったことがある。そこで、きらきら光る物を見つけた。掘り起こすと、大型磁石だった。

中学の技術家庭と社会の教師だった中川さんは、約45年前から生徒たちに鉄を造らせていた。その時に使っていた道具だった。

製鉄所があり、人口が10万人近かった時代。その約7割が、何らかの形で鉄にかかわっているとされる。水田のなかった時代に、米と交換できる塩を作るにも浅い鉄板の鍋が必要だった。

そんなことを子どもたちに認識させ、誇りある町への意識を高めたいと続けてきたのが鉄造りだった。

磁石を持ち、生徒を連れて海岸に行く。砂の中に入れて磁石を動かす。砂鉄がついてくる。「これが鉄になるんだよ」というと「どうやって造るの」と集まってくる。

その海が、津波で無残に壊された。根浜海岸の砂は80％も流されてしまった。生活の一部が壊れたような気がした。

定年退職後も、小中学校や教育委員会、地元の地域史研究会などから頼まれてやってきた鉄造りは中断せざるを得なかった。

それを最近、再開した。砂も、北上山地から海岸に流れ込む砂鉄も、戻り始めてきた。行くたびに増えている。自然が、復興に向けて動き出しているのだ。中川さんはそんな思いを抱き、今日もまた、海を見に行く。そして、これからも。


（木瀬公二）

## 「もぐりの神様」感じた

磯崎元勝さん（2013年2月8～14日掲載）

街の中心部を守る高さ12メートルの防潮堤に上って沖を眺めていると、南南東の方向からしぶきを上げながら白波が向かってくるのが見えた。「来たぞ、来たぞ」。周囲にいた消防団員らが口々に大声で叫んだ。

洋野町種市の潜水士磯崎元勝さん（53）は、昼すぎにはホヤ漁を終えて種市港に戻り、水揚げを終えたばかりだった。この日に限って自船の第八進勝丸《しんしょう》（4・9トン）に積載している水中電話の調子が悪かった。海底でホヤを取る磯崎さんと船上の乗組員の交信に使う電話だ。

漁船の機材や道具にトラブルがあれば、いつもなら出港前に修理していた。だが、この日は操業を監視する漁協幹部が乗り合わせることになっていたため、待たせることもできず、出港した。稚ウニを放流した海域で潜水漁をする際には、監視役の乗船が決まりになっていた。

漁を終えて港に戻ってきたのが午後0時半ごろ。それから、業者を呼んで電話の修理に取りかかった。磯崎さんは、船長の小柏正夫さん（72）と乗組員の庭瀬久男さん（59）らに作業を任せて一足先に自宅に引き揚げた。

昼食を済ませ、茶の間で横になっていた。突然の揺れだった。体全体が激しく揺さぶられる。窓際にあった金魚の水槽から水があふれた。収まるどころか揺れはどんどん大きくなった。「ただ事じゃない」。磯崎さんは港に向かった。

「大津波警報が出ています」。防災行政無線の声が街中に響き渡っていた。軽トラックで4、5分。港に着いた時、既に漁船の姿はなかった。磯崎さんと一緒に潜水漁をしている弟の司さん（42）の第五進勝丸（4・9トン）も見当たらない。修理のために居合わせた船長らが地震の直後、そのまま乗り込んで2隻とも沖に避難していた。

「いつもなら船長たちもとっくに家に引き揚げている時間だった。何より船が大事。潜りの神様に守られているのかなって思いましたよ」と磯崎さんは振り返る。

地震発生後の引き潮で、地元の漁師たちの間で「三ツ石」と呼ばれている海底の岩礁が姿を現した。港から約1キロも沖合にある。80歳代のベテラン漁師が「あそこまで潮が引くなんて聞いたことがない。とんでもない津波が来るぞ」と驚いた。

磯崎さんは沖に避難した漁船を案じながら高台へと向かった。

## ●海上避難2昼夜に及ぶ

磯崎さんが陸から沖の様子を見ていたころ、第八進勝丸と第五進勝丸は、種市港から東の沖合約4キロの海上に停泊していた。周囲にはほぼ同時に港から出港した約10隻の僚船が避難していた。

地震の発生から約40分後。波しぶきが岸に沿ってどんどん北上してくるのが見えた。防潮堤や岸壁にぶつかって立ちのぼる白波で陸の様子は見えない。津波の第1波だった。八木、宿戸《しゅくのへ》、戸類家《へるけ》、鹿糠《かぬか》、種市、川尻、角浜《かどのはま》と青森県境へと北上を続ける白波の中に港が消えていった。

「本当に津波が港を次々とのみ込んでいくようだった」と第八進勝丸の庭瀬さんは言った。沖に避難している漁船は、津波が押し寄せてもうねりを感じる程度で済んだ。沖は静かだった。「被害が出ているとは思ったが、どんなにひどいことになっているのか想像できなかった」と小柏さん。

陸にいた磯崎さんは漁船との交信を何度も試みたが、停電のため漁業無線は使えず、携帯電話も不通となって、そのうちバッテリーが切れてしまった。港内は流出した船や建物のがれきが沈み、漁網が海面を漂っていた。壊れた堤防の塊が港口を狭めていた。

2隻の漁船が港に戻ったのは津波警報が注意報に切り替わった後の13日午後。海上での避難は2昼夜に及んだ。沖に避難した他の漁船には、体調不良を訴え、付近を航行していた海上自衛隊の護衛艦に収容される漁船員も出ていた。

「時化《しけ》なくてよかった。あれで海が荒れたら大変なことになっていた」と磯崎さんは話した。

## ●「市場守る」と操業再開

磯崎さんの第八進勝丸は、司さんの第五進勝丸とともに種市港沖に避難して難を免れたが、種市漁協の市場は壊滅した。磯舟も含め漁協に所属する約80隻の漁船も流出した。

市場のそばには、磯崎さんが潜水漁に使う道具や機材を保管していた倉庫があった。潜水服やヘルメット、コンプレッサー、重し用の鉛など、すべてが建物もろとも流された。

「製造をやめてしまって今では手に入らない潜水用具もあった。南部もぐりと呼ばれるこの土地の潜水士の歴史を伝える資料価値の高いものがたくさんあったんです」と磯崎さんは惜しむ。

港に流れ着いたがれきの撤去や漁網の片付けをしながら、操業再開の時期を思案していた磯崎さんは、震災から1カ月をめどに再開に踏み切ることを決めた。以前から話題に上っていた種市市場の廃止が、震災で現実味を帯びてきていた。水揚げが減って八木港に市場を一本化する計画が持ち上がっていた。

「船を失った漁師がたくさんいる中での操業再開には躊躇《ちゅうちょ》があったが、市場を守るには実績を上げなくてはいけない。船が助かった者の務め、世話になってきた市場への恩返しという気持ちでした」

月命日の11日はあえて避け、4月12日に磯崎さんは潜水漁を再開した。市場の復旧はほとんど進んでいない中での出漁だった。

## ●ホヤを求め種市港沖へ

震災から1カ月がすぎた4月12日の午前7時すぎ。磯崎さんは、いつものように司さんの船と一緒に種市港から出漁した。市場は流され、港の防潮堤は壊れたまま。小柏さんは、港内のがれきや、漂う漁網に注意を払いながら船を進めた。海はやや波があったが天気は良かった。

磯崎さんの船には震災前と同じ庭瀬さん、北沢茂光さん（55）も乗り組んでいた。庭瀬さんは海底で作業をする磯崎さんと連絡を取り合う綱夫《つなふ》、北沢さんはホヤの箱詰めといった甲板作業全般を受け持つ。

目指したのは約1・3キロの沖合。ホヤが密集する好漁場だ。全国で唯一、潜水士を養成する県立種市高校水中土木科（現・海洋開発科）で学んだ磯崎さんは、卒業後すぐに父親の元一郎さん（76）の手伝いで海に潜り、4代目として家業の後を継いだ。それから35年。「種市沖の海底にはどこに何があるか、目をつぶってても分かる」

漁場に向かう船上で支度は始まる。ゴム製の潜水服を着用し、つま先に鋭い爪が付いた鉄製の潜水靴をはく。頭にかぶる真鍮《しんちゅう》製のヘルメットを含めると装備一式の重量は約75キロにもなる。宇宙飛行士のようないでたちで「カップ潜り」とも呼ばれ、船上とは空気を送るホース、命綱、電話線で結ばれている。

漁場に着くとヘルメットを装着して海底へ。震災後、初めて潜る種市港沖だった。

## ●土砂で濁って暗い海中

震災後、初めて出漁した磯崎さんは種市港沖に潜った。海中に身を沈めた瞬間、「暗い」と思った。泥が舞い上がって光を遮っていた。視界は1メートルもない。伸ばした腕の先がやっと見える程度。冬場であれば20メートル以上の視界が確保できる海。「津波で流れ出した土砂がヘドロのようになって海中を漂っていた」

命綱を右手でつかんで静かに海底に降りていく。いつもより慎重に、時間をかけて水深約20メートルの海底に降り立った。ところどころに岩盤が隆起する複雑な地形。周囲がほとんど見えない中、磯崎さんはつま先に鉄製の爪が付いた潜水靴で、海底を蹴るように動き回る。そのたびに泥が舞い上がった。

「種市沖の海底を知り尽くしている俺だからできた。ホヤは複雑な地形にいるし、あの視界ではよその潜り（潜水士）はあきらめる」と磯崎さんは淡々と言った。再開後の初漁の水揚げは約200キロ。震災前の半分以下だった。

ヘドロだけではない。海底には津波の痕跡があちらこちらに残っていた。岩盤に大きな割れ目が入っていたり、岩盤そのものがひっくり返っていたり。建物のトタン屋根や養殖施設で使う繊維強化プラスチック（ＦＲＰ）の水槽、海岸の松の木の枝。肝心のホヤは3分の1が流されてしまっていた。

「大きな時化《しけ》の後も海は濁るが、海底までがあんなにやられたのは見たことがない。津波のすさまじいエネルギーを感じた」と磯崎さんは言った。

## ●南部もぐりの誇り胸に

漁を再開した磯崎さんの漁船を、漁協の関係者らが種市港の岸壁で待ち受けた。ほとんどの漁船が流失してしまい、出漁できる船は刺し網漁の磯舟ぐらい。漁獲物はカレイやタコに限られていた。潜水漁で取る天然ホヤは、震災前から種市漁協の人気魚種だったが、他の魚が品薄になったことで需要はさらに高まった。

潜水服を着用した磯崎元勝さん。ヘルメットも含めると装備一式の総重量は約75キロになる＝洋野町の種市港

磯崎さんは、「養殖ものに比べて肉厚で味は濃く、色が鮮やか」と天然ホヤの特色を語る。震災後、天然ホヤを仕入れたいという仲買業者が増え、価格は一挙に3割増しに。水揚げは震災前の7割にとどまっているが、今は漁協の主力魚種になっている。懸案だった種市市場の存続のめども立った。

「磯崎さんの船が残ったから市場も

残ったと言ってくれる漁協の人や組合員がいる。あの時に思い切って再開に踏み切って良かった」と磯崎さんは話す。

洋野町の潜水士の歴史は明治時代までさかのぼり、南部もぐりの名は全国に知れ渡っている。潜水士を送り出してきた県立種市高校海洋開発科の卒業生は延べ１５００人近くにのぼり、海外にまで活躍の場を広げている。だが、地元で潜水漁に携わる専業の潜水士は磯崎さんと司さんの2人だけだ。

「技と度胸の　はれ仕事／俺は海のはな　南部のダイバー」（「南部ダイバー」）と歌にも歌われる南部もぐり。「技術と誇りを受け継ぎながら、これからも地元の水産業の復興に役立ちたい」と磯崎さんは言った。

（志田修二）

## すぐに戻るはずだった

**岩木弘さん（２０１３年２月20～24日掲載）**

体が大きく揺れ、集会場のテレビが棚から落ちてきた。集まっていた仲間約15人はみな、あわてて自宅に帰った。岩木弘さん（73）も、さほど離れていない釜石市大町2丁目の自宅兼店舗に引き上げた。

店内の菓子類やジュース、カップ麺などが床に散乱していた。「これはひどい」と思いながら片付けを始めた。

どのくらいたったのだろうか。近くの道路を走る消防車が「津波が来ます。避難してください」と放送しているのに気づいた。その時初めて「ああそうだった」と津波を思い出した。

避難訓練は、毎年3月3日に行っている。物心ついてからずっと参加してきた。たくさんの地震も経験した。1960年のチリ地震津波でも、店は浸水しなかった。今回も最人でも床下浸水ぐらいだろうと思った。

だから訓練と同じように、ちょっとすれば戻ってくるつもりで、ティッシュ一つ持たずに、店のシャッターを下ろした。そして、指定避難場所の石応禅寺の前の広場に向かった。

人は集まりだしていた。市街地を見ていた。中心部を貫く道路の海側から、車が曲芸のように、スピンをしながら走ってきた。「何であんな走り方をしているのだろう」。理解不能のまましばらくみていて、それは走っているのではなく黒い海水に回転させられながら流されていると分かった。

尋常ならざるものを感じた。それでも「車が浮く程度の津波」はさほどのものではないと思った。しかし水かさは増す。誰かが言った。「ここはだめだ。高台にある裏の裁判所に行こう」

50人くらいがぞろぞろと本堂脇を通りながら釜石簡易裁判所に向かった。少し歩いて到着した。その、ほんのちょっとの間に、津波は町を丸のみした。遅れて上がってきた人が「寺の山門まで水につかっている」「周りの家は流されている」。

裁判所は、事務所も廊下も人であふれていた。近くに親類はいる。しかし老朽化した木造家屋が余震に耐えられるかは不安だった。93歳の母をなんとか裁判所に入れてもらい、岩木さん夫婦は、親類とともに車の中で一夜を明かした。

毛布をかぶり目をつぶっても、寒さと不安で睡魔は襲ってこない。これからさきどうなるのだろうか。不安のなかで夜が明けた。

## ●自宅は残るも全滅状態

岩木さんは、腎臓透析のため、2日に1度は釜石市郊外の高台にある病院に通っている。震災翌日も、その日だった。

通電しているか、水はあるか、と心配しながら車で10分ほどのそこまで、がれきの中を1時間近くかけて歩いた。幸い自家発電も屋上タンクも機能していた。約4時間かけて無事に透析を終えた。体が軽くなった。

病院の行き帰りに、自宅前を通った。コンクリート造り2階建てのビルは残っていた。しかし、屋上近くまで水につかり、全滅状態は見て取れた。2階にでも住もうと思っていた思いは打ち砕かれた。

シャッターは押しつぶされ、中に入れる状態ではなかった。貴重品を入れた金庫が流されていないことを祈った。

その後しばらく、岩木さんは母がいる簡易裁判所と親類の車を行き来して暮らした。食事は、寺からの炊き出しがあった。水は、沢水をくんだり積雪を溶かしたりして飲んだ。周囲は町内の顔見知りが多く、不自由はあまり感じなかった。みんな同じ条件だから、家が流されことは話題にもならなかった。

中妻仮設住宅は4月にでき、避難所暮らしの人々が入居を始めた。岩木さんは5月初旬に移ってきた。親類宅で暮らしたそれまでのことを「何を考え、どうしていたのか思い出せない」と言った。

## ●遅れて顔出し自治会長

5月の連休明けに、岩木弘さんは中妻仮設住宅に入居した。下旬までには全9棟の118戸が埋まった。住民は約220人。多くが肉親を亡くした夫婦や、妻や夫を亡くした独りものだった。釜石市内8地区から集まっていた。知る顔はほとんどいなかった。

それでも、これまで学校の講堂や病院の待合室などで寝起きしてきた人たちは、安心感を漂わせていた。「曲がりなりにも自分の家ですから」と岩木さんは言った。

ゴミ出しや駐車場の止め方など、ルールは必要なかった。お互いが話し合ってうまく運営していた。しかし日がたつにつれ、細かいほつれが出てきた。多くの住民が、ルールを決める必要性を感じだした。

6月にはいると有志が集まり、自治会を立ち上げる打ち合わせを始めた。病院通いが続く岩木さんは出たことがなかった。

9月には自治会を結成する、という連絡がまわってきた。その準備会への出席依頼もきた。「1度くらいは」と最後の4回目の会議に岩木さんは遅れて顔を出した。「コ」の字形にセットされた会議机の、一番奥の中央の席だけが空いていた。そこに座った。「いま座った方が会長です」。キツネにつままれたような展開になった。副会長以下の役員は決まり、空席は会長だけだった。

透析のことを訴え辞退した。知人は「ここはみんな病院に通う人ばかりだ」と言った。引き受けざるを得なかった。

## ●辛抱強さも困ったもの

自治会長を引き受けた岩木さんがモットーにしたのは「公平」と「自由」。みんな立場は同じ。細部に口を挟むのはやめようと決めた。それでも不自由なく運営できた。

60歳以上が半数以上という住民たちは、終戦直前の釜石艦砲射撃やチリ地震などを経験しており、耐えるのに慣れていた。収納設備が足りなければ自分で造った。若い人たちもそれに従った。それでも薄い壁一枚の狭い仮設住宅。テレビの音にも気を遣う暮らしが長引けば、小さな不満はたまる。「仮の住まいなんだから我慢してくれ」と答える岩木さんに「それじゃいつ出られるのか」と詰め寄る人もいる。「もうちょっと」と答えるしかないつらさを感じている。

しかし、辛抱強さの度が過ぎる、と感じることの方が多い。弁護士の無料相談に出てくる人がほとんどいないのは「こんなこと相談すると悪い」「相手を困らせたくない」という思いの表れのようだった。

特に男性陣は辛抱強く、様々なイベントをやっても家から出てこない。民謡大会やミニコンサートなど手を変え品を変え、行事予定を全戸に配布してもいるが好転しない。

それでも顔を見せる人が喜ぶ姿を見ると、苦労は吹き飛ぶ。自治会など無縁に暮らしてきた岩木さんの頭の中で、「絆」という文字が徐々に大きくなっていった。

仮設住宅の自治会長になり、ごみ捨て場などを点検して回る岩木弘さん＝釜石市中妻

## ●連携こそが人を癒やす

岩木さんは長く、会社勤めをした。そこだけが自分の世界だった。ぶっきらぼうで用件以外しゃべらなかった。町内会の付き合いは、雑貨店を仕切る妻の担当だった。冠婚葬祭の付き合いもほとんどなかった、という。

それが、中妻仮設住宅自治会長になり、積極的に全戸を訪ね、会話をするようになった。話を重ねれば重ねるほど、人と人がつながっていくことが実感できた。

今まで頭になかった「みんな」「地域」「絆」「連帯」という言葉がどんどん膨らんでいった。回覧などで戒名に「海嘯《かいしょう》」とあると、それほど親しくなくても葬儀に顔を出すようになった。痛い目にあった人ばかり。「それを癒やすのは人との連携しかないとわかったんです」

中妻仮設住宅は、いずれは取り壊され、住民はそれぞれの永住地に引っ越していく。そのときまた、住民はばらばらになり、昔の自分みたいに地域に無関心になっては寂しい。新しい町づくりも進まないだろう。どうすればいいのか。今の岩木さんの最大のテーマだ。

でも恐らく、同じ苦労をしてきた人ばかり。初対面でも、1からではなく5から話を始めても伝わるはずだとも思っている。

自治会長になって人生が変わったという岩木さん。「大変な目にあったけど、みんながその体験をいいように生かさないともったいないですから」


（木瀬公二）

# メモ書きに勇気もらう

## 豊かな文化／高田・文化財救援（2013年2月25日〜3月6日掲載）

全国各地で展開されている陸前高田市の被災文化財を救おうとする活動は、過去に例を見ない規模で、その輪が広がっている。背景には、高田が「文化財の宝庫」であり、住民が文化財を大切にしながら独自の文化を育んできたという歴史がある。

遠野市の遠野文化研究センター学芸員の前川さおりさん（43）は、震災直後の2011年3月28日、震災後初めての休みを取り、陸前高田市の市立博物館を訪れた。街は壊滅的な打撃を受けており、文化財の行方が気になっていた。しかし、それまで遠野市の災害対策本部の活動に追われ、手がまわらなかった。

足を踏み入れた市立博物館は、がれきの山だった。津波が抜けていったのか、1階に比較的、がれきが少ない部屋があった。その一角に、縄文土器のレプリカやカモシカの頭骨の標本が寄せ集められていた。A4の1枚のリポート用紙が標本と標本の間に挟み込まれていた。用紙にはボールペンで、こう書いてあった。

「博物館資料を持ち去らないでください。高田の自然・歴史・文化を復元する大事な宝です」

前川さんは胸が熱くなった。文化財を復元できるんだ。復元をめざそうとする仲間がいるんだ。

市立博物館では6人の職員が全員、犠牲になった。メモ書きの内容を職員の遺言のように感じた前川さんは、その場で市立博物館主任学芸員の熊谷賢さん（46）に手紙を書いた。「文化財の回収を手助けしたい。その時になったら、声をかけて下さい」

それから約1カ月後、高田の文化財レスキューの動きが本格化し、前川さんの陸前高田通いが始まった。「メモに勇気をもらった。だれなのか、わからないけれど、同じ思いの人がいた。ここから全てが始まりました」

茨城県つくば市の国立科学博物館研究主幹の真鍋真さん（53）は、陸前高田市の文化財の救援活動をしていて、震災2カ月後に、こんな体験をした。

全壊した市立博物館でおじいさんに出会った。家も、財産も流されたおじいさんは、陸前高田市らしさを探すために博物館を訪れたという。おじいさんは真鍋さんに、「新しい街並みができたり、高台移転したりすると、何も残っていない高田になる恐れがある。文化財が残り、祭りが残り、伝統芸能が残ってこそ、高田に住む意味がある」と語ったという。

陸前高田市は、「東北の湘南」と言われるほど、県内では最も温暖な気候に恵まれている。三陸の海は黒潮の暖流と親潮の寒流が交差する、世界でも屈指の漁場。陸では、北限と南限の植物が混生する特異な環境にある。こうした自然条件と、鳥羽源蔵という在野の博物学者の存在が、陸前高田の豊かな文化につながった。

東京国立博物館保存修復課長の神庭信幸さん（58）はこう指摘する。「学術的な見地から収集された膨大な収蔵品に圧倒される。文化財は地域性が濃く、地元に密着している。すごい財産です」

## ●気になる収蔵品の行方

「海と貝のミュージアム」の主任学芸員も兼ねる熊谷さんは、大きな揺れを感じた時、ミュージアムの事務室でパソコンに向かっていた。

激しい揺れが5分ほど続いた。館内の水槽が倒れ、魚が床ではねていた。「ただごとではない。津波が来る」。海と貝のミュージアムは市の商工観光課に所属していた。取りあえず、車で2キロ先の市役所に向かった。

途中で、液状化現象が起きていた。車の渋滞が始まっていた。市役所に着くと、余震が激しく、職員が外で、うろうろしていた。

「ガーガー、ガーガー」。しばらくすると、黒い水が、ブルドーザーのように、がれきを押しながら市役所に迫ってきた。大津波だった。市役所は一部、4階建て。熊谷さんは、職員や市民とともに一番高い4階屋上に上がった。市役所の向かい側にあり、市の教育委員会が入っていた3階建ての市民会館は水没していった。

市役所と市民会館で、多くの人が亡くなった。市役所4階屋上に上がった100人を超える人たちは助かった。

陸前高田市で、津波の遡上《そじょう》高は最大で20メートルを超えた。市内の死者・行方不明者は約1800人と、県内最多を数えた。熊谷さんは、市が収蔵していた文化財の行方が気になった。しかし、避難所の被災者の対応に追われ、動くに動けない状況が続いた。

## ●作業難航も8割を回収

熊谷さんは、震災から3日後、被災した博物館やミュージアム、市立図書館に足を踏み入れた。ミュージアムは海岸部にあったため、がれきの量は少なかった。一方、博物館、市立図書館は、がれきの山で埋め尽くされていた。館内には家屋、車などが流入していた。

図書館では、収蔵していた「吉田家文書《もんじょ》」の行方が気がかりだった。文書は館内2階の重要書庫内にあり、海水に漬かったものの、流失を免れていた。

熊谷さんがレスキューする順番を検討した。回収が容易な吉田家文書から始める。続いて、が

旧生出小は仮の市立博物館になり、被災文化財の安定化処理が進められた＝2013年1月9日、陸前高田市高田町

れきが少ないミュージアム。その後に博物館。こんな救出順を決め、作業は震災から約3週間後の4月1日から始まった。

博物館では、がれきを撤去し、50センチ以上積もった砂や泥の中から、文化財を回収した。難航した作業は、4月下旬から自衛隊の支援が入り、本格化した。

博物館には約15万点、ミュージアムには約11万点の資料があった。それらの約8割が回収された。仮の博物館になった陸前高田市内の旧生出小、盛岡市内の県立博物館、全国各地の博物館の間で、救援ネットワークができた。海水による劣化を防ぐ安定化処理が始まり、軌道に乗った。

## ●14代館長が現場に復帰

市立博物館、海と貝のミュージアム、市立図書館では、合わせて職員19人のうち、13人が犠牲になった。その一方で、津波により、「海水損」を被った文化財の救援が急がれていた。レスキュー部隊をどう編成し、どう作業を進めていくのか。

熊谷さんが中心になり、過去の関係者がリストアップされた。博物館の館長には14代館長を7年間務めた本多文人さん（74）が17代の館長として復帰した。

本多さんは以前に博物館開設準備委員をし、開館後に5年間、学芸員をしていたことがある。高田の文化を熟知していた。本多さんは、2010年3月末に出した博物館開館50周年記念誌にこんな一文を寄せた。

「岩手県登録第1号博物館として考古、歴史、民俗・自然全領域を網羅した総合博物館として、単に展示公開に留まらず、調査研究、収集保存、教育普及事業の展開など他に例のないバランスある活動を展開してきたことを誇りに思い、時代に対応した博物館として一層の充実発展を願うものである」

本多さんは館長に復帰して思う。

「復興、復興と言って、新しい建物が建っても、最終的には心の問題が残る。心の空白を生まないために、陸前高田の宝を守り、それを誇りにしながら、後世に伝えていかなければならない」

## ●「気仙隕石」被災免れる

ロシアのウラル地方に飛来し、地上に大きな被害をもたらして世界を驚かせた隕石《いんせき》。国内でも、過去に落下した隕石が確認されており、その中で最大の隕石が、陸前高田市内に落ちた「気仙隕石」とされている。

1850（嘉永3）年5月4日、現在の陸前高田市気仙町の長円寺前の麦畑に落ちた。大きさは縦約75センチ、横約45センチ、重さ135キロ。仙台藩気仙郡で大肝入《おおきもいり》を務めた吉田家の行政日誌で、県指定の有形文化財「吉田家文書《もんじょ》」には、「気仙長部村落石之模様……」と、記録が残されている。

隕石は明治時代、寺から帝室博物館に献納された。実物は東京・上野の国立科学博物館上野本館に、レプリカと切り取った現物の一部が陸前高田市立博物館に展示されていた。

市立博物館は震災で水没し、多くの文化財が傷ついたり、流失したりする中で、隕石だけは被災を免れた。茨城県坂東市の茨城県自然博物館が2011年3月12日から3カ月間、隕石の企画展を開催。気仙隕石のレプリカと現物の一部は、これに合わせて貸し出されていた。

震災後、陸前高田市に戻ってきた気仙隕石は、現在、盛岡市内の県立博物館に展示されている。落石当時は重さが135キロあった隕石は、その後、お守りや研究用に削り取られ、重さ106キロとややスリムになった。

## ●鳥羽源蔵と賢治との縁

陸前高田市で育まれた豊かな文化の背景には、恵まれた自然環境とともに、今の陸前高田市小友町出身の博物学者で、岩手県博物界の基礎を作った鳥羽源蔵の存在があった。

その鳥羽源蔵の業績が、震災後に見直され、宮沢賢治の研究家からも注目を集めている。鳥羽が、賢治の作品群に大きな影響を与えたのではないか。こんな見方が広がりを見せているのだ。

鳥羽と賢治の接点の一つに、花巻市内を流れる北上川河畔の「イギリス海岸」がある。

イギリス海岸は太古の地層で、炭化したクルミの実や、象類、偶蹄類《ぐうているい》などの足跡の化石がある。賢治は、鳥羽が仲を取り持ち、地質学者で東北帝国大助教授の早坂一郎と知り合った。賢治は、早坂に、クルミの化石の正確な同定を依頼した。鳥羽と賢治と早坂の3人は、1925（大正14）年11月、イギリス海岸を訪れてクルミの化石を採集した。早坂は翌年2月、「地学雑誌444号」の中で、「岩手県花巻町産化石胡桃《くるみ》に就いて」と題して発表した。

この時の体験は、賢治の随筆風短編「イギリス海岸」に描写され、賢治の代表的作品「銀河鉄道の夜」でも、こう取り上げられている。

「くるみが沢山あったらう。それはまあ、ざっと百二十万年ぐらゐ前のくるみだよ。ごく新らしい方さ。ここは百二十万年前、第三紀のあとのころは海岸でね、この下からは貝がらも出る」

## ●賢治の作品の参考に

陸前高田市出身の博物学者鳥羽源蔵と宮沢賢治とのつながりを示す作品は、「イギリス海岸」や「銀河鉄道の夜」だけではない。

鳥羽は1908（明治41）年、36歳の時に、台湾総督府農事試験場技手になった。その時、テグス蚕の観察にかかわり、「テグス蠶《さん》試育報告」（台湾総督府殖産局発行）がまとめられた。テグス蚕はヤママユガ科の昆虫で、幼虫が作る繭から高級な絹糸がとれる。

賢治の作品「グスコーブドリの伝記」では、主人公がテグス工場で働き、テグスについて書かれた本で勉強する場面がある。この本が「テグス蠶試育報告」ではないかと見られている。

1922（大正11）年、盛岡市内を中心に毒蛾《どくが》が大発生した。この時、岩手県師範学校（今の岩手大学教育学部）で教鞭《きょうべん》をとっていた鳥羽は、岩手日報（7月17日付）に、「毒蛾の発生」という一文を寄せた。その中で、刺された時の治療法として、「重炭酸曹達水の二パーセント液で洗ひ」と指摘した。

賢治は「ポラーノの広場」や「毒蛾」で、毒蛾に刺された時の治療法として「アムモニア二％液」と記している。鳥羽の記事を参考にしたのは明らかだ。

賢治は「猫の事務所」では、鳥羽源蔵から名をとった「トバスキー」「ゲンゾスキー」という人物を登場させてもいる。宮沢賢治記念館副館長の牛崎敏哉さん（58）は「二人の関係には未解明な部分が多く、これから光が当てられるでしょう」と話す。

## ●一から出直し解読作業

陸前高田市に市民有志15人による「陸前高田古文書研究会」がある。1989（平成元）年に「吉田家文書解読会」として発足し、2004年に現在の名称になった。会員が定期的に集まり、図書館が保存していた文書の解読作業を進めていた。

文書は仙台藩気仙郡で代々、大肝入《おおきもいり》を務めた吉田家の執務日誌や古文書などで、執務日誌「定留《じょうどめ》」は、118年間分、95冊が残っていた。仙台藩の通達や触れ書きなどが記され、藩政を知る第一級の資料として1995年に県の有形文化財に指定された。

例えば、こんな記述がある。双子が生まれたら、養育のためにモミを10俵支給する。100歳の長寿のお年寄りにはコメを１日に３合支給する。定留をひもとくと、民政、農政、法制など、藩の多岐にわたる政策や、庶民の暮らしぶりがわかって興味深い。

震災前、定留の解読は、95冊のうち、93冊が終わっていた。図書館２階の重要書庫に収められていた原本は救出された。しかし、解読した原稿は流失してしまった。約22年間の努力の結晶だった。

途方に暮れていた会員に支援の手が差し伸べられた。中古のパソコンやプリンターが全国から届いた。県立図書館からは文書のマイクロフィルムのコピーが提供された。震災から約２カ月半後の２０１１年５月23日、解読作業が再開された。一からの出直しだった。

現在、週2回集まり、解読作業が進められている。研究会の会長荻原一也さん（86）はこう話す。「ゴール直前に振り出しに戻ってしまった。郷土の歴史を後世に伝えるため、気力、体力が続く限り、活動を続けたい」

## ●復活した「出前博物館」

陸前高田市立博物館では、震災前、小学校や公民館で、博物館の資料を持参し、「出前博物館」を開催していた。子どもたちは、「地域の宝」を知り、陸前高田の文化に誇りを持つことができた。

しかし、震災後、博物館では、「海水損」を被った資料の劣化を防ぐ安定化処理に追われ、出前をする余裕はなかった。そんな時、真鍋さんが熊谷さんに声をかけた。真鍋さんは、文化財救援事業を支援するため、しばしば、陸前高田市を訪れていた。

「ぜひ出前を復活させましょう。協力させていただきます」

11年8月29日、陸前高田市立米崎小で出前博物館が復活した。静岡科学館、千葉県立中央博物館、宇宙航空研究開発機構が協力した。「恐竜博士」で知られる真鍋さんは、6年生19人を前に、ティラノサウルスの生態や、恐竜と爬虫類《はちゅうるい》との見分け方について話した。

米崎小での2回目の出前博物館は、1カ月後に開かれた。子どもたちは、茨城県自然博物館に貸し出されていて被災を免れた、市立博物館所蔵の「気仙隕石《いんせき》」を観察し、隕石落下の記録や仕組みを学んだ。

米崎小での出前博物館はその後も続いた。真鍋さんは話す。「子どもたちのために何かしたかった。次世代の研究者が育つかもしれない。楽しみです」

## ●活動総括し問題点共有

「救出するのは指定された文化財だけか」

「いや、人間の営みの中で生まれた資料は可能な限り救うべきだ」

「人命救助、遺体捜索はきちんとした体制が組まれていたが、博物館資料の救出については体制が存在しなかった」……。

全国の博物館関係者が集った公開討論会「語ろう！　文化財レスキュー」が13年1月から2月にかけ、延べ3日間にわたり、東京・上野の東京国立博物館で開かれた。

文化財救援は、文化庁による「被災文化財等救援委員会」が3月末で閉じられ、同じ文化庁の

全国から集まった関係者が文化財救援の活動について論議した
＝2013年1月23日、東京都台東区上野公園の東京国立博物館

補助事業「被災ミュージアム再興事業」に受け継がれる。公開討論会は、その節目の時期に活動を総括し、問題点を共有しようと開かれた。

東京国立博物館保存修復課長の神庭信幸さん（58）はこう話す。「阪神淡路大震災時と比べれば雲泥の差。全国のネットワークが機能し、うまく連携できた。しかし、地域によっては、専門的人材が少なかった」

12年7月末から8月初めにかけて、陸前高田市の旧生出小で1週間の「陸前高田学校」が開かれた。旧生出小では救出された文化財の安定化処理が行われている。この場所で、文化財保存修復専門家を養成しようと、ＮＰＯの文化財保存支援機構（ＪＣＰ）が主催した。参加者は全国から13人。

参加者は12月発行のＪＣＰニュースに次のように記した。「歴史資料を保存するためには歴史学の知識だけでなく自然科学の技術も欠かせないと改めて実感しました」

陸前高田市の文化財を救う活動は、まだ緒についたばかりだ。陸前高田の過去を未来につなぐ作業として、陸前高田が陸前高田であるべき証しを求める作業として、長い旅がなお続く。

（但木汎）

## 希望の一輪ほころぶ

### 桜ライン（2013年4月13〜22日掲載）

津波にのみ込まれ、今は更地となった陸前高田の市街地を臨む高台に、5本の桜の木がたたずんでいる。海から2キロほど離れた浄土寺。津波は、この桜が植えられた地点まで迫った。この桜のつぼみがふくらんでゆく様子を見守ってきた橋詰琢見《はしづめたくみ》さん（36）は、「9日にようやく一花咲いたんです。希望の桜なんです」と目尻を下げた。

20〜40代の8人でつくるNPO法人「桜ライン311」は、市内の津波が到達した地点を1万7千本の桜で結ぼうと取り組んでいる。橋詰さんは、このNPOの代表を務める。

子どもや孫の世代が津波に襲われた時、この桜の後方まで逃げてもらいたいと願う。浄土寺の桜も2011年11月、橋詰さんたちが植えた。

桜ラインの活動に人生をかけてもいいと思うほど、橋詰さんにとって震災の体験は強烈だった。

陸前高田市の海沿いにある米崎町。橋詰さんは2年前のあの日、勤め先のガソリンスタンドで、客が訪れるのを手持ちぶさたに待っていた。

突然、地鳴りが聞こえたと思うと、体が激しく突き上げられた。立っていられず、ポールに捕まった。天井を見上げると、電球が落ちそうな勢いで揺れていた。数分で揺れが収まったと思うと、すぐに横揺れに襲われた。

「津波が来る」。橋詰さんは同僚3人と店をたたみ、150メートル先の自宅に走った。玄関の戸を開け、父親（75）、母親（65）、姉（37）に「何も持たなくていい。早く逃げろ」と強い口調で叫んだ。

津波の到達ラインに植えられた桜。橋詰琢見さんは、つぼみをチェックするのが日課となっている＝陸前高田市

家族全員を避難させた後、土足で2階の自室に入り、消防団の半纏《はんてん》をはおった。車に乗り込み、水門に急いだ。地割れした道路。消防無線は耳に入ってこなかった。数分で水門に到着すると、すでに閉まっていた。

別の水門に向かう途中、知り合いの老夫婦が、軒先に立っていた。聞くと、家族の迎えを待っているという。橋詰さんは半ば強引に2人を車に押し込み、高台に車を走らせた。

2人を高台に運んだ後、再び水門に向かった。すでに消防団員の仲間2人が現地にいた。防潮堤に上って、海を見た。港の岸壁の側面に、海水でぬれた跡がついていた。水位が下がった証拠だ。「やばい。逃げるぞ」。猛スピードで車を走らせ、高台にある米崎中学校に向かった。

米崎中に着いた数分後、津波が街を襲った。初めて見る大津波。「高い波の壁が押し寄せてくる」という津波のイメージとは、まったく違った。波ではなく、海面ごと盛り上がってきた。防潮堤を越えると茶色の砂煙が舞い上がった。みるみるうちに、海面が家や車と一緒に上に上に迫ってくる。「バチバチ」と電線が切れる音が響いた。

橋詰さんは足がすくみ、その場にしゃがみ込んでいた。言葉は出ず、思考も止まった。ただ、その光景を眺めていた。

## ●流れた家から女児救出

日暮れ前。陸前高田市を襲った津波の勢いは収まっていた。高台にある米崎中に避難した橋詰さんは、女の子の泣き声を耳にした。

泣き声は、津波につかった下の方向から聞こえてきた。消防団員の仲間数人と、急いで声のする場所に向かった。数十メートル先の海面に、流された住宅の屋根の上で、泣きじゃくる保育園児を見つけた。

引き潮が始まれば、そのまま海に流されてしまう。そうなれば、助からない。消防団の仲間たちは消防車の放水ホースを腰に巻き、海に入っていった。橋詰さんは待機し、仲間が流されないようにホースを、しっかりと握り続けた。仲間たちはバケツリレーの要領で、女の子を陸へと運んだ。

最後に受け取った橋詰さんは、女の子をギュッと抱きかかえた。背負っていたリュックに記された名前から、同級生の娘だとわかった。女の子は震えていた。口、耳の中には、大量の砂が入っていた。

市の指定避難所に車で向かった。そこに避難していた人に女の子を託し、橋詰さんは現場に再び戻った。

数日後、女の子と再会した。少し無口のようにも思えたが、体調はよさそうだったので、ホッとした。震災当時、女の子と一緒にいた祖母と、女の子のお姉さんの行方がわからなくなっていた。

## ●すがる思いで捜索活動

翌日から、橋詰さんら消防団員のメンバーは、水が引いた後の陸前高田市の街に入った。生存者を捜すためだ。

がれきが連なり、道も田畑も見えなくなっていた。「ミサイルでも落とされたんじゃないか」。そんなことを思ってしまうほどの惨状だった。

「誰かいませんか」

橋詰さんは声を張り上げた。だが、反応はない。聞こえるのは、上空からのヘリの音だけだった。とても生存者がいるとは思えない。それでも、「誰か生きていてくれ」とすがる思いで、先へと進んでいった。この日、成果はなかった。

翌日の13日朝、活動を再開すると、すぐに一体の遺体が見つかった。「遺体が見つかったぞ」との叫び声の元に近づいた。肌は土色になっており、顔は損傷が激しかった。誰かが言った。「上司の奥さんだ」と。

遺体をブルーシートに包み、担架に乗せた。消防団の複数のメンバーで抱えたが、海水を大量にのみ込んだためか、重かった。間違っても下に落とし遺体がこれ以上傷つくことがないよう、丁寧に扱った。

遺体安置所となった米崎中の体育館に入ると、すでに、5~6体の遺体が横たわっていた。そばには遺体の特徴が記された紙が置いてあった。

「友人や知り合いは助かったんだろうか」。不安が一層、こみ上げた。

## ●避難所に規律芽生える

震災翌日から生存者捜索のため、がれきで覆われた街に入った橋詰さんだが、活動3日目の3月14日、釘を踏み抜いてしまった。

右足を降ろす瞬間、釘が目に入った。とっさに足を降ろす場所を変えた。その先にも釘があった。靴を脱ぐと、靴下が真っ赤に染まっていた。臨時の診療所で治療したものの、痛みで歩けない。消防団員としての活動は、やめざるをえなかった。「何やってんだ、俺は」。情けなかった。

避難所の米崎小では、受け付けを頼まれた。役に立てればと、受け入れた。家族を捜すために訪れた被災者の対応をした。

当初は食料も限られ、子どもや高齢者が優先された。誰も文句を言わなかった。話し声を耳にしても、笑いは聞こえない。家族の生死がわからない人もいたかもしれない。重苦しい雰囲気に包まれていた。

避難所は最大300人の被災者であふれた。自治組織が生まれ、いざこざが生じないように気配りがなされた。橋詰さんも、長らく途絶えた電気が復旧すると聞き、携帯電話の充電を予約制にすることを提案した。限られたコンセントに、我先にと充電しようと殺到する恐れがあると思ったためだ。

トイレなどの公共空間の掃除は当番制となった。女性の着替え場所も設置。救援物資も平等に配るため、人数分が集まるまで配布を待った。避難所には、規律が生まれていた。

## ●先人残した石碑の教訓

橋詰さん一家では、日ごろから津波に備え、逃走ルートや避難先を話し合っていた。海を臨める場で暮らしていたがゆえに、意識は高かった。東日本大震災でも家族はすぐに逃げ、無事だった。

だが50人近くの友人や知人を失った。津波は約8キロも内陸に入り込み、海から離れた集落で、犠牲になった友人もいた。「なぜ逃げなかったのか」「ここまで来ないと思ったのでは」。そんな思いが募った。

「津浪と聞いたら欲捨て逃げろ」などと、先人の教訓が記された石碑＝陸前高田市広田町

震災から1カ月後、避難所にあったテレビのニュースで、三陸沿岸には過去の津波到達地点に石碑が建てられていることを知った。

周りに聞くと、陸前高田市にも同様の石碑があるという。橋詰さんは、海沿いにある小さな集落、広田町大陽に向かった。

坂の途中に、２メートルほどの高さの細長い石碑が立っていた。碑には、「津《つ》浪《なみ》と聞いたら欲捨て逃げろ」「低いところに住家を建てるな」などと彫られてあった。昭和９年３月３日建立との記述も。１９３３年の昭和三陸津波の翌年に、先人たちが立てたものだった。

橋詰さんは石碑の周囲を見回した。石碑より低い場所では、ほとんどの家が被災していた。一方、上側に立つ家は無事だった。「石碑の教訓を知っていれば、助かった命はあったんじゃないか」。悔しかった。

## ●愛する木なら忘れない

米崎小に設けられた避難所は、震災から4カ月ほどで閉鎖された。橋詰さんは、先に家族が避難していた北上市に移った。

北上で、橋詰さんは悶々《もんもん》とした日々を過ごしていた。津波で流されたため、ガソリンスタンドの職場を失い、次の仕事をどうしようかなどと思い悩んだ。

8月、戸羽太市長の著書「被災地の本当の話をしよう」を手に取った。「（陸前高田を）きれいな桜の花でいっぱいにしたい」との記述に目が止まった。

当時、地元青年団の会長を務めていたため、戸羽市長と面識があった。市役所に連絡し、市長と面談した。橋詰さんは「桜を植えたい」と訴えた。戸羽市長からは「市ではできないが、若い人たちでやってくれないか」と背中を押された。

橋詰さんは、地元青年団の会議で提案し、了承された。そして、漁師で青年団OBの佐藤一男さん（47）に相談した。

佐藤さんには当時、津波到達地点に石碑を建てたい、との考えがあった。だが、橋詰さんから桜の聞き、「どうせ桜を植えるなら、津波の到達地点に植えよう」と思いついた。石碑は、人々に忘れられる。でも、日本人が愛する桜なら忘れられない。

橋詰さんは9月、陸前高田に戻った。10月には、地元青年団とNPO法人「難民支援協会」、支援団体「SAVE　TAKATA」で、桜ラインの実行委員会を立ち上げた。

## ●時間かけてこそ意味

陸前高田市の津波到達地点を、桜で結ぶ。いつか大津波が襲ったとき、人々は桜より上に逃げる。そんな壮大な計画を橋詰さんらでつくるＮＰＯ法人「桜ライン３１１」は立てた。だが、桜への知識はなかった。

まず市内の造園業者に相談した。植える桜は生命力の強い、オオシマザクラ、オオヤマザクラ、ベニシダレザクラなどを中心にするようにアドバイスされた。また、10メートル離して埋めることで、枝と枝がぶつかって互いに傷つけ合うことを防げることを知った。

市内の津波到達地点を線で結ぶと、１７０キロもあった。10メートルおきに植えれば、１万7千本の桜を植えることになる。時間も資金もどれほどかかるかもわからない。それでも、橋詰さんは「時間がかかるからこそ、意味がある。植えるたびに、津波の恐ろしさを再認識できるから」と前向きに捉えた。

活動には、市民、そして全国の支援者からの息の長い支援が欠かせない。そのため、一人でも多くの人に活動を知ってもらう必要があった。マスコミ向けの資料をつくり、取材協力を求めた。11年11月、海から2キロほど離れた高台にある浄土寺の斜面に、一本目の桜を植えた。多くのテレビ局、新聞社の記者が駆けつけた。桜ラインの活動が発信された。

反響は大きかった。「苗木を送りたい」「寄付金を送りたい」「植樹に参加したい」。賛同する声が各地から届いた。

## ●支援の輪、全国へ広がる

「桜ライン３１１」を支援する輪は、全国に広がっている。

春と秋の植樹には、延べ約950人のボランティアが駆けつけた。参加者は「こんなところまで津波が来たのか……」と一様に驚く。計520本が植えられた。

愛知県豊田市の小原中学校は、学校の敷地内で育ててきたシキザクラの苗木計約60本を、桜ラインに送り届けた。

11年秋、当時校長を務めていた永井初美さん（60）が新聞でこの活動を知り、生徒に持ちかけた。小原地区はシキザクラの名所。同校では十数年前から、生徒が入学後から苗木を育てている。卒業記念として持ち帰り、自宅周辺に埋める。永井さんは「生徒たちは、被災者が桜を見て笑顔になってもらえたらと願っています」と言う。活動は卒業した先輩から、後輩に引き継がれている。

桜ラインへの活動資金となる寄付金は5千万円を超えた。職員派遣など、陸前高田市への復興支援を続ける三重県松阪市は、桜ラインの活動も支援している。市は庁舎の窓口やお祭りなどで市民に募金を呼びかけ、これまでに76万円の協賛金を送った。

インターネット地図検索サイトを運営する「マピオン」は、桜の植樹場所を桜のアイコンで示す応援マップを公開。桜の品種、植樹日などが見られるようにしている。

## ●数十年後の風景、夢想

橋詰さんは、何十年かけてでも、街を桜でいっぱいにする決意だ。

成功の鍵は、桜を植えるための土地をいかに確保するかだ。地主から了承を得て、無償で植えさせてもらっている。

津波到達点に植えられ、満開になった桜＝陸前高田市

新聞チラシなどで協力してくれる地主を募った。桜ラインのメンバーも現場に赴き、地主を探す。だが、「街づくりが進んでいない今、自分の土地がどうなるかもまだわからないから……」と返事を保留する地主も多い。

協力を断る地主が増えれば、植えられる桜の数は減る。橋詰さんは「粘り強く、僕らの熱意を伝えていくしかない」と言う。

もう一つの課題が、スタッフの人件費を含めた運営費の確保だ。これまで順調に協力の輪は広がり、寄付金も5千万円以上集まった。だが、震災への記憶が年々風化していけば、これからも寄付金が集まる保証はない。

それでも橋詰さんは、思い描く。

数十年後、満開となった桜の下で、家族連れでにぎわう。お父さんとお母さんが穏やかな表情で、子どもに語りかける。「昔ね、ここまで津波が来たんだよ」と。

（岩井建樹）

※橋詰さんは13年5月末に代表を辞任しました。

# 思い出よ、おかえり

## 写真洗浄の物語（2013年6月14〜26日掲載）

5月中旬の昼下がり、大船渡市の仮設住宅の集会所で、1枚の写真を手にした女性が目に涙を浮かべている。「こんなに立派にしてもらって。まさか見つかるなんて思ってなかったからね……」。東日本大震災で自宅を失った佐藤まき子さん（60）。娘が結婚した時の写真をいとおしげに見つめた。

集会所の机の上には、プラスチックの容器ごとに何冊ものポケットアルバムが並べられ、佐藤さんの他にも15人ほどが食い入るようにページをめくっている。

今ではすっかりきれいになっている写真だが、全てがれきの中から見つかった。最初は泥だらけだったが、市社会福祉協議会（社協）のスタッフが一枚一枚手洗いし、乾かしてきたものだ。持ち主の手元に返るようにと、この日は仮設住宅まで運んでの「展示会」。1日で258枚が返却された。

渡部清助《せいすけ》さん（84）の手元には、少年飛行兵学校時代の写真が返ってきた。当時16歳。70年近くも前のセピア色の写真だ。「何もかも津波で持っていかれたからね。こうして見つかるなんて、奇跡のようだ」

妻と2人で暮らす仮設住宅の部屋に思い出の品物はほとんどない。この写真は、新しいアルバ

渡部清助さんの手元には、16歳のときの写真が戻ってきた＝大船渡市

ムに入れるつもりだ。

社協が写真洗浄と返却の活動を始めたのは２０１１年4月12日。市役所から委託を受けた事業ではあったが、震災からまだ1カ月しかたっていない。「当時は写真どころじゃないという状況でした。それでも、見切り発車でスタートしました」。担当職員の佐藤厚子さん（40）は振り返る。

そもそも、津波をかぶり、泥や油にまみれた写真をいったいどう洗えばいいのか。しかも、1枚や2枚ではなく、数十万枚という多さ。前例はなく、経験もノウハウもない。

それが今では、40万４７９６枚を洗い、35万６３０８枚が持ち主の手元に戻った（13年6月12日現在）。返却率は88％。同じ活動をしている他の被災地の関係者から驚かれ、視察も受ける。

そこには、写真洗浄を指導するプロフェッショナルと、まるで聞き込み捜査の刑事のように、足で持ち主を探すスタッフの情熱があった。

## ●時間との戦いの中で

大船渡市社会福祉協議会の写真洗浄班の常駐スタッフは8人の女性たち。その中に「先生」と呼ばれる人がいる。

指導員の金野聡子《きんのさとこ》さん（50）。ロンドン芸術大で学び、紙本《しほん》・書籍保存修復士として古文書などの修復を手がけてきた。助言を求めることのできる専門家の知人も多く、写真洗浄班の技術を支える。

そんな金野さんにとっても、津波をかぶった写真の洗浄は初めての経験。手探りでのスタートだった。

仮設住宅の集会所で、娘の写真を手にする佐藤まき子さん。「まさか出てくるなんて、びっくりしました」＝大船渡市

持ち込まれる写真の傷みは激しい。塩水をかぶり、ヘドロや汚物、重油にまみれたものもある。何枚もの写真がくっつき、塊のようになっているものもあった。

11年4月から約2カ月間は、多くのボランティアが来て手伝ってくれたが、単純な洗い方でただ量をこなせばいいというものでもない。

カラープリントに使われる印画紙のＲＣペーパー、白黒写真を印画するバライタ紙、インスタントフィルム……。洗い方も違えば、乾かし方も異なるさまざまな写真。方法を誤れば、傷付いた写真の命はさらに短くなる。

カビやバクテリアの増殖で、時間がたてばたつほど急速に劣化も進む。

「とにかくやらなきゃ。放っておいたらどんどんダメになってしまう」

写真洗浄は、時間との戦いの中で始まった。

## ●冷凍庫8台で「命」拾い

大船渡市社協の写真洗浄班の作業場は、市民向けのレクリエーション施設「Y・Sセンター」の中にある。

木工や陶芸用に使われる1階奥の部屋に入ると、流し台で写真を洗うスタッフの姿や、扇風機を回したり、洗濯ばさみでつるしたりして乾燥させている写真などが目に入る。

その作業場の一角に、5台の冷凍庫が置かれている。11年6月に届いたものだ。その約1カ月後には容量970リットルの大型冷凍庫3台も届いた。計8台に四十数万枚の写真が納められ、すぐに凍結保存された。

洗濯ばさみで、つるされた写真＝大船渡市

「この冷凍庫たちのおかげで命拾いをしました」と、金野さんは言う。
持ち込まれる写真は、カビやバクテリアの繁殖で劣化が進んでいた。日増しに気温も上昇していく。金野さんが早い段階から市社協に冷凍庫をお願いし、すぐにそろったことで、写真の質を保つことが可能になった。
大型の3台はすでに役目を終え、今残るのは最初に来た5台。その中にはまだ8万枚近くの写真が納められ、ほぼ震災直後のままの状態で、洗浄を待っている。

## ●優しく、丁寧に、丁寧に

一枚一枚、手洗いで行われる写真洗浄。この仕事のため、7人の臨時職員が大船渡市社協に採用されている。その一人、尾坪美鈴《みすず》さん（56）は最初の作業の日、金野さんに思わず聞き返した。「えっ。写真って、水で洗っていいんですか？」

水にぬらしたティッシュで写真を拭いたとき、表面に傷が残った昔の記憶があったからだ。「最初はおっかなびっくり。筆を使って、優しく汚れを洗いました」

スタッフたちにとって、作業は未知の世界だった。アルバムから、傷つけないよう慎重に写真をはがしていく。表面の砂や汚れは、ためた水の中に写真を入れ、ゴム手袋をした指の腹でゆっくり洗い落とす。このとき、洗う方の手だけでなく、支えている反対の手で傷つけてもいけない。細かい、気の抜けない時間が続く。

乾燥もそう。洗濯ばさみでつるして干す際には、ギザギザの跡が残らないよう、四つ角の先端のわずかな部分だけをはさんでいく。

しかし、一つの方法を覚えたからといって、どの写真も同じように洗って乾かせばいいというわけではない。ダメージの程度がそれぞれ違うため、洗浄方法もそれぞれ異なる。マニュアルが通じないのだ。

赤ちゃんの笑顔、一家だんらん、旅行、結婚式……。洗いながら、写っている人たちのことを想像していると、いつしか手元にある写真がただの「モノ」とは思えなくなってくる。まるで、写真そのものに命が宿っているかのように。

「この子たちを早く持ち主のところに帰してあげたい」。そんな気持ちで、洗浄が続けられている。

## ●攻めの姿勢で返却活動

何のために写真を洗うのか。答えは一つ。持ち主に返すためだ。

洗い終えた写真は、洗浄班の作業場がある「Y・Sセンター」のホールで常設展示されている。だれでも見られるようになっていて、探したい人はここに来ればいい。だが、そんな「待ち」の姿勢では返却はなかなか進まない。

市内の中心部から離れた高台にあるこのセンターを、わざわざ訪ねる人は多くはない。それは、不便だからという理由だけではない。「震災から2年がたちましたが、まだ自分から写真を見る気持ちになれないという人がたくさんいらっしゃるんです」。佐藤厚子さんは言う。目当ての写真を探し出すには、他の写真も含めて何枚も何枚も見なければいけない。変色したり破損したりした写真は、いやおうなしに津波の記憶を呼び起こす。探すことそれ自体が、心の負担にもなる。

洗浄班は震災2年目の年から、積極的に外に出て返していく「攻め」の姿勢を強めた。写真に写っている人の情報を集め、それが誰かを具体的に特定する。そして、その人がいる場所を見つけ出し、直接返すという方法である。

出張展示を増やしたことと合わせ、成果は数字に表れた。1年目に60～70％台だった返却率は、2年目には80％台前半に。そして今年は、90％にまで迫る勢いになっている。

花巻での温泉旅行に同行して行われた写真の出張展示
＝大船渡市老人クラブ連合会提供

## ●貴重なお年寄りの情報

返却の命は情報――。そのことをスタッフが改めて思い知る出来事が、13年の1月下旬にあった。

大船渡市の老人クラブが、約200人で参加した2泊3日の温泉旅行。そこに写真洗浄班が同行し、花巻市内のホテルの一室を借り切って出張展示を行ったのだ。休憩時間を利用して、写真を見てもらうと、参加者たちは1枚1枚ページをめくりながら、自分の写真を探すだけでなく、新たな情報をさまざま提供してくれた。

これはだれだ、この人はどこそこの娘さんだ……。泥だらけだった写真が、実際の人の名前に結びついていく。2日間で約1500枚の写真の「身元」が判明した。

この旅行に参加した仮設住宅自治会長の田中泉さん（78）は、今も有力な情報提供者の一人だ。「以前、孫の写真を見つけてもらったことがあって、うれしくて

情報を求めて仮設住宅を訪ね歩く及川富士子さん＝大船渡市

ね」。喜びをもらった感謝の気持ちから、その後も積極的な協力を惜しまない。こうした情報が、返却率の高さを支えている。

「七十年、八十年生きてきた人の人生経験って大きいな」。温泉旅行に同行したスタッフの及川富士子さん（48）は、改めてそう思った。古いものから新しいものまで、写真の種類は多岐にわたる。だからこそ、人づての、とりわけお年寄りたちの情報の重要さを痛感している。

「子供から百歳の人まで、皆さんに見てもらって初めて持ち主のところに届くものだと思います」

## ●手掛かり求め聞き込み

その古い写真には、4人の若い女性が写っていた。

13年の4月中旬。写真洗浄班に寄せられた情報から、そのうちの1人は大船渡市の中心部に住む「山口さん」とわかった。アルバムに残った他の写真から推測されるのは、持ち主は山口さんとは別の女性。しかし、まずはここを当たってみるしかない。

スタッフの及川さんと刈谷ひとみさん（59）の2人が中心になり、持ち主を追った。

昔の電話帳からそれらしい住所を見つけ出し、10日ほどかけてたどり着いた。ところが「これは私じゃなく、別の地区に住む人のことだと思います」。

その地区を訪ねる。近所のそば屋で聞いてみると、今度は「その人なら盛岡へ引っ越した」。大船渡市内に住む別の同級生の情報をもらい、訪ねてみた。しかし、山口さんを含む3人のことは知っていたが、持ち主の女性については名前さえわからない。途切れかける手がかり。「お寺の奥さんが詳しいから行ってみたら」。その一言を頼りに、近くの寺に向かった。

そこで、一つ具体的な情報が得られた。持ち主ではないが、4人のうち1人が市内の吉浜に住んでいるという。名前を教えてくれた。

「聞いたことがある」。その名に、刈谷さんはピンときた。写真洗浄班の作業場がある「Y・Sセンター」の陶芸教室に通っている女性とまさに同姓同名。どうやらその人で間違いないらしい。教室が開かれる火曜日を待って、じかに聞いてみることにした。

刈谷さんのノートやファイルなどには写真返却のための手がかりが詰まっている

## ●人を訪ね歩く「捜査官」

洗浄班の作業場がある大船渡市の「Y・Sセンター」の陶芸教室に通うその女性は、写真に写っていた4人のうちの1人だった。

写真は、40年以上前のものだという。持ち主の女性の名前を思い出すことはできなかったが、撮影した状況は記憶していた。高校卒業後、市内の服飾専門学校にいたときの写真だった。

洗浄班は、この専門学校のかつての先生に写真を返却したことがあり、刈谷さんと及川さんが訪ねた。だが、先生は4人を知らなかった。4人は夜間部の生徒で、自分は昼間の担当だったため覚えていないという。もしかしたらわかるかも、と夜間部の先生を紹介された。

「これで終わりにしよう」。あきらめる前の最後の機会と決めて訪ねた元先生は、80代の女性だった。写真を見るなり、「イトウさんかもしれない」。市内の新聞販売所の娘だった女性だとわかった。

電話帳などから調べ、市内の団地に住む「イトウさん」にたどり着いた。写真を見た女性は「あっ」と声をあげた。

写っていたのは、陸前高田市の仮設住宅にいる義理の妹だった。写真は無事に本人の手に渡り、喜んだ女性は、情報の端緒となったかつての恩師とも四十数年ぶりに電話で言葉を交わしたという。

人から人へ。歩き続けて約2カ月かけての返却だった。「捜査官」。写真洗浄班のスタッフたちは、及川さんと刈谷さんの2人を敬意を込めてそう呼んでいる。

## ●手にしてもらう工夫を

洗浄班は、写真の見せ方にも知恵を絞っている。

例えば、ポケットアルバムに貼られた目印のビニールテープ。ピンク色の一冊を開くと、中は赤ちゃんの写真ばかりだ。水色には、宴会や旅行の写真が収められている。色ごとに結婚式や祭り、風景などに分類され、テーマを絞って効率よく探すことができる。

「みんなで相談し、少しずつ改良を重ねてきました」とスタッフの佐藤彰季子《あきこ》さん（36）。常設展示されている写真の枚数は約5万枚。その分量の多さにたじろぐ人を少しでも減らしたいという工夫だ。

13年5月には、「おたすけメモ」というチェックシートも考案した。アルバムは50音順のケースに数十冊ずつ収納されているが、メモに印をつけることで、一度見終わったケースがわかるようになっている。

デザインが得意なスタッフの存在も大きい。三浦知子さん（36）は似顔絵やイラストなどを手がける専門家だ。「楽描《らくが》き人　三浦のろこ」というもう一つの仕事の顔を持ち、多彩な才能を発揮している。

チラシと「おたすけメモ」を手にする三浦知子さん＝大船渡市

「少しでも興味を持って、写真を手に取ってもらえたらいいな」。6月もそんな気持ちで配布用のチラシをつくった。表には「あきらめていませんか？」と手書きの文字。出張展示の予定や寄せられた声などを、イラストも添えて両面に満載している。

工夫の一つ一つに、スタッフの気持ちが込められている。

## ●被災の故郷と向き合う

石川淳子さん（46）が「今しかできない仕事だから」と洗浄班のスタッフになったのは、13年の4月。いま、自分の中で気持ちに変化が生まれている。

津波で陸前高田市内の実家を失った。心が落ち着かない2年間だった。大船渡市社協の職員から声をかけられるまでは、なかなか外で仕事をする気にもなれなかった。

やってみて、発見があった。この写真が自分の手元に届くまでには、自衛隊員や警察官、ボランティアなど何人もの人の手を渡ってきたに違いない。返しに行けば、「ありがとう」と喜ぶ人たちの顔があった。

1枚1枚がとても貴重で、持ち主にとっていかにかけがえのないものか。自然とそう思えるようになった。

陸前高田からできれば遠ざかっていたい。実は、そんな気持ちがあった。帰る場所がないことを、心のどこかで現実として受け止めたくない自分がいたのかもしれない。だから、陸前高田でも行われている洗浄写真の展示を、ずっと見に行く気にはなれなかった。実家の写真が見つかるかもしれないのに。

「でも今は足を運んでみたい。写真を洗うようになってから、そういう気持ちになりました」。

壊滅的な被害を受けた陸前高田市が将来どんな街になるのか。期待もわくようになった。二度と犠牲者を出さない、防災のしっかりした街になってほしいと願う。

気持ちが、少しずつふるさとと向き合えるようになり始めている。

## ●「最後の1枚まで返す」

及川さんは13年の初めごろ、訪問先の仮設住宅で写真の持つ力を知った。

一度写真を届けたことがある先への再訪だったが、写っていた男性は、12年12月に亡くなっていたことを聞かされた。妻の話では、男性は写真を見ながら最期を迎えたという。ずぶ濡れになった男性は夫婦は津波に足を取られながら、なんとか助かった経験をしていた。それがきっかけで体調を崩し、病床に伏すようになった。

多くのものを失った中で、写真が帰ってきた喜びは大きかったという。「写真に助けられました。見つけてくれてありがとう」。妻は泣きながら及川さんに話したという。

持ち込まれる写真。洗浄班の手できれいになっていく＝大船渡市

「実はどんな写真だったのかも私は覚えてないんです。でも、もらった方にとっては特別なものだったんですね」

及川さんを含め、スタッフのほとんどが津波で自宅や職場を失った被災者でもある。被災した悔しさ、喪失感を知るからこそ、写真が人の力になれたときの喜びは大きい。

これまでに返してきた写真は、実に36万枚近くにのぼる。だが、満足している余裕はない。洗い終えても返せていない写真が5万枚、まだ洗えていない写真が冷凍庫に7万枚も残っているのだ。

国の緊急雇用創出事業で大船渡市から受託している写真洗浄だが、当初の予定では3年間の事業。来年度以降も継続できるかどうかわからない。

「最後の1枚まで返す」。そう誓っている洗浄班のスタッフたちは、突き動かされるように洗浄と返却を続けている。

## ●ほしいと思える日まで

大船渡市社協の佐藤厚子さんには、写真を返しに行った先での忘れられない体験がある。11年夏ごろ、年配の男性から激しい叱責《しっせき》を受けたのだ。「こんな写真持ってきても家の一つも建たない。金を持ってこい！」

アルバムには、その男性が孫らしき子供を抱いて笑っている写真もあった。きっと喜んでもらえると、佐藤さんは思っていた。それが、写真を見ることすらせずに突き返されたのだ。

「自分たちがいいことをしていると思うのはやめよう。そう思った出来事でした」

写真を届ければ喜んでもらえるというのは一方的な思い込みかもしれない。さまざまな事情で、写真を見たくない、見る気になれない人たちがいるのも現実なのだ。

洗浄班のスタッフは、自己満足を戒めながら活動しているが、震災直後と最近では喜びの反応が明らかに違うことも肌で感じている。「最初のころは写真どころじゃない状況でした。それが今、少しずつ余裕もできて、写真のことを懐かしいと思えるようになってきているんだと思いま

心を込めた洗浄と返却を続けているスタッフたち＝大船渡市

す」。スタッフの佐藤由喜さん（35）は言う。

2年前は要らなかったけれど、今ならほしい。今は要らないけれど、いつかはほしい。そんなふうに、人の心は変化していくものだとも思う。罵声とともに突き返されたあの写真も、持ち主がいつ取りに来てもいいように、大切に保管されている。

## ●心通わせ寄り添う支援

震災から2年が過ぎた13年の3月中旬。大船渡市のショッピングセンターで開かれた写真の出張展示の会場を、一人の年配の女性が訪れた。娘のために、写真を探しているという。娘は嫁ぎ先の陸前高田市で夫と子供、親を津波で亡くし、心に深い傷を負った。その家族の写真がないか、探し歩いているというのだった。

女性は、スタッフに気持ちを語り始めた。新しい建物や施設ができ、少しずつ復興が目に見えるようになってきたと感じる。しかし、家族を亡くした娘は、いまだに歩み出せずにいる。たとえ写真が見つかっても、今の娘の精神状態では、見せることはできないと思う。それでも、いつか見られるようになる時のために、1枚でも見つけておきたい……。

この日、家族の写真は見つからなかった。それでも女性は「話を聞いてくれてありがとう」と、スタッフに言葉を残していった。

「娘がいつか一歩を踏み出せるようになったとき、写真を懐かしく見ることが助けになると思うんです。皆さんがしてくれていることは、私たちにとって心の復興の一つです」

訪問先で、スタッフは多くの笑顔や涙を見てきた。配達するようにただ返すのではなく、心を通わせ合い、その人たちが語る体験や胸のうちに耳を傾ける。

寄り添う支援。その一つの形が、写真洗浄と返却の現場にあった。


（杉村和将）

## 宿再開、苦しみ越えて

**小川旅館（2013年6月27日〜7月14日掲載）**

大槌町の市街地を東西に貫く国道45号から小鎚川沿いに山側へ折れると、すぐ二階建ての白いプレハブが見える。玄関のガラスには金色の文字で「小川旅館」。市街地にあった老舗旅館に似せようと、同じ看板屋さんに頼んだ。

割烹着《かっぽうぎ》姿の女将《おかみ》、小川京子さん（52）が、満面の笑みで泊まり客を迎える。「いらっしゃいませ。ようこそ」。小柄で一生懸命話すしぐさや語り口は、どこかユーモラスだ。「気がつくと、お客さんが笑ってるんですっけ」

仮設で再建した小川旅館の玄関に立つ小川勝己さん京子さん夫妻
＝大槌町小槌

震災前、市街地の町方地区にはホテルや旅館が4軒あったが、営業を再開したのはここだけだ。仮設にせよ、日常を取り戻したような小川旅館。ここまでたどりつくには、どれだけ大変な苦労をしたか、知る客は少ない。

２０１１年3月11日、京子さんは、滝沢村の病院へ母のミヲさんを見舞いに行った。京子さんは20歳の頃からミヲさんを支えて旅館の切り盛りをしていた。震災2カ月前、ミヲさんは心臓病から脳梗塞《こうそく》を起こし釜石市の病院に入院。1週間前にここに転院したばかりだった。京子さんは連日、看病と旅館経営の両方で忙しい日々を送っていた。

午後2時46分。病院は大きな揺れが襲われて停電。しばらくして自家発電に切り替わった。再びついたテレビは、

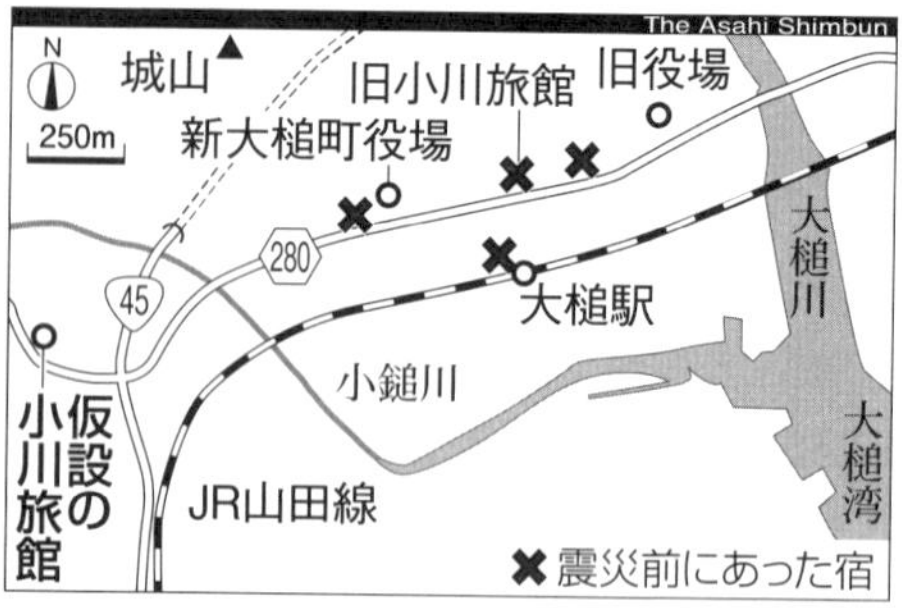


大津波警報の発令を知らせていた。

1級建築士の夫の勝己さん（54）は釜石市の内陸部が仕事場だったので心配なかった。子ども3人のうち、青森で大学生活を送っていた長女の紗也加さん（24）は、この日たまたま帰省して病院で合流していた。残りの2人は大槌にいた。

当時高校1年生の長男景彰《ひろあき》君は、学校が休みで旅館にいた。京子さんは携帯から電話するがつながらない。メールを送った。

「うちは大丈夫か」

「建物は倒れてない」

「チビ（当時小学6年生の次男秀峻《ひでたか》さん）は」

「まだ学校から帰ってない」

そういえば、卒業式の練習で遅くなるはずだ。学校から城山に避難するだろう、と京子さんは思った。

テレビを見ると、予想される津波の高さは、当初の3メートルから、6メートルになっていた。

「高台に逃げろ」

京子さんは、さらに景彰君にメールした。

景彰君は、家の外に出た。通りで、まだ近所の人たちが立ち話をしていた。その向こうに黒い壁のような波が迫っているのが見えた。慌てて城山に向かって走った。波はすぐに追いついてきた。

## ●タクシーで急いだ帰路

テレビには、釜石港に押し寄せる黒い波が映し出された。メールはもう通じなくなっていた。母の入院する滝沢村の病院にいた京子さんと長女の紗也加さんは、とにかく大槌に戻ろうと思った。息子たちと、連泊しているお客さんが心配だった。

タクシーを呼んだが、混み合っていて来ない。午後5時ごろやっと病院を出た。当初は、盛岡に行けば鉄道で何とかと思っていたが、すでに不通だった。運転手は「大槌まで行ってあげる」と言ってくれた。

盛岡から大槌に向かうルートはいくつかある。広くて安全なのは釜石経由で仙人トンネルを抜ける道だった。紗也加さんは、前年のチリ地震津波を警戒した日も帰省途中だったが、そのルートを通って交通規制で立ち往生したことを思い出した。宮古に向けて走り、途中で右に折れて土坂峠を越えることにした。

道は渋滞していた。タクシーのラジオから、震災の情報が次々と入ってきた。大槌町では火災が起きているようだった。「紗也加がいなかったら、気がおかしくなっていたかもしれない」と京子さんは振り返る。

午後10時過ぎ、大槌川沿いの山間にある集会施設「かみよ稲穂館」にさしかかった。市街地まであと6キロほどだ。

稲穂館は、すでに避難してきた人であふれていた。市街地の方角を見ると、山の端が炎で赤く染まっていた。

## ●次男の幽霊？と錯覚

「町は火の海だ。車でいかない方がいい」

滝沢村から大槌の山間部までタクシーで戻ってきた京子さん・紗也加さん親子に、避難者が興奮気味に言った。タクシーの運転手は、行ってもいいと言ってくれたが、あきらめて車を降りることにした。料金は4万円を超えていた。払うと、財布には小銭しか残っていなかった。

暗い夜道、紗也加さんのスーツケースの音をがらがらと響かせながら歩き続けた。息子や旅館の常連客の安否を知りたい一心だった。2時間ほど歩き、日付が変わるころにやっと、市街地付近までたどり着いた。

町外れの製材所のあたりにさしかかると、津波が押し流した材木が道をふさぎ、まだ道路に海水がたまっていた。それでも乗り越えて何とか国道45号の交差点まで歩いた。見知らぬ男性から「町方は危険だから（反対側の）安渡の方へ行ったほうがいい」と言われた。仕方なく携帯電話の明かりを頼りに暗闇のトンネルを抜けて歩くと、右手に光が見えた。安渡小学校だった。

京子さんらは、安渡小の体育館に二晩泊まり、昼間は息子を捜しに町内の避難所を訪ね歩いた。京子さんは「正常な心理状態ではなかった」と振り返る。

体育館に、次男の秀峻君と似た背格好の少年が入ってくると、本人だと錯覚した。しばらくして、その少年の姿が見えなくなると、「今のは秀峻の幽霊では」と思えた。

## ●再会した長男なで回す

京子さんと紗也加さんは、震災後2日間は安渡小の体育館で寝泊まりした。すぐ横で、じっと毛布をかぶって動かない人がいた。よほど具合が悪いのかと声もかけずにいた。3日目の朝、その人はいなくなっていた。収容されずに置かれていた遺体だったと後で知り、ぞっとした。

日中は、紗也加さんと町内の避難所を回った。携帯電話の電池は切れていた。うわさを聞いては訪ねていくことを繰り返して3日目、ついに大鎚川沿いの大ケ口《おがぐち》の集会場で「お子さん2人と旦那さんに会った」という知人を捜しあてた。「大槌高校に行く」と話していたという。

京子さんらは大槌高校に走った。3人はいなかった。しかし「入れ違いになってはいけない」と、避難場所を大槌高校に移して待つことにした。

京子さんは「1カ月くらい待った」と記憶するほど長く感じたが、勝己さんによると2、3日後、人づてに聞いた勝己さんが大槌高校を訪ねてきた。翌日、息子2人も連れてきた。3人は釜石市の勝己さんの実家に避難したのだった。

京子さんは、旅館から一人で逃げた長男の景彰君が一番心配だったので、「幽霊じゃないだろうな」と、何度も抱きしめたり体中をなで回したりして確かめた。

景彰君にとっては、京子さんが内陸にいたのを知っていたので「そのうち会える」くらいにしか思っていなかった。「大事な所は触るなよ」と冗談を飛ばした。

## ●「自分だけ行けない」

景彰君は、地震当日は高校が休みで、揺れが来た時は、自宅でもある旅館の建物にいた。京子さんから「高台に逃げろ」とメールが来た。祖母のミヲさんから買ってもらったばかりの大切なパソコンが津波にかぶらないようにと、屋上に上げた。そして、家中にカギをかけ、外に出た。景彰君の努力はすぐ無駄になった。津波は、そっくり旅館をのみ込んでいった。

津波から何とか逃げ切り、坂の下を見ると、大槌小学校の運動場付近は、押し寄せた津波が山側の壁に当たり、渦を巻いていた。その中で、車に人が乗ったまま沈んでいった。クラクションの音が鳴り響いていた。

景彰君は、一足早く大槌小から集団で避難した次男の秀峻君や、出張先の盛岡から戻って捜しにきた父の勝己さんと、城山で合流した。その後、火事が迫ったので、3人で釜石市の内陸部にある勝己さんの実家に歩いて逃れたのだった。

勝己さんは京子さんを自分の実家に連れて行こうとしたが、京子さんは「大槌を離れない」と言い張った。「町のみんなが残ってるのに、自分だけ行けない」「小川家の本家の人間がだれか残って、親戚の安否を確認しなくてはならない」。言い出したら頑固な京子さんだが、気持ちが不安定で、心臓に持病もあった。仕方なく、青森に向かう新幹線が再開する22日までは長女の紗也加さんが、それからは、秀峻君が付きそうことにした。

しかし、そのこだわりが、京子さんを徐々に追い詰めていった。

## ●気苦労抱え「死にたい」

大槌高校で避難所暮らしを始めた京子さんは、心に色んなものを抱えていた。

震災40日後、授業再開に伴って、管理運営が学校から避難者に移り、京子さんは班長になり、気苦労が絶えなかった。例えば、物資の希望者を募って、必要数だけ配ると、後で「やっぱり欲しい」と言う人が出てきて、家族の分を回さねばならなかった。掃除当番を守らない人がいて、班の中でうわさになると「あんたが名指しした」と文句を言われた。

一方で、滝沢村には毎週、母のミヲさんを見舞いに行った。病院からは、転院を促されていた。しかし、被災地からの患者の受け入れで、どの病院もなかなか空きがなかった。そんなミヲさんがふびんでしかたなかった。

切り盛りしていた旅館の常連客が1人、仕事の現場で逃げ遅れて流されたことも、申し訳なく思っていた。そこに、旅館を再建したくても前に進めないあせりが重なった。いつしか「死にたい」と思うようになった。

「タオルを首に巻き付けても絞める力はない。つる場所を探したが、避難所にはちょうどいい場所が見つからなかった」

京子さんを最初の危機から救ってくれたのは、「世界の医療団」の精神科医・森川すいめいさんだった。阪神大震災がきっかけで医師になり、途上国を回ったり、ホームレスの炊き出しや診療をしたりしてきた人だった。避難所を訪れた森川さんは、京子さんの話をただじっと聞いて、涙を流してくれた。京子さんは、「もう少しがんばろうかな」という気になった。

## ●「死」打ち消した母の顔

それでも、大槌高校の避難所で、京子さんの「死にたい」との思いは消えなかった。心配して、釜石市の実家に避難していた夫の勝己さんや長男の景彰君も、大槌高校の避難所で監視するようになった。

7月末、避難所が閉鎖された。小川さん一家は、町外れの住宅地に、運良く家を借りることができた。

ただ、そこに以前の旅館の番号で電話を引き直すと、次々とベルが鳴った。「営業していますか」「いつ再開するのですか」――。あせる気持ちがさらに募った。

不満の矛先は、家族にも向いた。みんな、避難所から出て、解放感にひたっていた。「私がこんなに苦しいのに、みんな天真らんまんで、好き勝手にやって……」

秋になった頃の深夜、京子さんは、家を飛び出した。小鎚川の河口近くまで車を走らせ、橋の欄干に足をかけて座った。

「このまま川に落ちよう」とした瞬間、思い浮かんだのは、母のミヲさんの顔だった。

「私が死んだら、お母さんはだれが看病するんだろう」。そう思うと死ねなかった。その場でしゃがみこんで泣いた。そして、気を落ち着かせようと、車で海沿いの国道を南北に走り続けた。その間、家族は突然いなくなった京子さんを大慌てで捜していた。

その後も、家にいると落ち着かないので、何度か夜に家を出て車を走らせた。「そのうち息子たちも『またか』と、捜してもくれなくなってしまいましたけど」

## ●毎月の面談、心の支えに

京子さんは、精神的に不安定なだけでなく、心臓に持病があった。震災後だけでも、不整脈がひどくなって3度救急車で運ばれた。しかし、ミヲさんの看病と、ミヲさんから継いだ旅館の再建が頭をよぎると、じっとしていられなかった。再び、心身ともに追い詰められていった。

そんな頃、NPO法人「蜘蛛《くも》の糸」の佐藤久男理事長との毎月の面談が、心の支えになった。

避難所当時、「世界の医師団」とともに、愛媛県から来ていた看護師が教えてくれた。避難所にいた5月、釜石市の消費者信用生協で相談を受けていると聞き、京子さんは「経営の相談に乗ってくれるのか」と、勝己さんに様子を見に行ってもらった。実際は、経済支援がもらえるわけではなかったが、勝己さんが「家内がおかしいんです」と話すと、「連れてきなさい」と言われた。

佐藤さんは、自らが経営していた不動産業が倒産した時の話も交えながら、「旅館よりまず心の回復」と、じっくり相談に乗ってくれた。京子さんは「最初は、『死にたいって言っているけど、10段階で真ん中辺』などと説明されて、毎月行くたび、『ほら、この辺まで良くなった』と言われた。そう聞くと、そうなのかな、と思うようになった」。

そうこうしているうちに、同じく旅館を津波で流された「六大工」の経営者から、「補助金を申請しないか」という話が舞い込んで来た。

## ●元の場での再建に暗雲

大槌町で旅館の再建を考えていた京子さんに、同業者の「六大工」が声をかけてくれたのは、「グループ化補助金」という制度への申請だった。地域経済の中核となる中小業者がグループ化して県に認定されると、施設の復旧費用の4分の3もの補助がもらえる、震災後に創設された制度で、6月に続き9月の2次公募の締め切りが迫っていた。

京子さんは「一刻も早く再建したい」と勝己さんに言い続けたが、自己資金の25％のお金もなかった。勝己さんが「こういう状況で借金を抱えてやるのは無理だ」と判断して、申請を見送った。ただ、京子さんはあきらめなかった。本町の旅館があった場所に行くと、火事で焼けてはいたが、鉄骨が残っていた。修理の名目で、元の場所で再建することは可能かもしれなかった。勝己さんを説得して、11月締め切りの3次公募に他の旅館とグループを組んで申請した。

申請は認められた。しかし、元の場所に再建することには、待ったがかかった。旅館のあった本町一帯は、防潮堤ができても浸水する可能性があるとして、盛り土したうえで、区画整理をして新しい町をつくる計画になりそうだという。それを待っていては、再建まで何年もかかってしまう。

旅館があった場所に張った綱にぶら下げた板に、「必ず戻ってくるぞ」との思いを込めて書いた「小川旅館」の札が、むなしく揺れていた。

## ●仮設の営業場所探し

ミヲさんの病状は、おもわしくなかった。11年6月に滝沢村から盛岡市の病院に転院した。ご飯を食べさせていても、すぐ寝てしまうのが心配だった。「おとなしくさせるために薬を飲ませ過ぎているのでは」と疑った。9月に釜石市内に転院させたが、好転しなかった。

12月、グループ化補助金が認められ、「旅館を建てられるようになるからね」と報告した。ミヲさんは、「京子、がんばらなくていいよ」と逆に気遣ってくれた。

「代表は、お母さんの名前にしたから」

「何であなたの名前にしないの」

「お母さんの旅館なんだから。できたら連れて帰るから、それまで待っててね」

京子さんは、旅館の再建を急いだ。母の病状とは別に、お盆に間に合わせようとした。大槌では、2千世帯を超す家庭が仮設住宅で暮らしている。彼らの子供たちが帰省しても泊まる場所がないのだ。

しかし、再建には大きな課題がいくつもあった。まず、場所だった。元あった大槌町本町は、盛り土をして区画整理したうえで、やっと建設ができる状態になる。早くて3年後だ。それまでは、仮設で営業する場所を探さねばならなかった。

最初はトンネルを三つ抜けた吉里吉里で宿泊施設だった場所があると聞いて見に行った。傷みがひどく、多額の改修費用が必要なのでやめた。その後、勝己さんが、国道45号に近い借地を見つけてきた。浸水地だったが旧市街地に近かった。

しかし、簡単には建てられなかった。

## ●農地転用手続き足踏み

旅館再建を目指す京子さん・勝己さん夫妻が借りることのできた土地は、農地だった。仮設にせよ、旅館経営をするためには、土地の用途を一時転用する必要があった。

当時、農地を転用する手続きに時間がかかることが問題視されていたが、一方で、転用したはいいが、計画が頓挫してしまうこともあった。そうならないために、建設できる経済的な確約が必要とされた。

小川さん夫妻は自己資金がなく、国のグループ化補助金は認可されたが、それとは別に申請している無利子融資が認められなければ資金返済が厳しかった。12年4月、農業委員会との事前協議で、その決定通知が必要と言われた勝己さんは、その月の申請を見送った。同月末、転用許可のないまま地鎮祭をした。

5月、融資が内定したことを知ると、勝己さんは、農業委に連絡した。毎月の申請期日を逃すと、また1カ月先送りになる。「通知は来ていないが、担当者に連絡してもらえればわかりますから」と頼み、申請書類を受理してもらった。

6月、やっと転用許可が下りた。もう、お盆にオープンするのは時間的に無理だったが、建築士の勝己さんが自分で設計し、前もって声をかけていた業者に頼んで、建設を急いだ。

京子さんは、入院中の母ミヲさんを毎日見舞っては、旅館が建つ様子を報告して「オープンして落ち着いたら、連れて帰りたい」と思っていた。

## ●母見舞い毎日クリーム

小川旅館は幕末から続く老舗旅館だった。人を運ぶ「駕籠《かご》」や大福帳などが物置に残っていた。廃れていた時期もあったが、戦後、それを建て直したのがミヲさんだった。

京子さんは、幼い頃、親類から養女として迎えられた。厳しく育てられ、子供の頃は旅館を継ぐことに抵抗があった時期もあった。茨城県の短大の卒業を控え、東京のホテルに就職が決まり、都会暮らしを楽しもうと思っていた矢先、父の秀太郎さんが病に倒れた。看病に忙しいミヲさんに代わり、いきなり京子さんが女将《おかみ》を代行することになった。

震災前、小川旅館の前に立つ小川京子さん（左）と母ミヲさん（中央）ら＝2008年、大槌町本町（小川さん提供）

ミヲさんは宮古市磯鶏の出身で、地元のミスコンテストで選ばれるほどの美人だった。嫁入りする時は、旧国鉄の大槌駅から降りて旅館まで歩くミヲさんを一目見ようと見物人の列ができたと、教えられたこともある。

そんな自慢の母が心臓病で倒れ、脳梗塞《こうそく》を併発し、回復の兆しがないのが京子さんは悲しくて仕方がなかった。震災直後も何とかガソリンを手に入れては車で見舞った。半年後に釜石市の施設に移してからは毎日通った。

12年の年明けには、会話もできなくなった。かつての美しさを失っていくミヲさんを何とかしてあげたくて、京子さんは、体を拭き、足を洗ったり、顔にクリームを塗ってあげたりした。クリームはコラーゲン入りで、毎日塗ったので、「肌は私よりつやつやだった」。話しかけて反応がなくても、クリームを塗ると「ここも」と言わんばかりに唇の下を伸ばすしぐさをするのが、京子さんはうれしかった。

## ●松本幸四郎直筆の激励

京子さんは、旅館を継ぐために養女となったが、少女時代は役者にあこがれ、松本幸四郎さんの熱烈なファンになった。「芸に対する真剣さが好き。梨園《りえん》と旅館は全然違うけど、同じ家業を継ぐ身だと、勝手に親近感を持ってね」。歌舞伎は敷居が高くて行けなかったが、短大時代に何度か演劇を見に行った。

12年8月、幸四郎さんの長男市川染五郎さんが、舞台の奈落に落ちて大けがをした。京子さんは、旅館オープンに向けての準備やミヲさんの看病で忙殺されていたが、幸四郎さんが気の毒でたまらなくなった。「全く事情は違うけど、病気の身内がいるというだけで、また勝手に同じだと思い込んで」三陸の海産物をお見舞いに贈った。

数日後、幸四郎さんの妻紀子さんからお礼の電話が来た。紀子さんは京子さんの身の上を聞き

松本幸四郎さんの見舞い文が書かれたパンフレット－大槌町小槌の小川旅館

「主人に伝えておきます」と言った。すぐに幸四郎さんが主演を務める「ラマンチャの男」の1200回記念パンフレットが送られて来た。開くと、幸四郎さん自筆の文章が書かれていた。文章は、お礼や激励とともに、染五郎さんが大事故でも命に別条なく回復に向かっていることや、案じてもらった周囲への感謝を込め、こうつづっていた。

「奇蹟《せき》とは、待つのではなく、我々一人一人がおこすものだと思いました」

幸四郎さんが普段よく使う言葉だった。京子さんは、感激でひざから崩れ落ちて泣き、机に向かっていた長男の景彰さんの襟を後ろからぐいぐい引っ張り続けて迷惑がられた。

そして「奇蹟」は、京子さんにも起きた。

## ●奇蹟起こした母、天国へ

松本幸四郎さん自筆の見舞い文を書いた「ラ・マンチャの男」のパンフレットを持ち、京子さんは、釜石市で入院中のミヲさんを見舞った。「幸四郎さんが盛岡で公演する時は、必ず私に新しい服を買って送り出してくれたんですよ」

ミヲさんは、顔にクリームを塗るとき以外、ほとんど反応を示さなくなっていたが、幸四郎さんの字を見ると、それを目で追うのがわかった。そして涙を流した。

「幸四郎さんが書いていた『奇蹟《きせき》』が起こった」。京子さんは思った。

それからは小康状態を保っていたが、9月17日朝、容体が急変した。

京子さんが駆けつけると、もう脈拍が20まで落ちていた。とっさに京子さんは、ミヲさんが一番喜ぶ化粧をしてあげようと、顔を拭いてあげて、クリームを塗った。塗り終えて、ミヲさんの手をぎゅっと握ると、脈拍は40まであがった。

しかし、「奇蹟」はそこまでだった。脈はすっと落ちていった。最後に口をぱくぱくさせ、息を引き取った。83歳だった。

「旅館ができるまであと2カ月だったのに」。京子さんは、すがりついて泣いた。

## ●旅館再開、名前は「絆館」

京子さんはミヲさんを失ったが、立ち止まっている暇はなかった。震災前は、病院や学校などの出入り業者らが常連だったので、菓子折りを持って、盛岡まで回ったり、県立大槌病院で業者を待ち伏せたりした。

建物の図面は勝己さんが自分で引いた。建設資材は高騰前に押さえていたが、京子さんが内装や調度品にこだわったため、出費がかさんだ。壁紙を花柄にした。業者から「仮設ではここまで凝らない」と言われた。玄関口は大理石っぽくした。調度品は補助金対象外だったので、借金が増えた。

11月にはオープン前のシミュレーションも兼ね、震災後交流のあった人を招待した。その中に俳優の田中健さんもいた。元の旅館前でケーナ（南米の縦笛）を吹いてくれたことが縁で「オープンしたら、必ず呼んでください」と言ってくれていた。

12月3日、震災から1年9カ月、旅館は再開した。名前を「小川旅館　絆館」と名付けた。失った物も多かったが、町外から物心両面で助けてくれた人がいた。物資を持って訪ねて来た常連客もいた。町内でも避難所などで震災前には知らなかった多くの人と出会い、励まされた。「これからも出会いの場になり、泊まり客でなくても気軽に来て、お茶っこしてもらえれば」との思いをこめた。

フロントには、客を迎えるように、母のミヲさんの写真を飾った。長男の景彰君がお宮参りで撮った、がれきの中から見つかった写真を修整した。

撤去される小川旅館の基礎部分＝2013年6月、大槌町本町（小川京子さん提供）

## ●ロビーに「嵐」グッズ

再開した大槌町の「小川旅館」には、女将の京子さんの営業活動のかいもなく、戻ってくる常連客は少なかった。ただ、初日こそ2人しか泊まらなかった客は10人、20人と増え、復興に携わる仕事やボランティアの客でにぎわい始めた。

ロビー付近はにぎやかだ。玄関前では、木彫りの布袋様が迎える。京子さんによると、母ミヲさんが「だまされて10万円で買った」という置物。しかし、津波や火事に耐えて残った唯一の古美術品になった。

玄関を入ると左側には、人気歌手グループ「嵐」のコーナーがある。京子さんは、松本潤さんのファンで、グッズも集めていた。震災直後、心を病んでいた頃は、「持っていたものを取り戻せば、元の自分も取り戻すかもしれない」と、長男の景彰《ひろあき》君に頼んでインターネットオークションで同じ写真やCDなどを買いそろえようとした。避難所でも「松潤」の写真を飾ったので、子供たちが雑誌の切り抜きをくれたこともあった。

旅館再開時に取材を受けた京子さんは「松潤に会えたら死んでもいい」と口走った。するとそのままインターネットに載り、全国の嵐ファンから写真やグッズがさらに送られて来た。長女の紗也加さんには「旅館に飾るのは雰囲気が合わないからやめて」と言われたが、我慢できずに置くことにした。

「松潤に会えても死なないで」と本気で心配してくれた人もいて申し訳なく思った。「でも、もし、松本幸四郎さんが来てくれたら、本当に死ぬかもしれない」

## ●何があってもここに戻る

旅館を再開した京子さんは、休日もなく朝4時から夜中まで働きづめなので、借りている家に帰る暇がない。勝己さんも旅館の手伝いと設計の仕事に忙しく、2人の息子も家に帰りたがらない。両親の遺影を置いた祭壇のある6畳の事務室に「山」の字で寝ることが多くなった。

春になり、景彰君が盛岡の専門学校に入学し、やっと「川」の字になったが、それでも狭いので、勝己さんは食堂の椅子を並べて寝ることが多くなった。

そんな毎日でも、旅館の伝統を守って、食事の時間はどんなに遅くても客に合わせている。食器は前の旅館で使っていた有田焼をがれきから捜し出し、同じ物を焼いてもらった。20人を超すツアー客が来たときには、どうしても全部同じ皿にしたくて買いそろえ、「仕入れのお金に手をつけて（勝己さんに）あきれられました」。

食事の時に飲む焼酎は何種類もそろえた。「はげあたま」「大金持ち」など、全国から面白い名前ばかり取り寄せた。「被災地で楽しみのない所だから、こんなことくらいでも笑ってもらえれば」とのはからいだ。

「今年はお金をかける年。来年はためる年だ」と思っている。「でも、結局たまらないんだけどね」

大槌町の小川旅館には、復興事業やその支援に携わる人が多く泊まる。京子さんは、客が晩酌をしながら町の将来を熱く語っている輪に、思わず交じってしまい、深夜になってしまうこともある。町全体が復興していかねば、旅館経営も成り立たない。客に同級生の仮設の電器店を紹介して「電池1本でも買ってください」と頼む。

客の入りには波がある。予約が埋まらないと不安で仕方ない。13年に入って「30人を半年間泊めてほしい」と頼まれた。のどから手が出そうになったが、「他の客が泊まりにくくなると、常連客が増えなくなる」と断った。

6月23日、京子さんは、元あった本町の旅館の基礎部分が撤去されるのを見に行った。がりがりと重機3台がコンクリートを掘っていくのを「3匹の怪獣が壊しに来たみたいだ」と思った。元の旅館の証しは、ついに何もなくなってしまった。

京子さんは、先代女将のミヲさんが亡くなる1年ほど前、病床で言ってくれた言葉を今も忘れない。

「あなたが私の娘でよかった。私に似て、きれいです」

養女として厳しく育てられた京子さんは、やっとミヲさんに認められた気がした。

「だから、何があっても、ここに戻ってこなければならない」

無理がたたって、心臓の動悸《どうき》が止まらないし、頭痛も薬で抑えている状態。でも、京子さんは今朝も4時起きで、明るく食事の準備をする。「嵐」の歌が流れる台所で、お玉をマイク代わりに歌う。闘いは、まだ始まったばかりだ。


（東野真和）

## 水族館停電「やばいな」

宇部修さん（2013年7月15〜24日掲載）

窓際の壁に、カラフルに彩られた大きな貼り絵が張り出されていた。「がんばっぺスイミー」という題。一戸町立一戸小学校の子どもたちが制作した。手のひらサイズの魚の切り絵を集めて、1匹の巨大な魚に仕上げている。「ファイト」「がんばって」「希望」。一枚一枚の切り絵には175人の児童一人ひとりがメッセージを書き込んだ。

人気者のサザナミフグと写真に納まるもぐらんぴあ・まちなか水族館の宇部修代表＝久慈市

「小さな魚も心を一つにすれば困難に立ち向かえる。そんな励ましが伝わってくる。ありがたいです」。久慈市中央2丁目の「もぐらんぴあ・まちなか水族館」を運営する「あくあぷらんつ」代表の宇部修さん(56)は、寄贈された貼り絵を見ながら、そう話した。

水族館は、もともと久慈湾に面する久慈国家石油備蓄基地（久慈市夏井町閉伊ノ口）の地下トンネルを使って1994年4月にオープンした。「もぐらんぴあ」の名で、「全国初の地下水族館」を売り文句に初年度は約28万人、その後も年間平均約6万人が訪れ、同市の主要観光施設として親しまれてきた。だが、2011年の大震災がもぐらんぴあの運命を大きく変えた。

宇部さんが水族館の調餌室《ちょうじ》で飼育日誌を書いていた時。いきなりの揺れだった。「すぐにおさまるだろう」。そう思いながら廊下に出ると事務室から山崎毅館長が出てきた。とてつもないという揺れではないがおさまらない。「なんか違うな」と宇部さんがもらした。間もなくして自家発電機が作動した。停電で自動的に切り替わった。「やばいな」と山崎館長がつぶやいた。

数カ月前の停電がよみがえった。落雷の影響で1時間以上にわたって館内が停電した。電気が止まると照明はもとより水槽に空気を送るコンプレッサーや水温を調節するヒーター、水を浄化する濾過器《ろか》といった設備がすべて停止する。長引けば飼育する魚たちの生死に関わる。初めての事態に大騒ぎになったが、その時は自家発電機が持ちこたえてことなきを得た。

宇部さんは、揺れがおさまるのを待って館内の点検に向かった。たまたまこの日は飼育員2人のうち関合雅敬《まさのり》さん（35）が盛岡に出張していて、日當《ひなた》春樹さん（42）だけだった。

深海の魚が泳ぐ円柱水槽、ドーム形をしたトンネル水槽、南の海を再現したサンゴの海など館内の設備や装置は揺れの被害は免れた。水族館で飼育していた約270種4千匹の魚たちも無事だった。

館内に人がいないことを確認して管理棟に戻ると、受付に一組のお客が訪れていた。「孫に水族館を見せたくて」というお年寄り夫婦と孫の3人連れ。停電の復旧を待っているという説明をしている最中、スピーカーから緊急放送が流れた。

「大津波警報が発令されました。急いで避難してください」

## ●津波の破壊力に観念

大津波警報が発令されて、宇部修さんらもぐらんぴあの職員は避難準備を始めた。水族館は、久慈国家石油備蓄基地の管理棟を挟んで海岸から約300メートルのところにある。既に基地の職員たちは避難を始めていた。

水族館の受付にいた一組のお客に海沿いを避けるよう道順を紙に書いて渡した。「逃げよう」。地震発生から約20分後。だが、その時は大津波が来るとはまだ思っていなかった。「せいぜい道路が冠水するくらい」と。むしろ、自家発電機の燃料がいつまで持つかが気がかりだった。

この日、勤務していた職員4人全員が車で高台に約5分ほどの半崎集会所に避難した。間もなくして、山崎毅館長から全員に帰宅するよう指示が出た。避難解除の見通しが立たないためだった。

宇部さんが中学生の長男を学校に迎えに行って自宅に戻ると、「ビチクがすごいことになっている」と近所の人が話しているのを聞いた。もぐらんぴがある石油備蓄基地のことだった。初めて津波が来たのを知った。確認しようと家を出た。海岸に向かう道路は消防団が封鎖。高台から見渡せる場所にたどり着くと人だかりができていた。

眼下の石油備蓄基地は既に波にのまれていた。もぐらんぴあは、崖の陰になって上からは見えない。だが、「冠水ぐらいで済んだのでは」という期待はもろくも崩れた。「こんなにすごいんだ」。初めて目の当たりにした津波の破壊力に言葉を失った。「自家発（電機）もダメか」。認めたくなかったが、観念した。

## ●さかなクンからの電話

津波の様子を見に行った宇部修さんは自宅に戻り、電気も水道も止まったその夜は早々と床に就いた。だが、水族館のことやこれから先の暮らしのことを考えると不安でなかなか寝付けなかった。

10時をすぎたころだった。宇部さんの携帯電話が鳴った。「ニュースで知ってびっくりしました。もぐらんぴあはどうですか」。東京海洋大客員准教授のさかなクンからだった。

もぐらんぴあとさかなクンの交流は2004年から始まっていた。水族館に出入りしていた海水魚卸販売業者から紹介されたのがきっかけ。当時、さかなクンはテレビのクイズ番組に登場し、人並み外れた魚の知識を披露して人気者になり始めたころだった。

「何回もかけてようやくつながりました」「みなさんは大丈夫ですか」「頑張ってください。応援してます」。気遣う様子が電話を通して伝わってきた。「地震の発生から間もない。まるで自分のことのように心配してくれました」と宇部さん。

翌日から職員は自宅待機になったが、宇部さんは明るくなるのを待ってもぐらんぴあの様子を見に出掛けた。臨時休校になった中学生の長男が付いてきた。高台から国家石油備蓄基地に通じる避難路の近くまで車で行き、あとは歩いて下った。途中、基地が見渡せる階段の踊り場まで降りたところで持ってきたカメラをのぞいた。

「あれっ、なんだ」。ズームレンズの向こうに見えたのは、むき出しの鉄骨と屋根だけがかろうじて残ったもぐらんぴあの無残な姿だった。

被災した「もぐらんぴあ」の管理棟。鉄骨の柱と屋根を残すだけ。手前の丸いタンクは水を浄化する濾過（ろか）器＝2011年6月1日、久慈市

## ●魚たちの全滅、覚悟した

震災後、初めて宇部修さんが見た、もぐらんぴあの管理棟は、屋根と鉄骨の柱を残して壊滅状態だった。トンネル内の水族館がどうなっているか、確かめたかった。「トンネルの中まで浸水していなければ、魚たちはなんとか生きているかもしれない」という一縷《いちる》の望みがあった。

久慈国家石油備蓄基地の地上部の建物や設備も壊滅した。その中で、避難路のそばにあるもぐらんぴあのトイレだけは唯一、原形をとどめていた。鉄筋コンクリートの頑健な造り。跳びはねるイルカが鮮やかに壁に描かれている。

隣のレストショップは流され、何も残っていない。そ

の場所から約50メートル。「なんのトタンだろう」と思いながら踏みしめていたのが、実はレストショップの屋根だった。

周辺はヘドロに覆われ、油が入り交じった臭いが漂う。津波は、5メートル近くの高さがある管理棟の屋根まで押し寄せていて、中をのぞき込むと建物の中にマツの木やがれきが流れ込んでいた。裏手の落石防護柵はなぎ倒され、鉄製の大型濾過器《ろか》が建物にめり込んでいた。「あの時、避難していなかったらどうなっていただろう」。宇部さんは躊躇《ちゅうちょ》せずに避難して間違いなかったと安堵《あんど》した。しかし、がれきで行く手を阻まれ、肝心の水族館に通じるトンネルまで進める状態ではなかった。

地下トンネルの出入り口は全部で三つ。そのうち二つには防潮扉があり、地震発生直後に閉鎖して浸水は免れた。だが、水族館のあるトンネルにはなかった。魚たちを確認する術はなく、時間だけが過ぎていく。「全滅も覚悟しました」

## ●カメ吉が生きていた

宇部さんらもぐらんぴあの職員たちは、「水族館はどうなっているのか」「生き残った魚はいないのか」とずっと気にかけていた。地下トンネルを管理する久慈国家石油備蓄基地から入坑許可がおりたのは3月22日。震災から11日が過ぎていた。

トンネルを利用した水族館は高さ7メートル、幅7メートル、総延長約120メートル。その中にトンネル水槽、円柱水槽、34基の固定型水槽や設置型水槽があり、クリオネやクマノミなど北や南の海に生息する魚類、オウムガイといった古代生物など約270種4千匹を飼育していた。「サンゴの海」は生きたサンゴ礁を再現したものとしては東北最大級だった。

ジャンパーにヘルメット、長靴姿の職員たちを、石油備蓄基地の担当者が先導した。手にはガス検知器。トンネル内に有毒な硫化水素ガスが発生している恐れがあった。内部は真っ暗。腐ったような悪臭が鼻についた。

津波は水族館の奥まで押し寄せていた。管理棟の机や券売機が流れ込み、壊れたり流されたりした水槽が懐中電灯の明かりに照らし出された。破損を免れた水槽もあったが濾過《ろか》器や空気を供給するコンプレッサーが壊れて水は白濁し、魚が泳いでいる姿はない。

サメやエイ、マグロなど約40種900匹の魚が、頭の上を泳ぎ回るトンネル水槽は人気の的だった。水槽は壊れずに残っていたが、やはり水はすっかり濁っていた。が、懐中電灯の明かりに引き寄せられるように、水槽のアクリルガラスに生き物の頭が現れた。カメだった。

「カメ吉だ。カメ吉が生きてる」。トンネルの中に歓声が響き渡った。

## ●生き延びた生物を救え

停電で空気の供給が止まり、水槽の温度を一定に保つヒーターや濾過《ろか》器もストップ。餌もなく魚たちは次々と死んでいった。死んだ魚は腐敗し、水の汚染がさらに進む悪循環。そのなかでアオウミガメのカメ吉は生き延びた。

「死んだ魚を餌にしていたのでは。それにカメは肺呼吸。えら呼吸の魚はもたなかった。肺呼吸のお陰で助かったのではないか」と宇部さんは話す。

カメ吉のほかにも生き延びた生物がいた。カブトガニ、オウムガイ、ヒトデなど全部で8種21匹。震災前まで飼育していた魚たちのほんの一部だったが、「絶対助けないといけないと思った。自分たちができるせめてもの償いかなと」。

救出作業は4月早々に開始。宇部さんと関合さん、日當さんがあたった。既に国家石油備蓄基地側が復旧作業に着手。発電機を設置してトンネル内に明かりを確保し、送風機で常時外気を送り込んで作業ができる環境を整えていた。

水槽の水を抜き、上から水をかけて汚れを洗い流し、死んだ魚はタモ網で拾い集めた。トンネル内に充満した腐敗臭はマスクなどなんの役にも立たない。

カメ吉の救出は2人がかり。重さが15キロぐらいはあった。トンネル水槽の中に関合さんが入り、日當さんが上で待ち構える。「ノコギリのようにギザギザしたヒレをばたつかせるので手や腕が傷だらけでした」と関合さん。

助け出されたカメ吉ら生き残った魚たちは、もぐらんぴあの受け入れ要請を快諾した青森県八戸市の水産科学館マリエントに預けられた。

## ●激励メール、再開後押し

「元気に泳いでいる魚たちをまた見たい」「もぐらんぴあをなくさないで」「子どもたちのために再び立ち上がってほしい」。もぐらんぴあのネットのサイトには、震災直後から激励や再開を望むメールが相次いだ。

以前、見学に訪れた人からのメールもあったが、たまたま被災した写真をネットで見てメールをしてくれた人もいた。「自分たちの力ではどうにもならないという無力感で最初は重荷だったが、だんだんと力の源泉になっていった」。水族館の被災状況をブログで伝えた関合さんはそう振り返る。

86種491匹の魚たちが飼育展示されているもぐらんぴあ・まちなか水族館。本格再開のめどが立った＝久慈市

もぐらんぴあの職員7人は3月末で解雇された。結婚したばかりの職員や寝たきりの親を抱える職員もいた。宇部修さん自身、「出稼ぎでもしないといけないか」と考えていた。

連日、途切れることなく寄せられる激励のメールは、そのまま久慈市に報告された。市の判断は早かった。震災から1カ月も経たないうちに再開を決定した。「たくさんの励ましが後押ししたのは間違いない。こんなにも愛されていたんだと改めて思い知らされました」と宇部さんは話した。

再開の場所は久慈市の中心部。市はＪＲ久慈駅前の家具屋の空き店舗を用意した。本格再開までの仮営業だが、貴重な観光資源を守り、低迷する中心商店街を活気づかせたいという思いも込められていた。一度は解雇された宇部さんらは復職の道が開けた。

震災から5カ月近くが経った8月5日。市民やファンが待望した「もぐらんぴあ・まちなか水族館」がオープンした。

## ●全国からの支援が支え

もぐらんぴあ・まちなか水族館の開館初日には、午前9時のオープン前から見物客が詰めかけ、行列ができた。「どこからこんなに人が集まってきたんだろうと思うぐらいでした」と宇部さんは言った。

壊滅状態となった地下トンネルの水族館から、かろうじて持ち出せたのは8種21匹の魚たちと5、6個の水槽だけ。予算の手当が付かないなかで、まちなか水族館の開館を支えたのは全国からの支援だった。

加茂水族館（山形県）からクラゲ4種30匹、サンシャイン水族館（東京都）は水槽5個、北里大が冷凍機、水槽メーカーなど企業からも淡水魚や機材の寄贈があった。そして、自分で飼育していた海水魚を提供してくれたのがさかなクンだった。

## ●さかなクンの贈り物

さかなクンは震災当日の夜、宇部さんに「頑張って。僕も応援します」と約束していた。トレードマークにしているハコフグや「ぽんちゃん」の名前で可愛がっていたサザナミフグ、そのほかネコザメやハリセンボンなど22種44匹をまちなか水族館に提供した。殺風景だった館内はさかなクンが手書きした魚のイラストに彩られた。

「再開にこぎ着けたのは、さかなクンの支援があったことが本当に大きかった。感謝してもしきれません」と宇部さん。

もぐらんぴあの再出発を飾る記念のテープカット。久慈市の山内隆文市長ら関係者に交じって、ハコフグの帽子をかぶったさかなクンの姿があった。「ギョギョギョ」と笑顔を振りまくさかなクンに、詰めかけた子どもたちのきらきらした視線が集まった。

## ●支えられ、新生へ

もぐらんぴあ・まちなか水族館で飼育されている魚たちは86種491匹にのぼる。2011年8月のオープン当初に比べ、種類は2倍近くになった。「展示能力に限界があるため数を増やすのは難しいが、いろんな種類の魚に触れる機会を設けたい」と宇部さんは言う。

さかなクンが提供したフグたちは今も人気の的。最近は新しくお目見えしたオオカミウオやミズクラゲ、そしてNHK朝の連続ドラマ「あまちゃん」に登場するキタムラサキウニも脚光を浴びる。

この春には、消防設備を整備して1階だけだったスペースを2階にまで広げた。展示コーナーは1階、2階にはイベントや工作体験、さかなクン広場、いこいの広場を設けた。「広々して開放的になった」「イスやテーブルもあってゆっくりできる」と好評だ。

オープンから1年間の入館者は延べ約5万1千人。開館2周年まで1カ月を残し、7月7日には10万人を達成した。展示数はもぐらんぴあの10分の1。専用の駐車場はない。それにもかかわらず1年目を上回る入館者を確保した。

宇部さんは「入り込みは予想以上。駅前の町中心部という立地条件の良さ、あまちゃん効果、なにより地元のリピーターに支えられている」と説明する。

そして、待望の本格再開のめども立った。同じ地下トンネルを使い、管理棟は大震災を念頭に置いて5階建てになる。1階は受け付け、2階に産直コーナー、3階が事務所、4階は震災の記録展示、最上階の5階に機械室が置かれる。水族館と隣のトンネルに連絡路を設け、外部につながる避難路を確保する工事が順調に進めば、来年夏には新もぐらんぴあが誕生する。

「再開は到底無理と思っていたころを考えると信じられない。たくさんの期待や激励に応えるのが自分たちの使命。力を合わせてより愛されるもぐらんぴあに育てていきたい」。宇部さんは語った。

（志田修二）

# 高田リンゴで乾杯

農家の家族を招き、リンゴビールのお披露目会が開かれた
＝2013年9月11日、陸前高田市米崎町の「ハイカラごはん　職人工房」

## 地ビール誕生（2013年9月18~28日掲載）

東日本大震災の発生から2年半となる2013年9月11日の夜、陸前高田市米崎町の仮設飲食店「ハイカラごはん　職人工房」は、大人から子供まで10人ほどの人たちでにぎわっていた。

「かんぱーい」

掲げられたグラスに注がれているのは、陸前高田のリンゴを使った地ビール。この夏にデビューした新商品で、出来栄えを味わってもらうため、リンゴを提供した農家が家族で招待されたのだ。

「おいしい」

「飲みやすいね」

口々に聞かれる評価の声に、ビールづくりに奔走してきた「職人工房」のスタッフ、谷沿《たにぞえ》裕《ひろ》紀《き》さん（31）はほっとした表情を見せた。「120キロのリンゴを

地ビール「りんごエール　りくぜんたかた」

使っています。酸味と甘みは、ふじとジョナゴールドで出しました」

材料のリンゴは、すべて地元・米崎町でつくられたものだ。日本のリンゴ産地といえば青森、長野がトップ2だが、岩手の生産量はそれに次ぐ全国3位。しかし、奥州市の江刺産などに比べ、陸前高田産は生産量が少なく、産地としてはあまり知られていない。

だが、一度食べた人の評価は高い。農園の直売店にはリピーターからの注文が多く、北海道出身の谷沿さんも「おいしさに驚いた」と、ほれ込んでいる。

なぜおいしいのか。材料のリンゴを提供した農家の熊谷賢一さん（61）によると「ポイントは収穫時期の遅さ」。リンゴの敵は寒さと霜だが、陸前高田では雪があまり降らないため、収穫期が他の地域に比べて遅い。ふじの場合、12月中旬まで木になったままの状態にしておけるため、日光を浴びる時間が長くなり、蜜が豊富に入るという。

地ビールはアルコール度数６％。２３０ミリリットル５００円で、7月中旬から「職人工房」の店内で提供されている。14年からはインターネット販売などでも注文を受け付けられるよう、準備中だ。

谷沿さんは「ビールのおいしさには自信がありますが、一番自信があるのはリンゴそのものです」と話す。陸前高田のリンゴをもっと多くの人に知ってほしい。そして、被災したこの街を盛り上げたい。

地元農家の若い後継者と、県外出身の谷沿さんらのそんな思いがひとつになって、地ビールは誕生した。

## ●技術も資金もないまま

谷沿さんは北海道幕別町の出身で、震災の1年後に陸前高田市にやって来た。

きっかけは、市内でがれきを利用したキーホルダーを作っている中田源《はじめ》さん（33）の存在だった。中田さんとは、札幌市の飲食店で働いていたころの先輩後輩の間柄。谷沿さんも作業に加わり、陸前高田の古民家で共同生活しながら、地元の就労支援を続けてきた。

谷沿裕紀さん

そんな暮らしの中で出会ったのが、リンゴだ。「こんなにみずみずしいリンゴ、食べたことない」。おいしい。だが、産地としての知名度は低い。このリンゴを多くの人に知ってもらい、それがきっかけで全国の人が訪ねてくれたらどんなにすてきだろう。「地ビール、作りたいよね」。谷沿さんと中田さんの何げない会話の中で、そんな言葉が口に出た。12年6月。それが始まりだった。「キーホルダーとは別に、地元で消費してもらえる商品を作りたい」という思いからだったが、技術もなければ資金もない。あるのは文字どおり「思い」だけ。

しかし、その思いを市内の仮設商店街の飲食店で話したところ、店長から思わぬ話が出てきた。地元農家の若い後継者らの間で、リンゴのスパークリングワイン「シードル」を作ろうという話が震災前にあったというのだ。

谷沿さんはすぐにお願いした。「その人を紹介してください」

## ●農家の5代目、心動く

震災前、地元農家の後継者らがリンゴのお酒シードルを作ろうとしていた——。その話を聞いた谷沿さんは12年7月、紹介を受けて本人と会うことができた。

大和田貴史《たかし》さん(31)。明治の半ばから果樹園を続ける地元農家の5代目だ。話をしてみると、シードルづくりは「そんな話もあったかな」という軽いものだったらしく、具体的なものではなかった。

しかし、リンゴビールの話に大和田さんの心が動く。「リンゴの味にほれました」「ビールを作れたらかっこいい」…。谷沿さんの言葉の端々から、農家のことを大切に思ってくれていることも伝わってきた。

30歳になったことと震災を機に実家の果樹園の仕事に軸足を移し、父の作業を手伝っている大

大和田さんの農園に実るリンゴ＝陸前高田市米崎町

和田さん。後継者不足が深刻化している中で、市内では数少ない後継者の一人だ。妻と幼い2人の子供がいて、今は配送業の仕事もしながら収入を補う。「もうからないですから」と笑うが、農家に強い誇りを持っている。

「おやじを見て農家ってかっこいいなと思います。おやじがつくるリンゴの味を引き継ぎたい」

その愛着あるリンゴでビールをつくる。谷沿さんの思いが、大和田さんの情熱と重なった。

## ●Uターンで農家後継

陸前高田・米崎産のリンゴビールづくりには、東京からUターンで戻ってきた熊谷克郎さん（32）も参加している。

実家はリンゴなど果樹を栽培する農家だが、熊谷さんは高校卒業後に東京の大学へ進学。その後は飲食店で働き、27歳からは店長を務めていた。東京で知り合った千葉県出身の女性と結婚し、1歳の息子がいる。

帰郷するきっかけは、震災だった。被災した陸前高田の街を初めて見たのは、11年3月下旬。

街そのものが消失し、友人や親類も亡くなった。受けたショックは大きかった。
「生まれ育った故郷がこうなったのを見て、自分だけ東京で普通の生活を続けることはできないという気持ちになりました」

これまで陸前高田に戻らなかったのは、働く場がなかったことが大きい。被災した故郷に戻っても、何ができるかはわからない状況は同じかもしれない。でも、何か力になれることがあるはず。家族を連れて、とにかく陸前高田に戻ることにした。今は市社会福祉協議会に勤務する熊谷さんだが、実家の農家を継ぎたいと考えている。

そんな熊谷さんに、幼なじみの大和田さんから声がかかったのは12年8月。「リンゴでビールをつくろうという話がある」。さっそく谷沿さんと3人で話をしてみて、意気投合した。ビールづくりのため、大和田さんと熊谷さんの果樹園から、材料のリンゴを仕入れることができることになった。農家の若い後継者2人の賛同で、一歩前進した。

## ●酒蔵の助言、見えた光

「最初はむちゃなこと言うなあと思いました」。一関市の「世嬉《せき》の一酒造」の社長、佐藤航《わたる》さん(41)は1年前の出来事を笑顔で振り返る。

知人の紹介で、谷沿さんが助言を求めて会社を訪ねてきたのだ。「陸前高田においしいリンゴがあるんです。地元にビール工場をつくりたいのですが」。しかし、それを形にするのは簡単なことではなかった。

まず、地元に工場をつくるとなればそれなりの投資が必要になる。ビールは薄利多売の商品であるうえに、それほど雇用が生まれるわけでもない。利益を出すためには飲食店で提供したり、通販で売ったりすることも必要になるが、谷沿さんらには酒販免許もなかった。

思いの強さは伝わってくるが、それだけでできるものではない。

しかし、地元のためにと必死で説明する姿勢を見て、応援したい気持ちになったという。

そこで、佐藤さんはいくつかの提案をした。「まず商品をつくることが大事。ビールはうちで醸造するので、免許を取るまで飲食店で提供してみてはどうか」

「世嬉の一酒造」の佐藤航社長

この時点で陸前高田の仮設飲食店「ハイカラごはん職人工房」はまだなかったが、出店構想はすでにあった。

リンゴの仕入れや醸造にかかる資金の問題などハードルはたくさんある。しかし「光が見えた」と谷沿さんは思った。

## ●甘み格別、深まる手応え

佐藤社長の協力で、一筋の光が見えたリンゴビール。さらに、12年10月には、新規事業への国の助成金

250万円を受けられることが決まった。資金面に一定のめどが立ち、実現の可能性はさらに高まった。

谷沿さんらが次に着手したのは「リンゴを勉強すること」だった。さんさ、つがる、ジョナゴールド、王林、ふじ…。陸前高田のリンゴと一言でいっても、品種だけでもさまざまだ。味も違えば収穫時期も違う。リンゴを知ることが第一歩といえた。

地元農家にお願いをし、収穫を手伝わせてもらった。奥州市の江刺で開かれたリンゴ祭りへ足を運び、盛岡市の農家にも話を聞きに行った。1日にリンゴを5個食べた日もあった。

すべては「なぜ陸前高田のリンゴがおいしいのか。何が強みなのか」を知るため。それを理解しなければ、自信のあるビールはつくれないと考えたからだ。

わかったことは、気候や地形が味に関係しているということだった。

他の有名産地では、ふじは11月半ば過ぎには収穫が終わるが、雪が少なく寒冷被害を受けにくい陸前高田では12月半ばごろまで収穫期を延ばせられる。海に近く浜風が吹く数少ない産地であることも、味に影響していると考えられている。

寒暖の差が小さいため色づきはよくないが、日光を長く浴び、甘みは格別。「これはいける」。手応えは深まっていった。

## ●リンゴ農家が抱える現実

陸前高田市の米崎リンゴの強みを知るため、勉強を続けた谷沿さんら。おいしさの理由がわかってきた一方で、農家が直面する課題を知ることにもなった。

収入は決して多くはなく、廃業する農家もいる。農地の規模を拡大して生産量を増やしたくても、後継者がいないため断念せざるを得ない。尻すぼみの状況が続く。

さらに震災があった。津波をかぶったり、住宅再建用地になったりと、果樹畑の面積減少の流れも加速している。

新たに農家を始めるのも容易なことではない。リンゴビールづくりに参加した大和田さんの父、正人さん（62）は「仮に今からリンゴを始めたら、4年か5年は経費だけかかって無収入が続く」と話す。植えた苗木が実をならすまでに時間がかかるのだ。天候という自然相手の難しさもあり、約30年の果樹栽培の経験の中で「今年はよかったというのは1、2度しかない」。

大和田正人さんの農園には、樹齢約120年のリンゴの木がある＝陸前高田市米崎町

被災した街をリンゴで盛り上げたい。その気持ちはあっても、ほとんどの農家では若返りが難しく、新しいことをしようという雰囲気はなかったという。

しかし、「何か明るい光があれば、そこに向かって一歩を踏み出せるかもしれない」と正人さんは言う。ビールの材料になるリンゴは、表皮に傷がついたりして店頭販売や箱詰めにはできないものを使う。味や品質に問題はないため、それが収入になれば大きい。さらに、リンゴの知名度が上がり、価値が高まれば一石二鳥だ。

リンゴビールの話を最初に聞いたときは半信半疑だったというが、正人さんは今、そこに「明るい光」を感じるという。

リンゴビールはこの釜でつくられた。右は工場長の佐藤孝紀さん＝一関市の「世嬉の一酒造」

## ●香り・甘み、特長最大限に

待望のリンゴビールは、13年の3月中旬に誕生した。試作品から改良を加え、5月までに500リットルを醸造した。

使ったリンゴは120キロのふじとジョナゴールド。「もったいないぐらいふんだんに使われています」。醸造した「世嬉の一酒造」社長、佐藤さんもそう驚くほどだ。

その味には、甘みの強い米崎リンゴの特長を生かすことにこだわった谷沿裕紀さんらの思いが反映されている。食材店などから仕入れる濃縮果汁は熱で殺菌処理されているため、香りが落ちる。うまみを最大限に出すためには、生のリンゴを使うのが一番なのだ。

大量のリンゴを安く搾るため、谷沿さんらは盛岡市の県工業技術センターにリンゴを持ち込んだ。そして、搾られた新鮮なリンゴはすぐに一関の酒造工場へ運ばれた。

麦芽からできる麦汁にホップを入れ、発酵させるビールづくりの過程で、リンゴのジュースと果肉がたっぷり使われた。

一般的にリンゴビールはさっぱりしたものが多いが、このビールは香りが強く、ふじの甘みとジョナゴールドの酸味がしっかりと出たものになった。

米崎リンゴの使用比率が70％ほどに達するという、まさに陸前高田の味。「これだけぜいたくにリンゴを使えるのは、農家さんがやってるからできるんだと思います」と佐藤社長。赤みがかった澄んだ色の、美しいビールができあがった。

## ●新たな気づき、街に変化

9月11日夜、「ハイカラごはん　職人工房」で、ビールの出来栄えを味わいながら、リンゴを提供した熊谷さんが感慨深げに語りかけた。

「このあたりでは生産者が加工もする六次産業的なアイデアはほとんどなかった。こういう発想はなかったなあ」

谷沿さんがすぐに言葉を返す。

「おいしいリンゴがあるからこそです。それがなかったら発想自体が生まれなかったと思います」

被災がとりわけ甚大だった陸前高田市。喪失の大きさは計り知れないが、外から多くの人が入ったことで、新しいものが生まれている。

米崎リンゴのように、この地には質の高い誇れるものがもともとあった。しかし、地元の人自身がその価値を知り、高めていく取り組みは弱かったという。

熊谷さんは言う。「よその人も来ないし、震災前は平和な街だった。でもそれは閉鎖的で活気がなかったということでもある。震災を機に優秀な人たちが来てくれている。今こそ活性化させていかないと」

不幸な出来事の一方で、人と人の新たな出会いがあり、そこから新たな気づきが生まれたといえる。

「一次産業はもっと稼げて、かっこいい仕事じゃないといけない」。その信念を持つ谷沿さんらと農家の若者たちが出会い、この街にちょっとした化学変化が起きた。それはまだ小さなものかもしれない。でも、確かな変化である。

## ●みんなが集まる「基地」

リンゴの地ビールを飲むことができる「ハイカラごはん　職人工房」は、13年6月17日にオープンした。木目の美しい木がたくさん使われた店内は、ランプの優しい明かりと調和し、仮設とは思えないおしゃれな雰囲気が漂う。

がれきを使ったキーホルダー「瓦Ｒｅ：ｋｅｙ　ＨＯＬＤＥＲ」を発案した中田さんが中心になり、その売り上げの一部などで建てられたものだ。

きっかけになったのは、中田さんらが12年夏に市内各地で行ったアンケートだという。「今、この街に何が必要ですか」。そんな質問に対し、回答を寄せたのは市内外の約１５０人。最多は「みんなが集まれる場所」だった。

それはまさに、中田さんらの思っていたことでもあった。市内には気軽にお茶を飲む場所さえほとんどない。多くの人が感じていることを実現しようと、「職人工房」が誕生した。

地元の人がかかわれる継続的な仕事の場をつくりたいという思いもあった。シェフの平川雄史さん（32）は札幌の人気スープカレー店のシェフから転身。本格的な料理店で、地元の人がそのノウハウを引き継ぐこともできる。

「ハイカラごはん　職人工房」の店内＝陸前高田市米崎町

体験講座や料理教室の場所になってもいい。キーホルダーはこれまでに約7万3千個が売れているが、購入してくれた人たちが陸前高田に来たとき、最初に立ち寄る場所にもなれる。今はリンゴの地ビールを飲める唯一の場所でもある。多くの人が集う「基地」のような場所になれば、こんなにうれしいことはない。

## ●その先にある、街の復興

谷沿さんは13年9月11日、陸前高田市のかつての「道の駅」前につくられた追悼施設で、慰霊碑に手を合わせた。震災から2年半となる月命日。手には、米崎産リンゴの地ビールを携えていた。「この土地のもので、このビールができました」。そう報告した。

谷沿さんは、大きな被災を受けたこの場所だからこそ、前向きなものが必要だと考えている。今こそ若い世代の力が必要なのに、若者はこの街を離れている。希望するような仕事がなく、出て行かざるを得ない状況があるためだ。それを何とかしたい。

中でも、農家などの一次産業が正当に評価されなければいけないという強い思いがある。多くのものが失われたこの街で、食べるものを自分たちの手でつくることができる。これほどかっこいいことはない。もっと稼げて、この仕事をしたいという人がもっと増えるべきだと、心から思っている。

リンゴビールは、その一つの手段だった。

今はまだ飲食店での提供しかできないが、酒販免許を取得した後、次に何ができるかの夢は尽きない。

農園の直売所に醸造所をつくってみたい。その場で地ビールを飲むことができる「ブルーパブ」の構想だ。リンゴ版ワイナリーツアーもやってみたい。お客さんを農園に案内し、収穫を体験してもらったり、ビールはもちろん、リンゴを使った新しい料理も楽しんだりしてもらいたい。楽しい場所ができれば、人が増え、街は活気づく。その先に、きっとこの街の復興がある。

（杉村和将）

## 5人と1匹、渦の中

### 沢山美恵子さん（2013年10月12〜30日掲載）

海と川から来た津波と、山にぶつかってはねかえった津波が、小学校の校庭で洗濯機のように渦を巻く。大槌町上町。沢山美恵子さん（56）は、その渦の中にいた。

2011年3月11日の午後、末広町の江岸寺前。現町長の碇川豊さん（62）が、1カ月半後にあるはずだった町長選に向けて借りた事務所で、支援する町議が集まって結束を確認した。運動員の沢山さんは、支持者にお茶を出して談笑していた。盛岡で舞踊の修行中だった長女の瞳さん（31）も帰省して事務を手伝っていた。

午後2時46分、大きな揺れが来た。事務所にいた8人の携帯電話から一斉に緊急地震速報を知らせる音が鳴った。古い建物だったので、全員、反射的に外に飛び出た。

沢山さん親子は、余震が続くなか500メートルほど東にある自宅に急いで戻った。沢山さんは老いた義父母が心配だった。特に義父の司さん（82）は目が見えない。義母のマエ子さん（82）が鍼灸《しんきゅう》院に出かけていたので1人で家にいた。「地震で落ちた物につまずいてけがをしては」と自宅に飛び込み、司さんを外に出した。ちょうどマエ子さんも鍼灸院から帰ってきた。

ただ、「津波が来ても大したことはないだろう」と思っていた。自宅は大槌川の右岸に近かったが、河口部までは1キロ以上あり、山間部で育った沢山さんには津波の体験もなかった。

義父母と瞳さん、愛犬のベル、義母の茶飲み友達の女性の計5人と1匹で、100メートルほど離れた義弟の啓次さん（当時50）のアパートに移った。周囲より比較的高い場所に建っていたので、一時避難場所に決めていた。

沢山さんは、再び外に出て年寄りらに避難を呼びかけに回った。置き去りになっていた近所の犬・レオもアパートの下に連れてきてつないだ。

その後、沢山さんは、自宅に1人で戻って割れた茶碗などの片付けを始めた。電柱が倒れそうに揺れているのを見て、「停電して夜になっても、踏んでけがをしないように」と考えた。

5分は経っただろうか。瞳さんが駆け込んできた。

「何してるの、早く逃げなきゃ津波が来るでしょ」

真剣な顔だった。その時、沢山さんは「外からでなく耳元で『お告げ』のような声を聞いた」と言う。

（逃げろ――）

沢山さんは、スイッチが入ったように「逃げなきゃ」と思い始めた。

カギ置き場にかかっている何十ものカギから、車のキーを取ろうとした、探す間も惜しかったので、とっさに一つ取ったら「当たり」だった。アパートに戻り、「ここは安全だ」と言い張る義父母を怒鳴りつけてひきずり出し、みんなを車に乗せた。さっきつないだレオも乗せようとしたが、車に乗ったことがないらしく、抵抗したのであきらめて出発した。

県道に出ると、大槌川から津波があふれて来たのが見えた。避難訓練では近くの江岸寺に逃げていたが、川に向かう方向なので「危険だ」と判断し、まっすぐ高台の城山を目指した。

県道は、逃げる車で渋滞していた。何とか城山に上る坂道に近い大槌駅付近までさしかかると、今度は小鎚川を越えて津波が押し寄せて来た。駅舎や周囲の建物を押し流し、黒い煙とともに襲ってきた。

震災直後の大槌小校庭。中央のトラックの奥にある銀色の車を「私の車ではないか」と沢山さんは言う＝2011年3月20日、大槌町上町、元持幸子さん提供

二方向からの津波に、住民は次々とその場で車を乗り捨てて逃げた。沢山さんは、目の見えない司さんらを連れて歩いては逃げられないと思った。車のいない反対車線を後ろから逆走して来た軽トラックが見えた。沢山さんは、その車について、何とか城山に上る坂道に曲がった。

曲がってすぐ、乗り捨てた車があった。前の軽トラックは右脇をすり抜けたが、沢山さんは、脇を逃げる人をひいてしまうのが怖かった。人の流れが切れたのを待って、ハンドルを切った。その瞬間、津波が追いついてきた。

「ドン」。駐車車両と波に挟まれながら、沢山さんの車は道路脇のガードレールを超え、石垣の下にある大槌小学校の校庭に押し流された。校庭は、誘導された車でいっぱいだった。5人と1匹の乗った沢山さんの車は、他の車と渦を巻く津波の中で回り始めた。

## ●少しずつ沈み始めた車

大槌小学校の校庭には、あちこちの方向から津波が押し寄せた。津波の高さは校舎の2階近くにまでなり、来る波と山にぶつかって跳ね返る波が混ざって洗濯機のように渦を巻き始めた。沢山さんは、その渦に巻き込まれてぐるぐる回る車の中にいたが、「不思議と冷静だった」と振り返る。

白い軽乗用車に1人で乗って流されている女性と目があった。沢山さんは「大丈夫だから」という表情でうなずいて励ました。その女性も、悲しそうな顔をしてうなずいた。しかし、しばらくしてその車は、波間に消えていった。

周囲を見た。山側の神社につかまれそうな木が一本生えていた。車は流されながらもその木に近づいてきた。「あと10メートル、あと5メートル……」しかし、あと1メートルという所で、引き戻され、遠くなっていった。

やがて、流れが一時とまった。引き波になるまでの少しの間だった。車は少しずつ沈み始めた。「水圧で窓が開かなくなる前に」と、沢山さんは窓を開けた。そして、老いた義父母らを助け出すために、瞳さんと2人で外に飛び出した。

しかし、2人ともかなづちだった。そのまま、黒いどろどろした波の中に沈んでいった。

## ●あきらめかけた娘叱る

真っ黒な津波の中に飛び込み、沈んでいった沢山さんは、必死でもがいて水面に浮き上がった。同時に、瞳さんも顔を出した。沢山さんは、瞳さんに「車につかまって動くな。お母さんが助けるから」と指示した。

車の中では、マエ子さんが「助けて！」と叫び続けていた。沢山さんも「助けてください！目の見えないおじいちゃんが乗ってます」と、民謡で鍛えた声を張り上げて叫び続けた。

城山に上がる道路には避難者がたくさんいたが、助けようがなく、ぼうぜんとしていた。「そうか、みんな、せっかく助かった命を危険にさらすはずはない」と沢山さんは叫ぶのをやめ、自力で家族を助ける方法を考えた。

屋根が流れてきた。「上に乗せれば」と思って車に近づけようとしたが、重くて動かなかった。今度は畳が流れてきた。しかし、乗ってみると沈んでしまった。

瞳さんはぽつりと言った。「お母さん。もう無理だよ。みんなで一緒だから、(死んでも)いいんだ」

沢山さんは、怒鳴った。「最後の最後まであきらめるんじゃない。お母さんが絶対助けるから。大丈夫だから」

その言葉で瞳さんは気力を振り絞った。目の見えない司さんは、車に入ってきた波に胸までつかっていた。瞳さんは車の中に入って体を引き上げた。だが、それも車が水没するまでの時間稼ぎに過ぎなかった。

## ●助けに来る人見て発奮

大槌小学校前の校庭で、車ごと津波にのまれた沢山さんは、何とか城山への坂道まで家族らを運べないかと考えていた。流れてきた何かに乗せられないかと、見渡したとき、坂の上から駆け下りてくる男性が目に入った。犬の散歩で出会ってよく世間話をしていた、初老の男性だった。

民謡で鍛えた沢山さんの助けを求める声に、なじみのソバ屋の女性店主が気づいて、「助けてあげて」とその男性に促したのだった。「日頃のおつきあいが、いかに大事か思い知った」と沢山さんは振り返る。

その光景を見て、沢山さんは不思議な力が湧いてきた。泳げないはずの沢山さんが、なぜか義母のマエ子さんを抱いて泳ぐことができた。石垣の上にある道路で見守る男性たちに向かった。

マエ子さんは怖くてしがみつく。「助けるからすがらないで！」と一喝した。救助法をテレビで見た時に、こういうときは、一度からだを突き放し、髪の毛をつかんで引っ張っていたのを思い出し、その通りにした。

道の近くまで来ると、初老の男性につられて、若い男性たちも坂を下りてきて、手をさしのべてくれる人がいた。しかし、なかなかマエ子さんに手が届かない。沢山さんは、一度潜り、その反動でぐっとマエ子さんを持ち上げた。マエ子さんは、波の上で魚がはねるように持ち上がり、助けに来た人の手につかまって引っ張り上げられた。

「なんでそんな力が出たのかわからない」と沢山さんは振り返る。しかし、安心する暇はなかった。まだ助けねばならない家族たちがいた。

## ●家族救助、そして愛犬も

大槌小学校の校庭に押し寄せた津波に、沈みそうになっている銀色の車。瞳さんは、祖父司さんと、祖母マエ子さん、近所の女性の4人に呼びかけて手をつないでいた。「もし助からなくても、最後まで一緒にいよう」と思ったからだった。

マエ子さんが助け出された後、後部座席で目の見えない司さんは、だんだんと座席の下に海水がたまっていくのを感じていた。胸まで来た時、瞳さんが持ち上げて座席の少し高い場所に移動させた。それも一時しのぎで、すぐのど元まで海水が来た。

自力か、沢山さんが引っ張ったのかはわからない。とにかく司さんは車外に出た。坂道から助けようとする男性たちが、空のポリタンクにロープをくくりつけて浮輪にして「つかまれ」と叫んだが、司さんには見えない。沢山さんが司さんを抱きかかえ、ガードレールから伸びた手に送り届けた。

近所の女性は、車窓から外に飛び込み、ロープをつかんだ。瞳さんは、偶然、足の下にがれきが来たらしく、足がついて立っていた。マエ子さんの血圧の薬がぬれないように、手に持って高く上げていた。

（2人とも大丈夫だ。あとはベルだ）

ベルは車から出て、がれきに乗ってうろうろしていたが、少しずつ海の方に流されていた。

「犬なんかいいから、あがれ！」

道路から怒鳴る声が聞こえたが、「家族はみんな助かったし、あとはどうでもいいや」と、沢山さんはベルに近づき「待て」と言った。ベルはその場で止まった。気がつくと波は、小柄な沢山さんでも足がつく深さになっていた。ベルを抱えて一緒に道に上がった。
沢山さんの格闘は、さらに続く。

## ●体育館の寒さも命奪う

津波にのまれた車からやっと助かった沢山さんは、全身、強烈な震えに襲われた。極度の緊張から解け、これまでの恐怖と、ずぶぬれで寒風の中にいる寒さが、一気に押し寄せたのだった。でも、まだ安心している場合ではなかった。

家族で避難場所の中央公民館に向けて坂を上らねばならない。目の見えない義父の司さんをおぶってよろよろ歩き出すと、「あんたはもう無理だ」と男性が代わりにおぶってくれた。勤めていた葬儀屋で葬儀を頼まれたことのある男性だった。沢山さんは「服がぬれてしまうのに」と、申し訳なく思った。

中央公民館にたどり着いた。社交的で知り合いの多かった沢山さん一家に、次々と救いの手がさしのべられ、「これを着て」と、服や下着を貸してくれた。震える司さんを抱きしめて、自分の体温で暖めてくれた女性もいた。「自分たちだって寒いのに」と沢山さんは手を合わせた。

沢山さん一家が入った体育館の1階の板間が臨時診療所になり、津波の中から助け出された人や負傷者が運ばれてきた。恐怖から冷めず、狂ったように「きゃー」と叫び続ける人の声が体育館に響いた。石油ストーブもわずかな数しかなく、寒さで息絶えてしまう人が何人もいた。

沢山さんの目の前に毛布が運ばれてきたが、とても人数分はない。「3人で1枚」と言われたが、凍えそうな司さんら家族3人のために3度並んで3枚確保した。

ただ、沢山さんは、再び体育館を出なければならなくなった。

## ●愛犬と慰め合った一夜

大槌小校庭の津波の渦から脱出して、家族らと城山体育館に避難した沢山さんだが、管理する町役場職員らしき人から「犬といる人は外に出てください」と言われた。仕方なく、義父母と長女を残し、愛犬ベルを連れて体育館を出た。

沢山さんは、ぬれた服や下着をすべて脱ぎ、素肌に友達から借りたズボンとジャンパーを一枚ずつしか着ていなかった。一度外に出たが、寒風で凍え死にそうだったので、再びロビーに入り、体育館に併設する公民館の階段付近にうずくまり、震えながら一夜を過ごした。「寝たら凍死する」と思った沢山さんは、ぬれたままのベルに「早く朝が来ればいいね」と何度も声をかけながら過ごした。

夜の間、目の見えない司さんが、何度もトイレに行きたがった。介助の仕方を知らない瞳さんが、沢山さんを呼びに来ては、連れて行くことを繰り返した。

公民館の外は、町のあちこちから出た火が城山の斜面にも燃え移り始めていた。「ここも危ない」と、車で山間部に逃げる避難者もいた。沢山さんは義父母だけでも逃がそうと思ったが、自分の車は流されていたし、他人の車はどれもすし詰めだった。「火が回ってきてもみんな一緒だ」

と思うしかなかった。

夜が明けた。沢山さんは外に出た。町はなくなっていた。火がついた家が、水面を流れていた。「本で見た地獄絵図だ」。不思議と、涙一つ出なかった。

## ●妹と再会、実家に避難

翌3月12日午後。大槌町の中央公民館に「沢山美恵子さがしています」と手書きした段ボールを持って入ってきた男女がいた。沢山さんの妹夫婦だった。山間の金沢にある実家に避難すると思っていた沢山さんが来ないのを知り、半分あきらめながら探していた。沢山さんを見つけ、ぼろぼろ泣いて喜んだ。

沢山さん一家と妹夫妻は、16キロ離れた実家に向かうことにした。実父母は市街地で妹夫妻と暮らしていたが、日々、農作業のため実家に通っていたので設備は整っていたし、作った米やみそを常備していた。プロパンガスで煮炊きが出来たし、炭で暖は取れた。

「何もないけど、温かいご飯とみそ汁はあるから、来ないか」と知人らに声をかけ、20人ほどで城山を下った。お年寄りや妊婦は先に車に乗せ、他は歩いていると、山火事の火の粉が道に飛んで来た。途中で知り合いが軽トラックの荷台に乗せてくれた。

実家には布団が何十組もあった。実母が古い布団を捨てたがらないので、沢山さん姉妹は、こっそり燃やそうと話していた矢先だった。盛岡で瞳さんに踊りを教える2代目井上成美さん(60)や、二戸市の親類が、衣類やガソリンを車に積んでやってきてくれた。

「何もない」と沢山さんは言ったが、行って見ると、ごちそうだらけだった。実家には人間が何人か寝て入れる巨大な冷凍ストッカーが横たわり、食料が満載されていたが、停電で、生ものは腐る前に食べてしまわねばならなかったからだ。前年に大豊作だったマツタケ。サケ、ワカメ……。「贅沢三昧《ぜいたくざんまい》だ」。沢山さんらは、避難所の被災者に申し訳ないと思った。

## ●山で拾った薪で風呂

山間の大槌町金沢に避難した沢山さん一家ら20人は、連日、ごちそうを食べ続けることに気兼ねした。近くの避難所にもお裾分けはするものの、そこでは卵ほどの大きさのおにぎりしか食べられないと聞いていたからだ。

子供たちが「ぜいたく過ぎるね」と言い出した。「昼ご飯は、なしにしようか」と大人たちも言い合った。しかし、実父の庄作さん（86）は「みんな、つらい思いにあってここに避難している。あるうちは腹いっぱい食べたらいい」と一喝した。

ただその分、沢山さんたち女性陣は、家事に追われた。20人分の食事を作り、風呂を薪《まき》でわかすと半日がかりだった。その薪も、山に拾いに行かねばならなかった。最初は使えた水道も出なくなり、沢水も濁っていたので、炭を入れて浄化した。電気がないので、それらの仕事をすべて、日が暮れるまでにすませなければならなかった。

沢山さんに、山田町で働いていた夫、誓一さん（56）の安否が頭をよぎった。震災翌日も、翌々日も、不明のまま過ぎていった。

「ここに来ないということは、もうだめなんじゃないか」。沢山さんは思った。しかし、家事があまりに忙しいため、あれこれ考えなくてすんだ。

## ●夫が生還、義弟は不明

震災3日後の3月14日。大槌町の山間部・金沢《かねざわ》の実家に避難した沢山さんら家族の前に、誓一さんが車で現れた。あまり突然で沢山さんは実感がわかなかったが、瞳さんらは抱き合って泣いた。誓一さんは、山田町の勤め先から海岸沿いの国道45号で大槌に戻る途中、道に津波がひたひたと押し寄せてきた。しかし、構わず走り、右折して山側の三陸縦貫道に入って助かった。縦貫道にかかる高い橋から津波にのまれた山田町を見て「大槌も終わったな」と、沢山さんらを案じていた。その後は、道路が不通になり、山田町内の道の駅に泊まっていたが、知人に山道を教えてもらって帰って来たという。

一方、市街地の商店に勤めていた誓一さんの弟啓次さんは、震災時も自宅アパートに帰らず、金沢にも姿を現さなかった。周囲の話を総合すると、最後まで店の片付けをしていたようだった。ガソリンのある限り、沢山さんらが避難所を探したが、その後も手がかりはなく、遺体安置所を回っても該当者はいなかった。

金沢で2週間ほど過ごした後、電気が通ったので、沢山さんは家族と知人の18人で、大槌川沿いの住宅地・大ケ口《おがぐち》にある妹夫妻宅に下りてきた。河口から2キロ上流にあったが、川をさかのぼった津波があふれて地区はほとんど浸水した。妹夫妻宅は床下程度ですんだが、震災で町は地盤沈下し、堤防も破損したので、以前より危険な場所ではあった。大きな余震があると、金沢にすぐ避難した。

## ●民謡教室で慰問を決意

4月になった。沢山さんは、大槌町の住宅地・大ケ口にある妹夫妻宅で暮らしながら、金沢の畑に野菜を作りに行く日々だった。そんな頃、町内の民謡教室「一心会」会長の東梅英夫《てる》さん（68）から電話が来た。

「そろそろ慰問に行かないか」

東梅さんが、そう思ったきっかけは、最近、事故で亡くなったお笑い芸人の桜塚やっくんだった。4月上旬、避難所になっていた臼澤鹿子踊《ししおどり》伝承館に、ひょっこり、あのテレビで見るセーラー服姿で訪ねてきた。「こんな時に」と眉をひそめる大人たちもいたが、やっくんが芸をすると、避難所の子供たちは、大喜びした。

「被災した人があんなに大声で笑うのを初めて見た。周囲に遠慮しているが、実は思いっきり感情を出したいんだ」。東梅さんはまず、リーダーをしている鹿子踊を、その次には民謡を、披露しようと考えた。

一心会と命名されたのは震災の2年ほど前だったが、活動は8年前から続けていた。沢山さんは会の統括幹事として稽古をつけていた。会員の一人に、後に日本レコード大賞新人賞を受賞した臼澤みさきさん（15）もいた。会員の男性が一人津波の犠牲になり、家を失った人も数人いた。

初めて避難所を慰問した一心会の会員＝2011年4月、大槌町寺野地区

沢山さんも東梅さんと同じ考えだった。携帯電話で会員に連絡を取って呼びかけた。しかし、子供や保護者たちの中には、気が進まない人もいた。

## ●楽しませる歌、涙見せず

沢山さんは、大槌町の民謡教室「一心会」の避難所慰問を、会員に呼びかけた。小中学生は「こんな時に歌っていいのか」とためらった。沢山さんは「今やらないと。前に進むしかないんだから」と母親たちの携帯電話にメールして説得してもらった。

「民謡は目と耳で楽しませなくてはだめ」と、あえて晴れやかな振り袖も着させた。沢山さんは着物をすべて流されていたが、師匠の井上成美さんが仕立ててくれた。

四十九日にもならない4月23日。寺野地区の避難所になっていた弓道場で、一心会は歌った。ぶっつけ本番だった。瞳さんも踊りで参加するなど11人が避難者の前に立った。

自己紹介で、歌い手たちがマイクを持った。震災時の体験を話すとみんな涙声になった。避難者も、振り袖姿を我が子や孫のように思って目を細めていたが、涙目に変わった。外山節、南部牛追い唄――。涙で詰まる子もいたが、大きな拍手が起きた。最後はみんなで「365歩のマーチ」を歌った。

沢山さんは「みんな泣きたいんだよ。楽しませる側の歌い手が泣いたら、歌う意味がないよ」と、子供たちに言い聞かせた。

その後、一心会は毎月のように避難先やイベント会場で歌った。みんな泣かずに避難者を楽しませることだけを考えて歌った。

6月からは週2回の稽古も再開し、7月からは、民謡コンクールへの参加も再開した。被災地に戻って来た歌声は高い評価を受け、次々と入賞者が出た。中でも、全国大会で優勝した臼澤みさきさんは、芸能プロダクションにスカウトされ、後に歌手デビューするまでになる。

## ●仮設住宅建ち始めたが

夏が近づき、大槌町でもやっと仮設住宅が建ち始めた。沢山さんは、「親戚宅に世話になっているが、いづらくて、夜まで外に出て時間つぶしをしている」という話をよく聞いた。避難所の人たちだけでなく、そういう人たちも入居を待ち望んでいた。

沢山さんの父親は林業関係の人の出入りの多い家庭に育った。沢山さんが同じ被災した知人を連れてくると、面識がなくても歓迎して泊めた。ましてや父親は沢山さんの義父母については「ずっとここに住ませろ」と言ったが、そういうわけにもいかない。沢山さんは、仮設住宅を申し込んだ。

しかし、なかなか当選しなかった。司さんは目が見えないので障害者の優先枠があった。「避難所の人が優先なのかな」と、沢山さんは町役場に行って聞いて見ると、職員は「見落としていた」と謝った。

当時、狭いプレハブの仮設町庁舎には、町民が連日、苦情や要望で押し寄せていた。大半の被災者は以前住んでいた場所の近くの仮設住宅を望んだが、被害のひどい地区ほど人口密集地で、浸水していない平地は少ない。希望する世帯分はとても建て切れなかった。

待たされたり、山奥の仮設住宅に行かざるを得なかったりする人がたくさんいた。決まっても「あんな所に住みたくない」とカギを返しに来る人もいた。そうした被災者の応対記録は分厚いファイルいっぱいになった。

当時の担当者は「できるだけ丁寧な対応をしたつもりだが、不具合もあった。申し訳なかった」と振り返る。

## ●仮設住宅待ったものの

11年7月、沢山さん一家が住む仮設住宅が決まったが、実家から遠い小鎚地区だった。「手違いで、これだけ待たされたのに、納得できない」。拒否すると、また待たされた。何度も電話したり、役場に直接行ったりして、8月、やっと近くの生井沢の仮設住宅に決まった。

ただ、与えられたのは2DKが2軒だった。一家は沢山さん夫妻と義父母、娘2人の6人家族なので、3人ずつ分かれて住むことになる。

沢山さんは、目の見えない司さんが心配だった。部屋にいったん家財道具を入れてみたが、「狭すぎて、どこかに体をぶつけてけがをする」と思った。

沢山さんは、再び役場に行き「部屋に来て、目をつぶって歩いて見てください」と職員に言って交渉した。渋る町職員を説き伏せ、さらに何日か待ち、やっと2軒のうち1軒を3DKにしてもらえた。そこに4人が住み、残る義父母2人で2DKに住めるようになった。

すでにお盆前で、町内の避難所はすべて閉鎖され、ほぼ最後に近い入居だった。

「阪神大震災の時も同じような話があったと聞く。その教訓がまったく生かされていない」と沢山さんは嘆く。

## ●小さな入会者現れる

慰問活動を続ける大槌町の民謡教室「一心会」に、小さな入会者が現れた。

震災で自宅を流され、実家で暮らしていた小松弘子さん（36）は、長女の光《ひかり》さん（8）の心の傷が心配だった。

震災時、自宅から一緒に城山に逃げたが、光さんも押し寄せる津波をまともに見てしまった。ショックで食べたものをその場にはき出してしまった。同居していた祖父が逃げ遅れて犠牲になった。

光さんの通う幼稚園では、真っ黒な絵しか描けないなど、心的外傷後ストレス障害（ＰＴＳＤ）の症状が出たり、薬を飲んでいたりする子が何人かいた。光さんは表面上異常はなかったが、「がまんしているだけなのでは」と怖かった。小松さんは妊娠していた。その不安感が胎児に影響す

稽古で並んで歌う小松光さん（右）と平野さくらさん＝大槌町の臼沢鹿子踊伝承館

るのも恐れた。

「習い事でもさせよう」と夫と話したが、スポーツする場所は、まだどこにもない。小松さんは、よく近所で犬の散歩をしている姉妹を思い出した。いつも底抜けに明るく、大笑いしながら歩いていた。沢山さんと妹の美代子さん（51）だった。小松さんは、二人が民謡をしていることを知っていた。

「何だか楽しそうな人たちだから、光を預けて見ようかな」。10月、小松さん親子は入会した。光さんは、稽古を2、3回しただけで仮設住宅の慰問で外山節を歌った。まだ下手だったが、たくさん拍手されたのがうれしくて、のめり込んでいった。

その話を聞いて、友達の平野礼《あや》さん（36）も長女さくらさん（7）にも習わせてみたいと思った。

## ●歌が家族を明るくした

震災1年後の3月。大槌町の民謡教室「一心会」に、さくらさんは入会した。礼さんが祭り好きで、会長の東梅さんが率いる臼沢鹿子踊にも参加していた。

礼さんは家を流され、父の三枚堂進さんを津波で亡くした。母の三枚堂のぶ子さん（63）ら家族5人で暮らす仮設住宅を、さくらさんの歌が、ぱっと明るくした。

一番喜んだのはのぶ子さんだった。さくらさんが大会に出ると見に行くのが楽しみで、一人でそのビデオを何度も見たり、友達が訪ねてくると見せたりした。「じいも生きていたら喜んでいただろうねえ。姿を見せたかったたねえ」と話す。

さくらさんや、半年先に入った小松光さんは、最初は字を知らなかったので、稽古をつける沢山美恵子さんの声を聞き、口をよく見て覚えた。「だから大きな口を開けて歌うようになった」と沢山さん。それがよかったのか、めきめき上達した。

寝る前の発声練習を欠かさない光さんは、すでに9回の入賞を重ねている。年下で遅れて入ったさくらさんも13年4月に初めて入賞した。一心会には震災後に9人が入会し、現在は3歳から80歳まで30人の会員がいる。

震災後、活動を再開してからの2年余りで、民謡大会では優勝16回を含む61回の入賞を数えた。中でも、沢山さんの姪《めい》で釜石高校3年の小笠原啓さんは、震災前でもできなかった快挙を成しとげた。

身ぶり手ぶりで指導する沢山美恵子さん（左）＝大槌町の臼沢鹿子踊伝承館

## ●めい、震災機に民謡打ち込む

大槌町で民謡教室「一心会」の統括幹事をしている沢山

さんのめい、小笠原さんは、小学2年生から民謡を始め、今では子供会員のお姉さん格だ。

母の美代子さんも一心会で三味線を弾き、姉も民謡を習っていた。そんな「逃れられない状況」で最初は何となく続けてきた。がらがら声で「民謡に向いているのかな」と教える沢山さんも思ったが、歌うことは好きで、大会に出て友達ができたり、入賞したりするうちに面白くなってきた。

本気になって打ち込み出したのは、震災が転機だった。会で避難所を慰問して歌ったとき、みんなから涙を流して感謝された。

「民謡をやっててよかった」。歌うことに誇りを持てるようになった。

民謡民舞全国大会で優勝した小笠原啓さん（左）と稽古をつけた沢山美恵子さん＝大槌町

その後は大会で立て続けに優勝し、ついに13年10月20日、両国国技館であった日本民謡協会主催の民謡民舞全国大会青年の部で「南部牛追い唄」を歌い優勝した。沢山さんは直前の稽古で「それでは勝てないよ」と突き放したが、「本番に強い」と驚いた。

進路も震災を機に「航空自衛官になりたい」と思うようになった。「震災があったら、真っ先に飛んで行って助けたい」からだ。今はその試験の結果待ちという。

「民謡は郷土の歌。就職してできなくなる時期があるかもしれないけど、続けていきたい」

## ●歌声はきょうもどこかで

沢山さんは、震災の年の夏に仮設住宅に入った直後から、友達と3人で買い物代行の仕事を続けている。盛岡市のNPO「参画プランニング・いわて」が沿岸5市町村で展開する事業で、長女のつてで勧められ、「喜ばれそうな仕事だ」と友達3人で始めた。

配達に来た沢山美恵子さん（左）は、夫を亡くして「今も涙が出る」と打ち明ける女性の肩を明るくたたいた＝大槌町大ケ口

電話で食料品や日用品の注文をとり、1回100円の手数料で届ける。昨年、自宅を新築して仮設住宅を出た後は、実家の庭にあるプレハブを事務所にしている。

会員は80人ほど。独居や老人だけの世帯がほとんどだ。一日7、8件の依頼がある。

「届けるだけが目的ではない」と言う。

はき出せない思いや、不安、不満を持っている人がたくさんいる。荷物を置いた後、時間の許す限り話を聞く。最初は「つれあいと一緒に死ねばよかった」と泣くお年寄りもいた。最近は、底抜けに明るい沢山さんが来ると、笑顔で迎えてくれるが、「まだ、心の底から笑ってないなあ」と感じる。

事業は盛岡市雇用創出事業の助成金で続けているが、「仮設住宅がなくなっても、ずっとこの仕事は必要だ」と思う。

リクエストがあれば、アカペラで歌も披露する。デュエットしたり、電話で歌声を聞かせたりすることもある。「芸は身を助けるというけど、本当にそうだなあ」

津波にのまれてもこの声が助けた。小さな弟子もどんどん育っている。そして、お年寄りにも元気を届けることができる。きょうも町のどこかで、沢山さんの歌声が聞こえる。

♪わたしゃ外山の野に咲く桔梗《ききょう》　折らば折らんせ　今のうち　コラサーノサンサ――

（東野真和）

## 工房突き上げる揺れ

### だらすこ村（2014年1月25日～2月8日掲載）

「だらすこ村」は、野田村中心部から4キロほど山奥にある。大沢継弥《つぐや》さん（68）が、思い出の言葉を冠してつくった「男の隠れ家」だ。そこが震災を機に、被災者が通う工房となり、支援者が集い、太陽光発電所が設置され、復興元気村に変わっていった。

遅い昼食を終え、木工作業場で一服していた大沢さんは、震え上がるほどの騒音に襲われた。外を見ると松の木の枝が、折れんばかりに揺れていた。竜巻に巻き込まれた。そう思った瞬間、突き上げる揺れがきた。

尋常でない揺れに、津波が頭に浮かんだ。自宅は、海のそば。娘は高台にある会社に行っているが、妻は家にいるはずだ。町内会長を務めるその一帯には、足の不自由な人が何人もいる。すぐ行かなければならない。車に飛び乗った。

だらすこ村に立つ大沢継弥さん。「だらすこ」はフクロウを指す地元の言葉＝野田村野田

途中で、携帯電話を忘れたことに気づいた。これがないと動きようがない。取りに戻った。探したが見つからない。諦めてまた車に乗った。

もう少しで自宅、というところで、道路に人が飛び出してきた。両手を広げて「ダメだ、ダメだ。いま来たぞ！」と叫んだ。真っ黒い津波が、押し寄せていると言った。携帯電話を取りに戻っていなければ、その中に突っ込んでいたことは間違いなかった。あの数分間が、命を救った。

少し戻って、屋外避難所と書かれた空き地に車を止めた。少し下りて、大勢の人が集まっている方向に向かった。少し歩いたところで、ドカーン、という大音響がした。海は見えない。「何かが流されたようだ」「大変なことになっているぞ」。あちこちから声が聞こえてきた。

余震は続いている。第2波、第3波の心配もある。しかし、情報はどこからも入ってこない。分かっているのは、ただ事ではない何かが起きたことだけだった。

何一つ、確認できないまま時間だけが過ぎていく。不安が膨らんでいく。空はどんどん暗くなる。雪が降り出し凍えるような寒さが身にしみる。どうすればいいか、見当もつかない。焦りが募っていく。

あちこちで「親類の家に行こう」「公民館にするか」と行き先を探す声がしてきた。だらすこ村に引き返すことにした。

## ●家族見つけ、ほっと

だらすこ村に戻った大沢さんは、作業場に入り、慌ててラジオをつけた。聞こえてくるのは雑音ばかりだった。時折、言葉が聞き取れたが、意味はつながらなかった。いら立ちが増した。目をつぶっても睡魔はこない。家族のこと、会長を務める旭町内の人々の安否、その町の様子……。心配でたまらないことが頭の中を渦巻く。

一睡もしないまま、薄明るくなった5時ごろ、再び車に乗った。雪はまだ降っていた。地元の避難所に指定されている寺の海蔵院を目指した。

着くと、人があふれていた。玄関で、知り合いを見つけた。真っ先に「うちのやつ見なかったか」と聞いた。「あ、いるよ。娘さんと一緒に」。石油ストーブを囲んだ人の輪にルリさん（66）と忍さん（34）を見つけた。胸をなで下ろした。

ルリさんは、津波に追われるように逃げてきたと言った。途中で声をかけた近所の人は、1人は逃げ込んだ家ごと流されて助かったが、もう1人は、両親とともに流された、と後で聞いた。

町内のほかの人たちも捜さなければならなかった。あの人はいた、この人もいた。あそこのおばあちゃんは分からない、と数えていって、海蔵院では30人ほどを確認した。

居合わせた役場の人に、ほかの避難所の場所を聞いた。午後からはそこを回った。3月の太陽は、あっという間に落ちる。結局この日は、計3カ所の避難所を回れただけで100人も捜せなかった。

夜になり、だらすこ村に帰った。どの避難所も、被災者であふれ、遠慮もあったが、別の理由もあった。

## ●冷静保つため山に戻る

大沢さんが避難所に泊まらず、だらすこ村に戻ったのは、事態に冷静に対応するためだった。避難所から、自分の町が壊滅状態になったのは見て取れた。そこにとどまれば、どっぷり被災者になってしまう。そうなると町内会長として冷静な判断ができなくなる。短時間でも山に帰って、落ち着いて事態を考えたい。被災現場から一歩引くことで、見えてくるものがあるんじゃないか。そう判断した。

翌日から、ガソリンを探しながらめぼしい避難所を回った。「一緒に食事を」と勧められても断り、「これもってけ」と出される支援物資ももらわず、当事者になるのを避けた。そうして聞いて回り、困っていることなどを役所につないだ。

数日もすると、食事の出し方や支援物資の配り方、役所の対応などに対する愚痴が聞こえてきた。ストレスがたまると、ささいなことも不満になる。冷静な判断から遠ざかる。山から通っていてよかったと思った。

最優先したのは、地区民の安否だった。情報は混乱していた。「助かったようだ」「死んだようだ」と、不確かなものが多かった。

避難所に紙を貼りだし、顔見知りを見つけては聞き歩いてもらちが明かない。複数の人たちが「あの人は親戚に行ったはずだ」「友達の家に行った」と口をそろえれば、それを信じることにした。そうしておおかたの足取りが確認できたのは約1週間後。約５００人の町内会で８人が亡くなっていた。

一区切りついたが、悔しくて仕方がなかった。もう少し早ければ、と思うことがあった。

## ●防災訓練できていれば

大沢さんは42年勤めた会社を60歳で定年退職した。それ以前から、村の防災訓練には出ていた。やるたびに参加者が減っている気がしていた。参加者は、限られたお年寄りにもみえていた。身近に、一人暮らしのお年寄りもいる。定年後、それらがますます気になり出した。

62歳のときに町内会長を引き受けた。間もなく、自主防災組織を立ち上げた。町内会の役員たちと、お年寄りの聞き取り調査をした。10人が、1人では逃げられないことが分かった。何かあったら、その人たちを助け出す役割分担などを考えた。そして役場に相談に行った。

「そういう組織なら補助金が出ますよ」と教えられた。リヤカーや自家発電機、りが人を運ぶ担架などをそろえられるので申請するように言われた。申請には、組織図や役員名簿、規約などが必要だった。町内会で何度も回覧をして了承を得て、体制が整った2010年春に申請した。

それが認められ、10月には防災グッズが届いた。そのことを知らせる回覧を再び回して、雪が解けた来春に、これらのお披露目を兼ねた避難訓練をしますと知らせた。役員たちは実施計画を練り始めた。

そして、あとは実施日を決めるだけ、となっていた翌年3月。一度も使われないそれらが、根こそぎ流された。

もっと早く申請書を出していれば、震災前に防災訓練ができた。そうすれば犠牲者は少なくてすんだ。無念で仕方がない。おわびの気持ちも込め、住民の安否確認に走り回るしかなかった。

## ●形ある物はいつかなくなる

町内の人々の安否確認が一段落した約1週間後、大沢さんは、自分の家がどうなったかの確認をしていなかったことに気づいた。行ってみると、影も形もなかった。かすかに基礎だけが、かつてそこに家があったことを示していた。

そこに立ち、周囲をぐるっと見回した。すぐ目の前に海が見えた。「なんだこんな危険な所に住んでいたのか」。祖父が、奉公先の大地主から、海辺の湿地帯をもらい、埋め立てて建てた家だったことを思い出した。海抜はほぼゼロメートル。しょっちゅう水害に襲われてもいた。

昭和の大津波の後に植えられた防潮林は、海を隠し、波の音も遮っていた。国道45号が土盛りして整備され、三陸鉄道ができ、海はますます遠ざかった。1年に数度、かすかに波音が聞こえる大しけの時以外、海がそこにあることを思い出させることはなかった。

その、海を遮っていた防潮林などを、津波は軽く乗り越えてきた。退職金をつぎ込み、2年前に建てたばかりの自宅だったが、こんなに近ければ流されてもしょうがないと思った。財産も思い出の品々も、一切持っていかれもしたが、悔しいとも感じなかった。

町内みんなの家が流された。もし、自分の家だけ残っていたらどうなったのか。高台に住む知人は「私たちだけ被害がなくて……」と後ろめたそうに話していた。

形ある物はいつかなくなる。しょうがないじゃないの。それよりも、人生少しでも多く楽しもう。頭をそう切り替えるのに時間はかからなかった。被災者を元気にする何かをやろうと考え出した。

## ●大好きだった風景再現

だらすこ村は、大沢さんのおじ夫妻が開拓した土地だ。敷地は約1万平方メートルある。20年ほど前からここに通い、こつこつと手作りで小屋や家を建て、好きな木工をしてきた。

子どものころも、1人で来ては夢中で遊んだ。日が暮れ始めるとおじが「ダラスコが鳴く前に帰れよ」と言った。フクロウのことを、地元でそう呼んだ。そのことを思い出し、一帯を「だらすこ村」と呼び、作業小屋を「だらすこ工房」と名付けた。凝り性の古ダヌキたちが作った製品を並べる小屋は「古狸家《こりや》」にした。被災当初、寝泊まりした小さな家も自家製だ。

それらを造ろうと思ったのは、子どもの頃に見た忘れられない風景を再現するためだった。

かつて町内のどの家にも縁側があった。家人はそこに座り、道行く人に「お茶っこ飲んでけ」「芋あるから食ってけ」と声をかけていた。大人になり、気づくと、家々から縁側が消えていた。

作業場の入り口にかかる「だらすこ工房」の看板＝野田村野田

窓はカーテンがひかれ、人がいるのかいないのか分からなくなった。

あの、大好きだった風景は、今の世に必要だと思った。人が集まり、心が触れ合う拠点をつくろうと思った。おじは、自由に使っていいと言った。

壊される家があると聞くと出かけ、柱や障子をもらってきた。捨てられる戸があると聞けば、引き取りにいった。それらで、こつこつとつくった。

小屋や工房は、森林の中に建っている。いくら騒いでも、迷惑をかけることはない。空気はきれいで、水は湧いている。木工具類も一通りはそろっている。被災者が集まる場所としては最適だった。ここを活用しようと考えた。

だらすこ工房最初の作品となった「だらすこブローチ」。ひもをつけるとストラップにもなる

## ●男性たちがやって来た

5月になると、ぽつぽつと仮設住宅が建ち始めた。大沢さんは、だらすこ村の活用方法を考えながら、町内会長として、妻や町内住民が入るそこの様子を見に通っていた。何かを手伝いたいと思ったが、自治会が機能しており、活動に口をはさむ気はなかった。

ただ、気になることがあった。集会場に行くと、いくつかのグループができ、手芸をしたりお茶を飲んでだべったり、元気な声が飛び交っていた。そういう輪の中に、男性は1人もいなかった。

男たちはあっちに1人、こっちに1人。隅でぽつんと、縮こまっているように見えた。何度行っても、状況は同じだった。何とかしないとならないと思い出した。遠慮しながら男性たちに声をかけた。ちょっと山の方だけど遊びにきたらどうだい。

7月になるとぽつり、ぽつりと男たちがやってきた。作業場で雑談をした。それだけじゃつまらないだろう。おれこんなの作っているんだけど、やってみるかい。それまで1人で作っていた、野田村特産のホタテをかたどったブローチやお守りを見せた。やってみると言った。

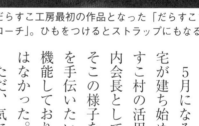

男たちは入れ替わり立ち代わり、やってきては工具を動かした。12月になると雪が降り出した。山の中までくるには危険もあった。春まで、工房を休みにした。それでもぽつぽつと来る人はいた。一緒に、作り続けた。

しかし正月を越すと訪れる人はいなくなった。春になっても、来る人はいなかった。状況が変わったのか。再び仮設住宅の集会場を訪れた。

## ●広まる木工品作り

誰も来なくなった理由を知るため、大沢さんは、仮設住宅の集会場に行ってみた。状況は、以前と同じだった。男たちは、隅でぽつんとしていた。長く休んでいたから、きっかけを失っているだけに感じた。また男たちを誘った。

6月1日、1人の男が弁当をぶら下げてやってきた。話をして、一緒にホタテのブローチを作った。

帰りぎわにその人は聞いた。毎日きてもいいの？　いいよ。何時にくればいいの？　自由だよ。1人でもいいし、誰か連れてきてもいいよ。そんな会話をしてその日は終わった。

それから1人、2人とやってくる人が増えた。孫に頼まれたと言って魚の形の玩具をつくる人。じゃあ、おれは昆虫にするかと工具を動かす人。休憩時間には震災当時の話などをして時を過ごした。

海辺で暮らした人たちは、魚をさばく大きなまな板を持っていた。仮設住宅には、それがなかった。作って欲しいという注文がきだした。まな板に向くのは、弾力性のあるホウノキ。薬になると業者が樹皮を剝いだ残りの幹が山に残っている。それをもらってきてつくった。喜ばれた。木工品作製への意欲も高まっていった。

何か新作をとみんなで考えた。だらすこ（フクロウ）の箸置きはどうだろうか。ストラップにもできる。四つ葉のクローバーもいけそうだ。充実した時間が流れ出した。

被災者が楽しみながら元気になることが目的の「だらすこ村」。そこでゆっくりと遊びながら復興を待つ。だから商品にして売ることは考えなかった。だが、手を差し伸べてくれる人が出てきた。

## ●作品の名は「たつ・のだ」に

大沢さんらの、だらすこ工房で作る作品を、売るように勧めてくれたのは、近くの民宿のオーナーだった。うちの宿に置いてあげるから、と。

工房に通ってくる被災者の中心メンバーは5人。64歳から81歳で、みな家を流されている。朝8時半に来て午後3時には作業を終える。そのまま帰る日もあれば、残っておしゃべりをする日もある。それで十分満足していた。

でも少し考えた。お茶代や、通ってくるガソリン代の足しになれば、それはうれしい。やってみるか。みんなも賛成した。

作っているのは、だらすこ（フクロウ）形の箸置きのほか、歯が生えかけた赤ちゃんが口に含んで遊ぶ「かむかめ」や、野田村のマスコットの、卵を抱えたサケの稚魚「のんちゃん」など。

これら、だらすこ工房で作った作品に、統一した名前をつけることにした。野田村が、震災から立ち上がるイメージにしたかった。その年は「辰《たつ》年」だった。「たつ・のだ」にしよう。そう決めた。

それらを民宿が置いてくれた。しばらくすると「足りなくなったよ」と声がかかった。泊まっていくボランティアらが買ってくれた。持ち帰った彼らは仲間に広めてくれた。

だらすこ工房で作られた「たつ・のだ」の作品

反響があればやる気も出てくる。流された防潮林で作っていたかむかめの素材を、カルシウムと鉄分を多く含むとされる桑の木に替えた。新製品の無農薬で作る麦を利用したストローは、地元では売れないけど、東京方面の客には人気が出た。そんなとき、栃木県の木工職人から挑戦状が届いた。

## ●「なんでえ棒」の仕掛け解明

挑戦状を送ってきたのは栃木県の90歳の工人だった。自分が作っている玩具を作ってみろ、と言ってきた。

長さ30センチほどの竹筒が1本。上中下の3カ所に、向こう側まで貫く穴が開いている。そこに3本のひもが通り、抜

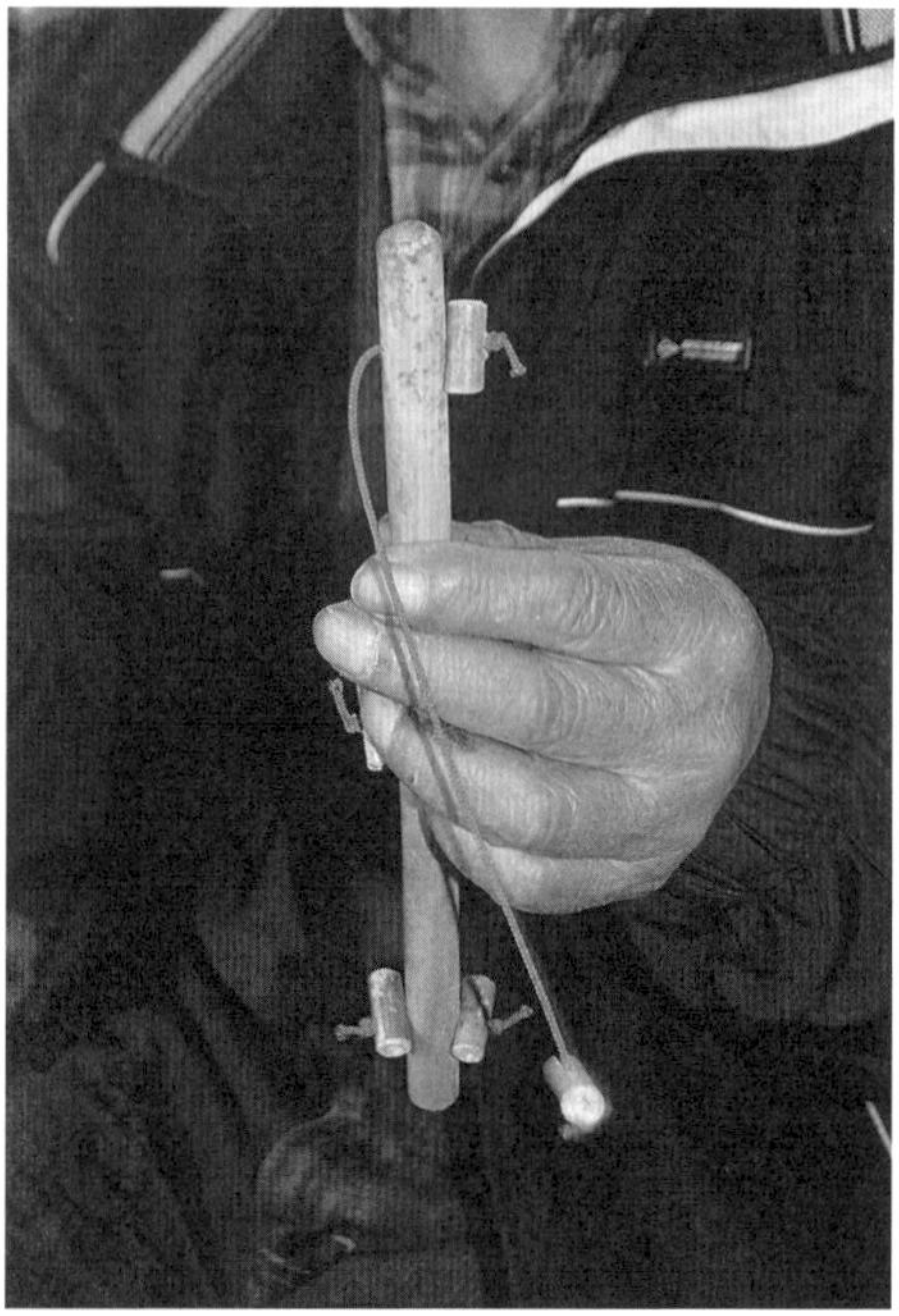

5カ所のどの木片を引いても、引き出されている木片が引っ込む「なんでえ棒」

けないようそれぞれの両端に木片が結ばれている。上部右側の木片が1番で左側は2番。1番の木片を引くと2番の木片は引っ張られてひもが竹筒に入る。

それなら何の不思議もない。中段右の3番でも下段左の6番でも、どれを引いても2番が引っ込む。続いてまた、どれを引いても、いま引きだした2番が引っ込む。

工人はそれを、江戸時代に平賀源内が考えた「なんでえ棒」という玩具だと知らせてきた。竹を割らず、仕掛けを解明できたら「作ってもいい」とサンプルと共に送ってきた。

みんなで頭をひねった。ひもを引っ張ったりねじったり。1週間もさわり続けてようやく仕組みが分かった。その間は、夢中だった。寝ても覚めてもひものこと。震災をすっかり忘れた。工人の粋なプレゼントだった。

これも加え、作品は10種類に増えた。それらに5人の職人の顔写真をつけた。活動は、村内にも知られるようになった。うちにも使えそうな木があるから持っていって、と声をかけてくれる人も出てきた。

村内の道の駅や菓子屋、久慈市や洋野町の観光施設などにも置いてもらえるようになった。少しだけど、手間賃を払えるようになった。

売れてきたとはいえ、しゃかりきになる気はない。所期の目標をそのまま。ゆっくりゆっくり長く長くやろうとみんなで確認した。

## ●孫・ひ孫に助けられた

だらすこ村に通ってくる人たちは、木工作業の手を休めた時や、昼食をとりながらする世間話も、大きな息抜きとなった。当初の話題は、どうしても震災が中心だった。

小さな町は、ほとんどの人が、どこかでつながっていた。亡くなった人も、九死に一生を得た人も、みんな知り合いのようなものだった。

あの人はあそこで亡くなった。この人は、こうやって助かった。そういう話をまとめてみると、分かったことがあった。亡くなった人の多くは高齢者だった。しかも元気な人たちばかり。そしてその多くが、川を見ていた。

1933年の昭和の大津波やチリ沖地震を経験した人たちだった。あのときは前の川の水が逆流してきて、その何十分後に津波がきた。あのときはこのぐらい水かさが増えたあとに津波がきた。でもまだ全然水は増えていない。「ゆっくり逃げればいいよ」。何人もの人から、大沢さんはそういう話を聞いた。

助かった人たちは、孫やひ孫が一緒にいた。「じいちゃん危ないから逃げよう、逃げよう」「来るからね、来るからね」と手を引っ張られていた。「本当に、孫に助けられたんだよな。孫がいなければ、いまここにいないんだよな」と盛んに言う人もいた。

かつての津波経験者が大勢亡くなって、全く経験しない子どもたちが年寄りを助けていた。これは一体、どういうことなのか。

津波で家を流されたのは誰のせいでもない。そこに家を建てた不運と考えるしかない。しかし犠牲者が出ることは、運の問題ではない。防災意識を高めることに役立ちたいと考え出した。

## ●防災のため積み立て

少しでも、防災意識を高めるために、できることはなにか。だらすこ工房の原点は、流された防潮林の黒松をもらってきたこと。黒松に助けられたとも言える。それに関係したことを考えた。

県や村が、防潮林を再生するのか、堤防公園をつくるのかは分からない。だが防災を目指した町づくりをすることは間違いない。それが動き出したときに役立つよう、お金をためておこう。大沢さんら、工房の仲間はそう決めた。

交流がある「くる美人」（中原郁子代表）に声をかけた。被災したお母さんたちのグループで、村内に豊富にあるクルミを使ったご飯やお菓子などを作っている。すぐに賛同してくれた。無理をしては続かない。「苗木1本分でもいいじゃないですか」。震災翌年の夏過ぎごろから、売り上げの5％を積み立て始めた。

活動を続ける中で、防潮林はどうやって作られたのか知りたくなった。古老を訪ねてその経緯を聞いた。実際に植えた生き証人がいることが分かった。その人の話を聞く勉強会もした。話は広がり、盛り上がっていくと支援者も増えた。「おれも1千円出す」。訪ねてきてお金を置いていく人も現れた。

震災の風化防止にもつなげたい。そのために一人でも多くかかわってもらいたい。募金も含め、本格的に活動を始めることにした。約2カ月後に「千年の松プロジェクト」を、同団体などで立ち上げた。

集まった金は、どんな形で使われるのかはまだ分からない。でも、夢は大きく。「千年後の子どもたちも震災から守れる村」への備えに使ってもらう。

## ●太陽光パネル216枚設置

大沢さんらが、「千年の松プロジェクト」を立ち上げる少し前、「だらすこ村」に1人の男が訪ねてきた。NPO法人環境パートナーシップいわて（盛岡市）の佐々木明宏副代表（53）が連れてきた。東京の環境保護団体の人だった。太陽光発電をしないかと言った。

そのNPOが、1口10万円の市民ファンドで資金を集めて建設する。そのための土地を貸してくれるだけでいい。発電した電力は東北電力に売り、代金は、ファンドへの返済が終われば地元のものになる。施設のメンテナンスや敷地の草刈りなどは日当を払う。借地料も出すし、地元は一切の費用はない。「とにかく支援したい」と熱意を込めて語った。

震災では、停電の不自由さを味わった。福島原発の放射能漏れ事故も大騒ぎしている。いくら

大沢継弥さんたち「5人衆」がつくった太陽光発電所＝野田村野田

年寄りでもエネルギーのことを考えなければならない。仲間と相談した。

日当たりがよく、適地と思われる場所は約３８００平方メートルの雑木林だった。その規模だと、パネルが２１６枚はれる。全部で約50キロワット時の発電能力となる。

大沢さんは元ＮＴＴ職員。配電知識は豊富だ。仲間には大工もいるし土木作業員もいる。「そんなの簡単だ。やろうやろう。何しろ我々は若いんだから」。とんとん拍子で話が決まった。

11月はじめに雑木の伐採を始め、12月20日にはパネルを載せる架台も完成した。雪解けを待ってパネルを載せ、翌年６月には全ての工事が終わった。

大沢さんは、佐々木さんらと「野田村市民共同発電所」を立ち上げ、東北電力との売電契約をした。あとは火がともるのを待つだけになった。

## ●山に行けば元気になる

完成した太陽光発電の点灯式は、13年６月８日にあった。一緒に伐採をし、クイを打ったたらすこ村の５人衆が並んだ。大沢さんが代表して、小田祐士村長らとスイッチを押した。用意した三つの電球が、ぱっと光った。

狭い仮設住宅の中で、毎日のようにけんかをしていた被災者夫妻。少し前に「うちの母ちゃんが初めて笑ったよ」という大ニュースに湧いたばかりの時期。そのお母さんたち5人も参列し、拍手をおくりつづけた。

遠野市のシンガー・ソングライターは、発電所のために歌を作ってくれた。「ダフスコホッホー～幸せ招く鳥の歌」。

本当は　分かっていたのさ　大切なものは　目に見えない　森の神が　優しく歌うよ～

歌い出すと、お母さんたちはぼろぼろ泣き出した。

シンポジウムで太陽光発電の話をする大沢継弥さん＝盛岡市

今、お母さんたちは大沢さんに話す。
じいちゃんどうしてるって友達に聞かれるの。だらすこに行っているよ、と言うと、じゃあ元気なんだと言われる。元気だから山に行けるし、行けば元気になる。行けているうちは安心だ。孫たちも「うちのじいちゃんが太陽光発電作ったよ」と自慢している。
今、売電で、月平均15万円程度の収入がある。14年もすれば出資者には返還できそうだ。そのあとは「発電所」の収入になるが、そんな先のことはまだ考えていない。ただ、いずれ野田村などに寄付をして防災に役立つ使い道を考えることにしている。

それらのことを14年1月31日、盛岡市で開かれた「いわて再生可能エネルギーフォーラム」で発表した。そして最後に「これからも頑張って、2号機までは完成させて、若い人たちに引き継ぎたい」と話した。

## ●心を立て直すまで

太陽光発電を稼働させた「だらすこ村」には、全国から見学者が訪れるようになった。大沢さんらが少し心配したのは、子どもたちから「太陽光発電って何?」と聞かれてどう答えればいいのか。それに備えて「自然エネルギー学校」も2度開いた。お陰で答えられるようになった。

そういう行事には県外からも人が参加した。名前は広まり、工房の注文も増えた。今は、首都圏からペンダントかキーホルダーになるサーフボード型のサンプルを求められている。試作品は送った。暖かくなったころに返事が来る。

村外の人が増えれば、村内でも、行ってみようかと思う人が増える。みんなが利用できるように体験コーナーをつくった。子どもたちが描いた虫や動物を元に、糸のこを使って、板を切り抜いたりする。

最近は工房で、「どこに住むか」が話題になる。多くの被災者は借家生活の経験がない。だからどんな小さくても自分の家を建てたいという声が多い。そこで一生を終えたい、と年配者は言う。しかし家を建てる力はない。頼りの子どもたちは帰ってこないと言っている。年取ったら帰るよ、と言う子もいる。「どうしようか」と年寄りは困った顔を見せる。自分も家を流された。でもほかの人は、津波に追われ、目の前で人や家が流されるのを見ている。簡単に、もっと楽しみながら考えようよ、とはなかなか言えない。時がキズを癒やし、心を立て直す。それを待つしかない。「ずっとこのままこを開放するので、うまく使ってよ」。最近は周囲の人に、そう言っている。

（木瀬公二）

## がれきに埋まった街

**阿部好広さん（2014年4月10～23日掲載）**

仕事が休みの毎週月曜日、紫波町北日詰、阿部好広さん（60）は、100キロ離れた大槌町新町の実家前に立ち、掃除する。

「どこにいだの。みんなまってるよ」

ペンキで阿部さんが書いた文字だけが道路脇に青々と残る。周囲は家の基礎もなくなった。もう一度、新しい町を造るための盛り土や整地の工事が始まっている。ガーガーと、重機を走らせる音が響く。

実家跡を掃除して花に水をやる阿部好広さん。後ろは旧大槌町役場庁舎＝大槌町新町

２０１１年３月11日の午後は、紫波町の自動車販売店で商談中だった。午後２時46分、大きな揺れがきた。壊れた物はなかったが、停電した。

すぐ母コヨさん（当時80）の携帯電話にかけたが、つながらない。二日前にも大きな揺れがあり、その時は通じたので「避難して」と声をかけ、父修二さん（同83）や近所の夫婦と車で中央公民館に逃げた。

「あなたたちは年寄りだから、真っ先に逃げても何も言われないよ。ほかの人の方が早いくらいだからね」

阿部さんはそう諭した。

職場も自宅も停電していたので、車のナビに付いたテレビを見たり、ラジオを聞いたりしたが、大槌の映像も情報も出てこなかった。

翌朝も出勤したが、停電が続いていて仕事にならない。阿部さんは上司に申し出て、車で大槌を目指した。ガソリンスタンドは、停電でタンクから吸い上げられず、営業できていないところばかりだった。阿部さんは、たまたまガソリンを満タンにしたばかりだったし、ハイブリッド車だったので燃費がよかったのが幸いした。

ただ、最短距離では行けなかった。遠野市から笛吹峠を抜け、大槌に近い釜石市鵜住居地区の手前で、自衛隊員に制された。

震災翌日の大槌町市街地。この先に阿部好広さんの実家がある＝阿部さん提供（2010の表示は2011の誤り）

「ここからは行けない。鵜住居は全滅だ」

「大槌に行きたい」と言うと、迂回《うかい》路を教えられた。枯れ葉が積もった山道を通って、大槌町内の山間部に抜けた。途中、地割れが起きている所もあった。さらに林道を行って、やっと市街地近くまでたどり着いた。

「まさかな。床上浸水くらいかな」。阿部さんは思っていた。しかし、市街地はすべてがれきで埋まり、あちこちで火災が起きていたことにぼうぜんとした。自宅前に続く道もふさがれ、津波が池のようにたまっている所もあった。様子を見に行って戻って来た町民は「中で人が亡くなっている車が何台かあった」と話した。

実家から最寄りの高い所は、江岸寺裏の城山の斜面に並ぶ墓地。年寄りの足でも5分ほどだ。しかし、江岸寺は一

阿部好広さんの父修二さんと母コヨさん＝阿部さん提供

日経っても火災が収まらず、城山の木々にも燃え広がっていた。

城山には中央公民館と体育館が併設されている。「そこに逃げているのかな」と思ったが、火災で近寄れない。12日はあきらめて紫波町に戻った。大槌との往復は、その日から始まった。

## ●両親の写真を掲示板へ

阿部さんは、翌13日、再び実家のあった大槌町に向かった。消防団に聞いて、城山を裏の林道から登り、昼過ぎに避難所の中央公民館に着いた。道中、山林火災は続いていて、車内にも熱さが伝わった。

親類や知人に「うちの親を見なかったですか」と聞き続けたが見た人は探せず、阿部さんは公民館のロビーで寝た。役場職員が、毛布を貸してくれた。

阿部さんは、会社を定年退職したら、両親の元に戻ろうと思っていたが、大地震が来るとの研究機関の予測や、地震が続いていることから、一時的にでも紫波に呼び寄せようかと思っていた。実際、そうしている知人もいた。「2日前の地震の時に、『紫波に来い』と言っていれば」と後悔した。

阿部さんは、両親の写真のカラーコピーを公民館の掲示板に貼って情報を呼びかけた。数年前に田沢湖に観光に連れて行った時の写真だった。母のコヨさんが携帯電話を首から提げていたことや、父の修二さんの左ひじが何度も脱臼して太くなっていることも記した。町内の遺体収容所にも貼った。同じような張り紙は、すでにたくさん貼られていた。

町内でも情報が得られない状態だったが、町外にも大槌の情報はほとんど伝えられていなかった。ラジオを聞いてそれを危惧していた阿部さんは、12日に盛岡に戻った時にＩＢＣ岩手放送に駆け込んだ。入ったこともなかったが、無我夢中だった。大槌への道路事情などを伝えつつ、両親の名を言って、情報がないか呼びかけた。

14日、盛岡に戻る前に、阿部さんはふと思いついて、車に積んでいた会社のカレンダーを持ってきた。

## ●生存者リスト持ち込む

大槌町の両親を捜しに来ていた阿部さんは、中央公民館の避難者に名前を書いてもらうことを思いついた。自分と同じように安否を心配している人たちに知らせるためだ。

得意先に配る自動車販売店のカレンダーの裏に、避難者はサインペンで名前と住所を書き、「元気だよ」「生きてるよ」と一言添えた。7、8枚にぎっしりと書き込まれた「生存者リスト」は２００人ほどにもなった。避難所を管理する役場職員からは「こちらの発表分とずれがあると困る」と難色を示されたが、知人の避難者から「いいんだ。伝えてほしい」と送り出された。

阿部さんは、それを盛岡市志家町のＩＢＣ岩手放送に持ち込んだ。

ＩＢＣは震災直後から24時間生放送を続けている最中だった。当初は、被害状況を中心に報道していた。しかし、11日深夜、釜石市の国交省港湾事務所の職員から、衛星携帯電話の向こうで「ここにいる人の名を読み上げたい」と頼まれ、48人の名前が読まれて以来、同じ電話が殺到した。大塚富夫アナウンサー（64）は「その頃から安否情報の『否』ではなく『安』を報道することに切り替わっていった」と振り返る。

阿部さんも、ＩＢＣの呼びかけに応じた一人だった。避難所に張り出された名前を撮影してマスコミに送ったり、インターネットで流したりすることが少しずつ始まっていたが、阿部さんは間接情報でなく、「現物」を持ち込んだのだった。

## ●ラジオで名前読み上げ

14日夜、ＩＢＣ岩手放送ラジオの報道フロアに通された阿部さんは、大槌町の避難者が自分の名前とコメントを書いたカレンダーの裏紙を持ち込んだ。「みんな疲れてぐったりしている」など、一夜を過ごした中央公民館の状況を説明した。

震災から1週間で、この「生存者リスト」を含め、ＩＢＣラジオで延べ2万人の名前が読まれた。情報は、パソコンで入力し、局で閲覧できるようにし、インターネットにも流した。県警も「亡くなった人の名は県警で、生存者の名はＩＢＣで確認してください」と案内していた。

ＩＢＣは、地震発生から１０８時間にわたり生放送を続けた。緊急放送時のマニュアルが役に立ったのは初めのうちだけで、後は、アナウンサーらが自分の判断で話し続けた。

照井健アナウンス部長（58）は、今も仕事の合間に、当時の録音を一字一句、確認する作業を続けている。照井さんは言う。

「生き残った人は『あのとき放送してくれて助かった』と言ってくれるが、亡くなった人の話は聞けない。避難の呼びかけ方やその後の情報の出し方など、あれでよかったのか、まだ検証し切れていない」

阿部さんは、翌15日以降、無事だった会社の釜石支店に布団や食料などの支援物資を運びながら、週末は支店を拠点に避難所や遺体安置所を回った。支店は日中営業し、夜は家を失った社員らがショールームに布団を敷いて寝ていたので、阿部さんも交ぜてもらった。

同じ会社にも、肉親を捜す人はいた。

## ●車の給油は10リットルまで

阿部さんが大槌に両親を捜しに来た12日、避難者が集まる大槌高校で同じ会社の作業服を着た男性がいたので、思わず呼び止めた。県南の支店に勤める男性だった。大槌町内のスーパーに勤めている妻が、車で移動中に地震が来て、釜石市内からメールが来たきり行方不明なのだという。

阿部さんも事情を話し、毎晩電話で「見つかったか」と情報交換するようになった。10日ほど経って、その男性の妻は見つかった。男性は、すぐ遺体をステーションワゴンに乗せて帰った。このために会社から運べる車を借りていたようだった。阿部さんの両親は、依然手がかりがなかった。

4月半ばを過ぎると、会社の釜石支店ではなく、親戚の家に泊めてもらいながら遺体安置所を回った。

平日は紫波町で営業の仕事を続けたが、ガソリン不足なので、得意先回りも控えめにしなければならなかった。ガソリンは「穴場」の遠野市内のスタンドに並べば数台待ちで買えたが、10リットルしか入れてもらえなかった。従業員は通勤にガソリンを使わないように、自宅に近い支店に再配置されていた。

もっとも、新車は部品工場が被災して供給が止まり、予約を受けても在庫がなかった。普段なら週末に展示会を開くが、できないので、阿部さんは、その間に大槌に来ていた。

## ●寺に行く途中に被災か

3月下旬まで、阿部さんは大槌町の実家付近に近寄れなかった。幹線道路以外のがれきの撤去が進まなかったからだった。まだ見つからない両親の、身の回りの物さえ探すことができなかった。両親の震災当時のことは、近所の人たちに聞いてだんだんとわかってきた。

3月11日、両親は午後1時過ぎ、山田町の鉱泉から帰宅した。母のコヨさんから「今帰った」と阿部さんに電話があった。「揺れが来た時は横になっていたんだろう」と推測する。

その後の目撃証言を合わせると、コヨさんは揺れの後、一度裏口から出て近所の人と「逃げねば」と言葉を交わして家に戻り、父の修二さんと家を出た。数軒先の十字路で角に住む夫妻と立ち話をしたのを見た人がいる。その夫妻は亡くなったので、後の行動はわからないが、4人を見た人が「逃げねば」と声をかけると、父の修二さんは「後を追うから先に逃げてろ」と言ったという。

修二さんは、足を何度もねんざしていて、ゆっくりしか歩けなかった。おそらく、夫婦で歩いて「避難場所」だと思っていた江岸寺に向かう途中に津波にのまれたのだと、阿部さんは推測する。付近には「津波避難場所　江岸寺」と矢印を書いた青い看板が3カ所設置されていた。しかし、実際には避難場所には指定されておらず、低地でむしろ危険な場所だった。江岸寺付近は津波後に火災が起き、鐘が溶けるほど燃え続けた。地区住民の約3割が犠牲になり、うち半数の行方が今もわからない。避難所の誤表示は、町の震災検証委員会や町議会でも取り上げられ、問題視されている。

## ●ペンキで「早く帰って」

震災から2カ月近く経った5月4日、やっと大槌町新町にある阿部さんの実家からがれきが撤去された。玄関付近のタイルが見えてきたので、水をかけてデッキブラシでこすった。母のコヨさんはきれい好きで、紫波町の阿部さん宅に来ると、まず部屋掃除をした。「いる時間の半分は掃除に時間を費やすほどだったなあ」と思い出し、自然と「きれいにしてあげなくては」という気持ちになった。

こすっているうちに、「遠方から来た親戚にも、どこに家があったかわかるようにしよう」と、ペンキで文字を書くことを思いついた。翌5日、玄関タイルの上に住所と両親の名前や年齢を、そこから道に下りるコンクリートの階段の上の方には「早く帰ってきて」と、青いペンキで書いた。9日には、その下の段に「母の日　1日遅れすみません」と書き足した。

阿部さんが実家跡に書いた青い文字＝2011年5月、大槌町新町、阿部さん提供

両親が行方不明のまま、6月になった。「仮設住宅に申し込んだら」と知人らに言われ、「だめでもともと」と両親の名義で申し込んだら当選し、寝泊まりする場所ができた。毎週、紫波町から実家跡の掃除と安置所にファイルを見に通っても、親戚の家に世話にならなくてよくなった。

7月1日、県警から「お父さんの修二さんとDNAの型が似た人がいる」と連絡があった。

## ●袖口の柄で父と確信

11年7月31日、阿部さんは、大槌町で行方不明の父修二さんではないかと見られる遺骨が「90%以上、間違いない」との連絡を県警から受けた。

阿部さんは釜石市内に集約されていた遺骨の安置所に引き取りに行った。どこで見つかったか聞いたが、土地勘のない自衛隊が見つけたので「江岸寺付近」としか記録がなかった。

阿部さんは、遺骨の火葬前の写真を見た。何度も見た写真だった。上向き加減の様子が、何となく父かもしれないな、と気になっていたので覚えていた。しかし、津波の後に起きた火事で焼け、遺体が黒こげになり、顔は判別できなかった。

改めて写真をよく見ると、シャツの袖口部分がほんの1センチほど燃え残っていた。拡大鏡で見たら、父の持っていた茶色のチェックの柄だった。震災直後に避難所で張った、両親を捜すポスターに使った、田沢湖で撮った写真でも着ている、お気に入りのシャツだった。

父は、郵便局勤めが長く、実直な人だった。自宅跡に残った玄関前の階段に、警察から連絡があった日、父と判明した日、死亡届を出した日にあたる「7／1」「7／31」「8／2」をペンキで書き足した。その後も、自宅前には、色んな日付が加わっていった。

## ●ナンバープレート飾る

津波で車を流された被災者が多く、震災時人口1万5千人の大槌町内でも約6十台の車の残骸があったとされる。もともと公共交通機関の少ない沿岸地方は移動に不便なため、被災者は沿岸の中古車や新車の販売店を訪れては、争うように車を買った。内陸の販売店まで来て、そのまま乗って帰る人も少なくなかった。

阿部さんの勤める紫波町の自動車販売会社は、部品工場が被災して新車の供給が止まっていたときは、下取りした中古車を売っていた。そのうち、新車も供給されるようになり、半年くらい経つと注文が増えてきた。

毎週、両親を捜しに来ていた阿部さんも、親戚らに「車が欲しい」と頼まれ、5台ほど手配した。自分でトラックに載せて夜中に持って来たり、盛岡にある陸運局で、廃車や登録の手続きを代行してあげたりした。

秋になり、震災前に両親に買った車が見つかったと、放置車両の持ち主捜しを代行していた自動車修理業者から連絡があった。ぐしゃぐしゃに壊れていて、遺留品もなかった。ナンバープレートは、廃車手続きのために外して陸運局に納めなければならないが、事情を話して「手元に置きたい」と職員に頼むと、許してくれた。

自宅跡をいくら捜しても、身の回りの物は何も見つからなかったので、ナンバープレートは唯一の「形見」となった。阿部さんは、仮設住宅の祭壇に飾った。

## ●母からの贈り物、墓へ

母コヨさんの手掛かりは、秋になっても全くなかった。津波の前、大槌町新町の自宅の先の角で夫の修二さんと一緒にいるのが目撃されたのが最後だった。

世話好きで、知らない人にも気軽に声をかける社交的な母。「震災後、似た人を見た」という知人の話を聞いたこともあり、「頭を打って記憶喪失になって助けられ、どこかにいるのではないか」と妹の順子さん（55）と淡い期待を込めて話し、7月7日の誕生日には、実家の玄関跡に、その日付をスプレーペンキで書き足した。

同月末に、震災時に一緒にいた修二さんの遺骨が確認されたが、目指したと見られる江岸寺近くにあった他の遺体は、多くが津波の後の火災で焼け、鑑定できない状態だった。「本当に死んだのか」。半信半疑な阿部さんは、修二さんの遺骨判明の日、母に向けて「みんな待ってるよ」と玄関跡に書いた。

しかし、墓のある江岸寺から「葬儀は2人一緒のほうが」と勧められ、阿部さんも「寒くなる前の方が親戚にも迷惑がかからないだろう」と、10月18日に死亡届を出し、11月13日に2人の葬儀をした。

江岸寺にある先祖代々の墓石も、津波や火災で倒れて割れ、無残な状態だった。修二さんの骨はあるが、コヨさんは所持品さえない。仕方なく、以前に順子さんがコヨさんからプレゼントされたネックレスを、墓に入れた。

震災直後の阿部家の墓＝2011年4月、大槌町末広町、阿部さん提供

実家跡の玄関前に、新たに「10／18」「11／13」が書き足された。

## ●お供えの花は10人分

「きれい好きな母のために」と阿部好広さんは、仕事が休みの毎週月曜日、紫波町から100キロ離れた大槌町に来て、実家跡に水をかけ、掃除をする。お供えする花は、10人分用意してくる。

実家のあった並びとその向かいでは、阿部さんの両親を含め10人が、亡くなったか、行方不明だ。「みんなお茶っこ飲みに来たり行ったりだった。近所づきあいのつもりで」花を手向ける。「いつもどうも」と、逆に花をもらうこともある。

大槌町内は地区ごとの郷土芸能が盛んだが、このかいわいはその中でも若者に人気の「向川原虎舞」の本拠地だ。10人の中に、その関係者も多く含まれている。

父の修二さんは創設時のメンバーで、太鼓をたたいていた。その影響で阿部さんも物心がつく前から山車について歩き、愛知県の大学に在学中も、秋祭りの日は丸一日かけて帰って参加した。4軒先に住んでいた初代会長の佐々木重夫さん（当時86）も行方不明になった。

その向かいの佐々木修一さん（同44）は会長を2度務めた。近くの御社地ふれあいセンターなどで稽古した後は、修一さん宅の納屋に道具を置いて若いメンバーらと酒宴をした。妻の真由美さん（同41）ともども、子ども3人を残して津波の犠牲になった。

遠い親戚で、選挙を手伝ったこともある町議の阿部敏雄さん（同66）、アイ子さん（同67）夫妻は、好広さんの両親と話していた後、津波の中を逃げて城山に向かったが、息絶えた。ほかにも、病弱の姉弟や理髪店の店主……。今、目の前に現れても不思議ではないほど慣れ親しんだ人たちばかりだ。

## ●実家跡で最後の撮影

阿部さんが実家跡にペンキで書いた両親の名や記念日の文字を見て、縁もゆかりもない人が手を合わせることも少なくなかった。人形や置物などが置かれていたり、かと思うとその持ち主が見つかったのか、なくなっていたり。すぐそばの旧大槌町役場庁舎とともに、自然と人々の祈りの場となっていった。

震災から2年が過ぎた。廃虚の市街地を新しい町に再生させるため、町は区画整理や公共施設の再配置を計画した。復興を急ぐため、町は、土地の売買や場所換えなどの相談は後回しにして、地権者に、整地する工事を先行して始める承諾を集めた。同意してくれた場所から順に、津波や火事の後に残った家の基礎部分や石垣などを撤去する作業が始まった。阿部さんの土地は、公共用地になるようだった。

実家跡が整地される直前、阿部さんは玄関前の階段に、両親の写真などを並べた＝2013年4月、大槌町新町、阿部さん提供

ペンキで書き続けた両親の「記録」も、玄関先のタイルや道路に続く階段とともに消えることになる。母のコヨさんは、まだ帰って来ない。しかし、抵抗して復興を遅らせるつもりもなかった。

13年4月29日、午後2時から工事が始まることになった。阿部さんは、「両親も見納めだから」と、仮設住宅に飾っていた写真やありったけの思い出の品を実家跡に持ってきて、最後の記念撮影をした。

## ●故郷への思いは強く

阿部さんは、紫波町の自動車販売店を退職したら、実家のある大槌町に戻りたいと思っている。両親を亡くした今も、それは変わらない。しかし、その気持ちがなえることもある。

阿部さんの両親の実家があった新町は、町づくりの青写真が途中で変わった。最初は、実家も区画整理の対象地域だと聞き、面積を少し減らされたり移動したりしても、自分はそこに住めるのだと思っていた。しかしその後、対象地域から外れた。町に聞くと、アンケートを取ると、新町に住み続けたいと明確に答えた住民は3割しかいなかったため、対象地域を狭めたのだという。

その地域に移るにしても被災して家を失った町民が最優先。町が他に造成した場所でも同じだ。Uターンを望む阿部さんは「自分で土地を探さねばならない」。町は「定住促進の面でも帰ってきてほしいが、（優遇するか）方針は決まってない」。同僚や顧客には「紫波に住み続ければ」と言われ、「大槌の人が盛岡に用事に来る時の休む場所という名目で、紫波にいようか」と思うこともある。

ただ、故郷への思いは強い。阿部さんは本家の家系。大槌では「位牌《いはい》持ち」と言われる。親類は「お盆に集まる場所がなくては」と帰ってきてほしそうだ。先祖代々の墓も守らねばならない。「お母さんが夢に出てきた。心配しているんだろう」と、一緒に土地を買って住もうと誘ってくれる人もいる。

実家跡の周囲では今、津波対策の盛り土工事が続いている。被災者でさえ、元の場所付近に家を建てられるようになるのは2年以上先だ。「早く住む場所を決めたい」。阿部さんの悶々《もんもん》とする日々は続く。

（東野真和）

# 船、ばぁーっと急浮上

## 東大海洋研センター（２０１４年４月24日～５月２日掲載）

津波で壊れた防潮堤越しに、「ひょっこりひょうたん島」こと蓬莱島《ほうらい》を望む。大槌町赤浜の東京大学大気海洋研究所国際沿岸海洋研究センター。目の前の海までは30メートルもない。

３階建ての研究棟の1、2階は床が大きくへこみ、天井のはりはむき出し。まるで廃虚のようだ。しかし3階に上がると、リフォームされた真新しい研究室が広がる。教職員や学生たちが、近くの湾での調査結果をパソコンに打ち込む。

２０１４年３月までの10年間、ここで回遊魚の研究を続けた大竹二雄・前センター長は「1階と2階はまともに歩けないけど、３階は意外ときれいにして普通に研究してるんですよ」。

2階にあったセンター長室。津波で浸水し、床は大きく割れている

11年３月11日のあの時、大竹さんは、県立博物館の学芸員と発光生物の展示について打ち合わせを終え、センター1階の研究棟で、船舶技術者の黒澤正隆さん（60）と立ち話中だった。

避難した高台から、津波の様子を見つめる東大・海洋研究センター（左奥の建物）の教職員や学生ら＝2011年3月11日午後3時25分ごろ、大槌町赤浜3丁目、東大海洋研提供

突然、巨大な揺れに突き上げられた。激しく、長い。立っていられない。「まず外に出ましょう」。2人は声を掛け合い、壁や床に手をつきながら、すぐ外のテニスコートに出た。

揺れはおさまらず、裏山では2、3メートルの大きな石がごろごろ転がり落ちてきた。大竹さんは「ただの揺れじゃない。半端じゃない」。

大竹さんたちがいた研究棟には教職員や学生など15人がいた。中にはベトナムからの留学生もいた。皆、コートに集まった。

研究棟のすぐ前で、突然2メートルほど水が吹き上がった。水槽につながるパイプが破裂していた。皆で慌てて元栓を閉めた。5分も経たないうちに、防災無線から「大津波警報」と聞こえてきた。「とりあえず逃げましょう」。大竹さんは呼びかけた。

8日前には地区の避難訓練があったばかり。避難場所は、歩いて2、3分で、少し高台の赤浜3丁目の広場。その時に参加した事務職員らの誘導で避難した。

大竹さんは午後3時ごろ、宿泊棟に残っていた大学院生を連れ、後を追った。緊張感はなく、皆でゆっくりと歩いた。「すぐに帰れると思って、作業着のままで、携帯だけ持って出ました」

そのころ、最後までセンターに残っていた黒澤さんは、走って来た消防団員2人と、水門を閉めていた。黒澤さんは1人だけ外側から閉めた。怖くて手が震え、汗で滑る。水門を閉めるためのフックが、なかなかかからない。

10分ほどかかって閉め終えると、黒澤さんはセンターから約500メートル離れた自宅にいったん戻った。釜石市の内陸部から庭の工事業者が4人来ていたからだ。

皆まだ家にいて地震で倒れた物を片付けていた。「違うよ。津波来るから、走って逃げて」。庭師たちに呼びかけた。役場職員の妻は、仕事でいなかった。

避難場所に合流すると、近所の人がラジオを持っていた。釜石に20センチの津波が来るという。「大したことないね」と言い合った。10分ほどして小さな津波が見えた。

その直後、見たことのない速さで、遠くまで潮が引いていった。その時黒澤さんは、知り合いの70代の漁師が防潮堤の上に立っているのに気づいた。漁師の妻が「逃げて！」と叫んでいた。

沖の方を見ると、水位は防潮堤よりはるか高くまで上がっていた。「船が、ばぁーっと持ち上がり始めた」。黒澤さんは何が起きたのか、すぐには理解できなかった。


〈東京大学大気海洋研究所国際沿岸海洋研究センター〉

1973年、三陸沿岸の生態系や気象などを研究する共同利用施設として大槌町赤浜に設けられた。設立前から東大の研究グループは大槌湾で調査しており、サケが嗅覚《きゅうかく》を頼りに母川に回帰することを証明するなど、先駆的な研究をしていた。年間のべ約4千人の研究者が訪れていた。震災前は研究者、船舶の技術職員、事務職員、パート職員の計16人が働き、このほか大学院生ら20人以上が研究活動をしていた。震災後も研究者や学生が大槌湾、船越湾などで調査、研究を続けている。

## ●12トンの調査船、横倒し

漁師の立つ防潮堤に、第二波が迫った。黒澤さんは「見ていられなくて、目をそらした」。次に見た時、漁師とその妻の姿はなかった。

高く盛り上がった白波の上に、調査船「弥生」が見えた。12トンあり、センターにある3隻の調査船の中で最も大きい。船をつないでいたロープは切れ、「おなかをこっちに向けて」横倒しになった。波は激しく渦を巻き始めた。

陸上の水位も上がってきた。しかし、民家が密集して建ち、津波や被害の様子がよく見えない。気づくと、今度は目の前の家も、ばぁーっと持ち上がってきた。誰かが叫んだ。「あー！ 私の家が」家も船も養殖のいかだも、一緒になって何度も山と海を行ったり来たりしていた。「うー」「あー」。避難した数十人の住民から、悲鳴とうめき声が漏れた。黒澤さんの家も流された。

研究棟は3階の窓の下まで水没した。「とんでもないことが起きてしまった」。黒澤さんは、目の前の景色と現実が頭の中でつながらなかった。

夕方、教職員と学生は、避難した高台の近くにあった黒澤さんの弟の家と職員の自宅の二手に

波が引いた後の東大海洋研究センター（左奥）付近＝2011年3月11日午後5時半ごろ、センター提供

分かれて休んだ。午後7時ごろ、外を見ると、海風に乗って真っ赤な火の粉が降っていた。
「火事だ」

## ●「夢みたい」思考進まず

11日夜、大槌町赤浜2丁目で火事が起きた。センターの教職員と学生たち16人が避難した民家は、そこから300メートルも離れていない。午後7時ごろ、皆で火の手から逃れ、吉里吉里方面に歩いた。

赤浜と吉里吉里の境で、造船会社の大型トラックが鍵をつけたまま止まっていた。職員と学生のうち、女性を乗せ、技術職員が運転した。

男性たちは歩いた。途中、反対側から軽トラックが走ってきた。荷台に乗せてもらい、吉里吉里の高台にある老人ホーム「三陸園」にたどり着いた。赤浜や近くの造船会社から

50～60人が避難していた。

誰かが持っていたラジオは「仙台の荒浜で200人の遺体が見つかりました」と伝えていた。黒澤さんは「なに夢みたいなこと言ってんのかな」と思った。1人の大学院生が、三陸園に避難している人たちの名簿を作り始めた。「何してるの」と不思議がられていたが、後でとても役に立った。神戸市で阪神大震災を経験した院生だった。

夜はデイサービス用の大部屋に雑魚寝した。全員に毛布は行き渡らない。黒澤さんは毛布はなく、体を丸めて休んだ。妻とは連絡がつかない。「何かすごいことが起きてしまった」と思うばかりで、それ以上思考が進まない。一睡もできずに朝を迎えた。

## ●がれきで塞がれ進めず

当時センター長だった大竹さんは翌12日朝、革靴のまま、職員たちと老人ホームの裏にトイレを掘った。さらに、高台にあるホームから下りる道が通れるよう、倒木やがれきを皆で取り除いた。

老人ホームに軽トラックで来た人が「街は壊滅的」と言った。大竹さんは、黒澤さんら技術職員3人と、老人ホームから出る車に乗せてもらい、センターを見に行った。

黒澤さんの妻の職場がある城山から来たという知人の軽トラックとすれ違った。「黒澤さん、お母ちゃん（奥さん）生きてたぞ。大丈夫だったぞ」と言われた。しかし、黒澤さんは妻の姿を見ていないから信じられなかった。

前日に避難した広場までは車で行くことができたが、センターまで歩いて2、3分だった道はがれきで塞がり、進めない。「ひどいな」「どうにもなんないな」。そう繰り返す以外、４人はほとんど無言だった。

なんとか入ろうと、街の中心部まで迂回《うかい》すると、あちこちで煙が上がっていた。おばあさんたちが乗った軽トラックが沢山から下りてきた。「火の海の中、逃げてきた」という。

城山にいる妻も火事に巻き込まれたのではないか――。黒澤さんは居ても立ってもいられず、ふだん使っている南側から、妻がいたという城山に向かおうとしたが、道はがれきで塞がっている。北側の大ケ口から上ろうとしたが、無理だった。暗くなるまで、大ケ口で城山を見つめて座っていた。

## ●妻と再会、抱き合う

震災３日後、黒澤さんは連絡のつかない妻の久美子さん（55）を捜し、小槌地区の高台にある久美子さんの実家に向かって歩いていた。

途中でふと道端を見ると、女性たちがコメをといでいた。見慣れた後ろ姿が目にとまった。妻だった。駆け寄ると、妻は「海の仕事してるんだから、死んだと思って諦めてた」。抱き合った。感動のあまり涙も出なかった。「抱き合った瞬間を見ていた職場の人からは、後でからかわれましたよ」

教職員や大学院生は全員無事だった。しかし、黒澤さん夫婦が住んでいたセンター近くの家も、吉里吉里地区にある非常勤職員の家も助教や大学院生が町で借りていたアパートも、津波にさら

研究室の中は機器や机などが積み重なっていた＝2011年3月15日、東大海洋研提供

われた。

大竹さんは、15日以降、街ですれ違った車を止めては事情を話し、院生や職員を乗せてもらって盛岡や東京に帰していた。町に残ったのは、黒澤さんと大竹さんだけになった。釜石市鵜住居町にある職員宿舎は、運よく流されなかった。

## ●浸水の研究室、物散乱

震災4日後、大竹さんたちは、道路の途中に車をとめて坂を下り、ようやくセンターに入ることができた。

大竹さんが研究棟の1階に足を踏み入れると、長靴がぐにゃりと何かを踏んだ。約1キロ離れた水産加工場の冷凍庫から流されてきたイカだった。

1、2階の機器や机、棚は全て水につかりヘドロにまみれていた。どこからか流されてきたものと一緒に「洗濯機にまとめて突っ込んで回したような感じ」でむちゃくちゃに散らばり、部屋をふさいでいた。放射線を使う設備が3階にあり、浸水を免れたことがせめてもの救いだった。研究棟の裏にある車庫の天井の鉄骨に、男性の遺体がぶら下がっていた。津波の直前、黒澤さんが防潮堤の上に立っているのを見た漁師だった。

この日、となりの地区の安渡小学校に、初めてNTTの電話が入った。大竹さんたちは、まず大槌病院と避難所になっていた大槌高校などに、必要な薬や支援物資のリストを書いてもらった。それを東大に伝えようと、電話のある場所に向かった。

行ってみると長蛇の列。「1人2分」と言われた。大竹さんはあきらめて業者に事情を話し、彼が持っていた無線電話を借りて約30分かけて電話口でリストを読み上げた。その間、黒澤さんは電話をかける大竹さんを隠すように背中合わせに立った。

## ●2カ月半後、観測再開

17日、東大の公用車が大槌町に着いた。前日に開通した電話で頼んだ医薬品や毛布、服が、ワゴン車に大量に詰め込まれていた。大竹さんは帰る車に乗るよう東大から指示され、いったん東京へ戻った。

5月3日まで計9回、他の教職員や学生らと一緒に、東大海洋研のある千葉県柏市と大槌を往復し、機器や資料、薬品類を片付けた。

大竹さんはそれまで、避難所にいる町民と立ち話をする度、「センター、赤浜にいてくれるんでしょうね?」と何度も釘を刺された。町民は、センターが大槌から撤退することを案じていた。

4月中旬、東大は「5月末にはセンターを再開させて、東大がまず大槌に希望の明かりをともそう」と動き出した。約1カ月後には東大が業者を調達。がれきを挟む機械やダンプを入れ、東京から来た作業員13人に、10日間かけてがれきを撤去してもらった。地元の業者に頼み込んで研究棟3階に電気、ガス、水道も入れ、窓ガラスを張ってもらった。

黒澤さんは大竹さんに頼まれ、ほぼ毎日センターに「1人ぽつんと、出勤していた」。「機器が流されてできることはほとんどなかったけど、何かやっていないと不安でした」

5月25日、大槌湾の海洋調査を再開した。漁師から船をチャーターして観測船として使ったが、船を出して1時間ほどすると、浮いている遺体を見つけ、調査は中断。その後も観測中、2人の遺体が見つかった。

## ●大船渡から調査船調達

センターにあった調査船は3隻とも津波で流された。小型船の「チャレンジャー二世」と「チャレンジャー三世」はそれぞれ大槌町内と釜石市内のがれきの中から見つかったが、壊れていて使えない。

最大の調査船「弥生」は見つからなかった。大竹さんは「たぶんばらばらになって今も海に沈んでいるんでしょう」という。

いつまでも漁船を借りて観測するわけにいかない。まずはチャレンジャー三世の代替船が必要だった。

「何とかできないか」。黒澤さんは大竹さんから頼まれると、軽トラックを走らせ、三陸沿岸の造船会社を訪ねて回った。考える暇もなく、とにかく必死だった。「新しい船を造るどころじゃない」「観測に適した船を造るのは難しい」。どこも門前払いだった。

初夏にようやく受注してくれる業者が見つかった。大船渡市の「須賀ケミカル産業」だ。「熱意に負けた。復興の第一船を、センターに入れます」と社長。黒澤さんは往復3時間の道を何度も通っていた。

設計段階から何度も大船渡に通って打ち合わせを重ね、8月に船が完成した。「グランメーユ」と名付けられた。フランス語で「大きい槌」という意味だ。黒澤さんは進水に感動する暇もなく、今に至るまでほぼ毎日、船の様子を見に来ている。

「船乗りですから休日でも、風吹けば船を見に来るし、雪降ればかきに来るし。私たちが守っていかないと研究は継続できませんから」

## ●アユの大量生存を確認

センターでは11年6月から、大槌湾の岩礁藻場などを調べている。大竹さんは、大槌湾に注ぐ鵜住居《うのすまい》川を調査して驚いた。アユがなぜか、震災前と変わらずにたくさん生存していたのだ。

アユは秋に生まれ、半年間、海で成長し、4、5月に川を遡上《そじょう》する。大津波が襲った時、湾内や河口にいたはずのアユが、なぜか生き延びていた。秋に産卵量を調べても、震災前と大きく変わっていなかった。

耳石をもとにアユの生まれてからの日数を調べた。10月初旬に生まれた「早生まれ」はほとんどいなくなっており、遡上《そじょう》しているのは10月中旬以降の「遅生まれ」だった。例年、早生まれは

3月ごろ、遡上に備えて河口に集まるため、津波で壊滅。その代わり遅生まれが資源を支えたのだ。大竹さんは「今回の津波のような大きな環境変化に対しアユがどのように生き残り、資源を維持したのかがわかれば、進化のメカニズムの解明につながる。種の保存に対しても重要な提言になる」。

今、センターの目の前にある防潮堤は壊れ、再び津波が来ても遮る物がない。東大は、約300メートル北西の山側への移転を計画しているが、地元では異論もある。移転は早くても2年後になりそうだ。

（田渕紫織）

## 津波84枚撮り続けた——鵜住居のデジカメ（2014年5月24日〜6月3日掲載）

三陸沿岸を南北に走る国道45号は、釜石市鵜住居町のJR山田線鵜住居駅そばで直角に曲がる。その角に両川吉信《りょうかわよしのぶ》さん（73）が立った。手に持った小型デジタルカメラを向けた先には信号機がある。奥に雑草の生い茂る更地が広がる。「ここにビルがあった」。

2011年3月11日。何度も繰り返した大きな地震がいったん収まった直後だった。両川さんは所有する自宅兼テナントビルを、同じ角から見上げていた。近くの男性も揺れに驚いて飛び出してきた。妻キヨさん（67）も外に出て、輪に加わっていた。

両川さんはビルの被害を記録しようと、デジカメのシャッターを押した。カメラの記録で「午後3時6分」と「同7分」。外壁のトタンの一部が、ビルの前と横に止めた夫婦それぞれの車の脇に落ちていた。

地震で外壁などが壊れた両川ビル＝2011年3月11日午後3時7分（カメラの記録データ）、釜石市鵜住居町、両川吉信さん撮影

話をしながらも、視線を駅の方角に向けていた。その先に大槌湾がある。土手の上を走る線路の先に、近づいてくるいくつもの家の屋根が見えた。

「津波が来たぞ」。横にいた男性は駅横の自宅に走った。隣の建物前に止まっていた運送会社のトラックも急発進した。両川さんはビルのシャッターを上げて、キヨさんの手を引きながら屋上に向かった。

「これ以上、上がらないで」。屋上でキヨさんは津波に向かって祈るように訴えた。「同じ気持ちだったけど、妻を不安にさせてはいけないと口に出すのはがまんした」。津波は3階の窓枠まで上がってきた。夫婦の車2台は運ばれた。

両川さんは、津波を記録しようと、屋上でカメラを構えた。データの記録は「午後3時27分」。周囲に高い建物はない。少しずつ方角を変えながら360度写した。次男（40）からもらったばかりのデジタルカメラだった。

流された家などがぶつかりあう音が響く。「助けて」との叫び声がいくつも聞こえた。カメラのファインダー越しに、流されるがれきの上に直立する女性が見えた。近くの花巻農協鵜住居支店の屋根にも男性がいた。緩やかな傾斜の屋根で、「びしょぬれで足元から水が屋根を伝わって下に流れていた」。商店ビルにも複数の人、浮いたワンボックス車に必死につかまる女性も見えた。鵜住居地区防災センターの屋上にも4人いた。

「午後4時4分」。84枚目を撮り終えたところでカメラの電池が切れた。

長男（42）の嫁と孫が気になった。盛岡市の自宅から来ていた。昼食に近くの食堂の出前ラーメンを食べた。午後2時過ぎに、車で釜石駅前を越えた先にある実家に向かった。「途中で津波に遭っていないか」。無事だったが、連絡がとれずに心配がつのった。

その出前を届けに来た男性が水面に見えた。ビルの壁面に掲げていた「山火事注意」の赤い横断幕のロープをほどいて、男性のそばに垂らした。妻と力を合わせて外階段の上まで引きあげた。冷たくなっていた体を毛布で包んで温めようとした。「ただ、どんどん冷たくなっていった」。

両川さん夫婦は後日、男性の親族に、ビル内での最期の様子を伝えた。

救助ヘリが現れたのは次の日の夕方だった。多くの犠牲を出した防災センターで生き延びた約

30人の救助を始めたが、日没で打ち切られた。両川さん夫妻や農協支店の屋根上にいる男性は、そのまま2日目の夜を迎えた。「寒くて、ぬれた屋上や屋根は凍って滑りやすくなっていた」。翌朝、農協の屋根から男性の姿が消えていた。

農協支店の屋根に立つ中前支店長（当時）。奥の防災センターの上にも人影が見える＝2011年3月11日午後3時50分（カメラの記録データ）、釜石市鵜住居町、両川吉信さん撮影

## ●窓ガラス蹴破り屋根へ

花巻農協鵜住居支店の屋根に残された男性は、当時の支店長中前《ちゅうまえ》隆さん（55）だった。

今は、遠野市にある農協上郷支店の支店長を務める。手元には津波の際に鵜住居支店の屋根に取り残された自身が写った写真を置いている。両川吉信さんが撮った写真の一部を拡大印刷したものだった。

中前さんは11年3月11日午後2時半すぎ、遅い昼食をとろうと、JR山田線・鵜住居駅前の食堂喜楽に入っていた。好物のチャーハンと、ギョーザを注文した直後だった。大きな揺れに驚いて店を出て支店に戻った。

支店の床には大量の紙が散乱していた。預金窓口を閉める時間帯だった。現金を金庫にしまい、伝票と現金の額を確認した。片付けを終えた職員から避難を始めた。外から「あーっ」という悲鳴が聞こえた。

「事務所に戻れ」と声をかけた。玄関のシャッターを閉めようと操作ボタンを押したが動かなかった。

「1階がつかる程度でやり過ごせる」と思い、2階会議室に上がった。部下3人が一緒だった。すぐに海側の窓から水が飛び込んできた。体が固まった。2人は戻って階段に逃げた。階段は水没した会議室より天井が高かったので、水面に顔を出せた。

もう1人は水に潜って山側の窓ガラスを蹴破って外に逃げようとしていた。1回、2回、3回。割れない。あきらめて津波の入って来た窓に向かった。その体の上に天井が崩れ落ちた。

中前さんは窓ガラスを蹴り続けた。口に入ってきた水はにごって油くさい。なぜか2階に上がる時に革靴から履き替えていたスリッパが脱げた。靴下の足で割った窓から外に出た。「とにかく上に」と屋根によじ登った。

津波がやや引いた後だった。約50メートル離れた防災センターの方向から、「中前さん」と名前を呼ぶ女性の声が聞こえた。

元農協職員だった。

## ●寒さと眠気で見た幻覚

農協鵜住居支店の屋根で寒さに震えていた中前さんは、防災センターにいた元農協職員の女性から「がんばって」と励まされた。

防災センターは本来、津波避難場所ではなかったが、８日前の訓練で使われたこともあり、震災後の推測で約２４０人が避難していた。全体が津波にのまれて推測で２００人を超える犠牲が出た中、女性は一命をとりとめていた。

中前さんは少しでも体を温めようと、屋根の上を歩き回った。そばの商店ビルの人が上着や靴下を投げてくれたが、上着は届かず水面に落ちてしまった。

鵜住居に現れたヘリコプターは防災センターの救助に集中していた。中前さんはそのまま屋根で2晩残された。「寒さと眠気で、意識がもうろうとした」。

支店前に小さな鉄骨造りの野菜販売所がある。僧侶が来た。集まった人に「いつ葬儀をやったらいいかな」と相談していた。足元にはたくさんの栄養飲料のびんが転がる。支店職員は「がれきを片付けないといけない」と話し合っている――。幻覚だった。

3日目の朝、気がついたら地上にいた。「飛び降りたような夢を見た」。左手親指と左脇腹の骨が折れていた。のどが渇いた。

「飲み物を買いにいこう」と思い、近くのドラッグストアに向かったが、すぐに倒れた。しばらくして救援に来た農協幹部らに発見された。搬送された盛岡市内の病院で、足に刺さったガラス片を取り除き、骨折した手の指を手術した。

1カ月後に職場復帰した。震災の日の朝に異動を内示された遠野支店だった。釜石など一帯を統括する拠点支店で、犠牲になった部下らの家族への対応にあたった。発生時にいた食堂喜楽は震災から2年後に、地区の仮設商店街で再開した。妻とでかけた。注文はあの日と同じ、チャーハンとギョーザだった。

## ●「飛び移れ」懸命に叫ぶ

11年3月11日の津波襲来後に時計を戻す。両川さんと妻キヨさんは自宅ビルの屋上にいた。津波は3階の押し入れの下の段まで上がってきた。そこから徐々に引いた。

夫婦は部屋に入った。家具は津波に運ばれずに残っていた。冷蔵庫は浮き上がって横倒しになり、水位が下がるとともに床に降ろされたようだった。扉を上にしていたので、中身が取り出せた。冷凍食品をとかしながら食べた。仏壇に供えていたビニールの小袋に入った菓子も口にした。

3階の押し入れの上段にしまっていた布団はぬれていなかった。停電で暗闇の中、床にマットレスを置いた上に敷いて、夫婦で寝た。しだいに水がしみてきた。2晩目はブルーシートを布団の下に敷いた。

JR駅前で国道も通る交通の要所だった。両川ビルは、鉄道に乗る親族らが立ち寄る自慢の建物で、建築費用は4千万円。その借金返済で家族には苦労をかけたと思い続けていた。屋上で助かったと分かったときに妻が言った。「津波から助かるためにビルを造ったのね」。やや違うが、両川さんはうれしかった。

3軒隣に同じく3階建ての銀行支店ビルが建っていた。津波が猛威を振るう中、屋根に乗って流される運送会社の運転手が、そのビルに近づいていた。カメラを構えた両川さんはシャッターを押しながら「飛び移れ」と叫んだ。

写真の記録では「3月11日の午後3時31分」だった。

一夜が明けた。銀行支店ビルの屋上に飛び移ったはずの運転手の姿が見えない。両川さんは自宅ビルに残っている食べ物を、運転手に投げて渡そうと考えた。運転手に呼びかけるため、屋上の手すりを鉄パイプでたたいてみた。

カンカンと大きな金属音が響いたが、銀行支店ビルからは何の反応もなかった。

## ●トラックごと流される

両川さんが自宅ビル屋上の手すりをたたいた合図は、3軒隣の銀行支店ビル屋上に逃げたはずの山田町の運送会社運転手斎藤哲也さん(41)には届かなかった。すでに自力で階下に降りていた。

11年3月11日午後2時半ごろ、斎藤さんは両川ビルから約4キロ山側の道に3トントラックを止めていた。配達を終え、午後3時の集荷開始までの間、運転席で昼食をとっていた。

車体が突然、大きく揺れた。山から岩が落ちてきた。ラジオは「巨大地震」と伝えた。JR鵜住居駅前で一カ所だけ集荷してから会社に戻ろうとした。集荷先は両川ビル隣だった。「まさか津波が来るとは思わなかった」。

トラックを止めて集荷に向かった直後、再び大きな地震に、電柱が左右に揺れた。両川さんらも外に出ていた。後方にある駅の方から「バチ、バチ」と聞こえた。振り向いたら土手の駅そばに立つ男性が叫んでいた。「茶色か黒い壁のような波が駅の向こうから近づいてきていた」。驚いた。

斎藤さんはトラックに戻った。「釜石市街に向かうと国道は海岸に近づく。津波なら危ない」と考え、山の方に向かおうと両川ビル前の交差点を逆方向に曲がった。そこから50メートルも走らなかった。右側からさーっと水が流れてきた。側溝から水が噴き出た。あっという間に津波にのまれた。

トラックが水面に浮き上がった。扉を何度も蹴ると、体が何とか通るくらい開いた。外に出て運転席の屋根に上った。そこから記憶があいまいになる。「トラックに乗ったまま流されて、銀行支店ビルにたどり着いた」と思っていた。

実際は、住宅の屋根に移っていた。両川さんが、カメラで屋根の斎藤さんを撮影しながら助言した。

「そこのビルの屋上に飛び移れ」。

## ●善意の着替えもらう

流される家の屋根に乗っていた斎藤さんは、接近した銀行支店ビル屋上の壁に飛びついた。両手の指の第一関節が壁の端にかかった。力を込めて体を引き上げた。壁を乗り越えた。

屋上は寒かった。階段への扉の窓ガラスが一部割れていた。手を入れて鍵を回すと扉が開いた。中には数台のロッカーがコの字形に並んでいた。その間に体を入れて丸まって寒さに耐えた。そばにあった段ボールで壁を作って風を防いだ。

下に降りる階段からは「ぽちゃぽちゃ」という水の音が聞こえていた。寝ると凍死すると思い、時々屋上に出て歩き回った。月明かりの夜だった。姿は見えなかったが、周囲からうめき声が聞こえた。

2日目。国道45号をはさんだ向かいにあったコンビニエンスストア付近で、消防隊員が救助活動をしていた。「助けに行くから」。2時間たっても来ない。「2日目の夜も屋上で過ごすのはいやだ」と思い、自力で外に出ることにした。

1階の銀行窓口は胸の高さまで水が残っていた。流れてきた枝で、水の深さを探りながら歩いた。割れていた窓から外に出た。がれきの中、土手の上を走るJR山田線の線路に登った。

線路脇にあるドラッグストアも浸水していた。店内に数十人いた。「薬王堂に行けば食べ物がある」という話が生存者の間で広がっていた。缶詰や袋入りの食品、菓子が残っていた。

近くの農協営農センターでたき火をしているという話を聞いた。暖をとろうと、店内の多くの人がそろって線路の反対側にある営農センターに向かった。

その間に配達・集荷先の住宅があった。やや高い所にあるため、敷地の目前で津波はとまっていた。声をかけた。「大丈夫ですか」。

シャツやズボンなど着替え一式を提供してくれた。

## ●聞けなかった安否

斎藤さんは、暖をとるために向かった農協営農センターで、同じ山田町に住む男性と会った。

親戚の顔見知りだった。2人で歩いて自宅を目指した。隣の大槌町に抜けるトンネルの手前で、顔見知りの男性とすれ違った。長女の通う小学校の保護者だった。「小学校は全員が無事だったらしいよ」。少なくとも長女の無事を知った。

4時間ほど歩くと、大槌町吉里吉里に着いた。一緒に歩く男性の車が置いてあった。夜が明けてから出発することにした。

震災3日目の朝。内陸の山側を回って山田町に向かった。仕事でも通ったことのない細い道だった。山田町に入ると、山側を走る三陸道に乗った。途中にある橋付近で車から降ろしてもらった。道路斜面の先に自宅がある。行方不明の斎藤さんを捜しに行こうとしていた妻がいた。顔を見たら、涙が出てきた。

妻は前日、車で大槌町浪板海岸まで捜しに行っていた。斎藤さんのいた吉里吉里の約1キロ手前だった。道が寸断されて先に進めなかった。震災3日目の朝、不明だった多くの近所の人たちが歩いて戻ってきた。なのに斎藤さんの姿はない。妻は不安になっていた。

被災地のガソリン不足は深刻だった。斎藤さんは4、5日後、何とか10リットルを手に入れ、車で釜石市内の運送会社に向かった。所属する運転手で、連絡がつかないのは斎藤さんだけだった。鵜住居に住む別の社員が駅前に転がって放置されたトラックを見つけていた。運転席に誰もいない。会社の誰もが「だめかも」と思い始めていた。

斎藤さんはまもなく仕事に復帰した。配達・集荷先には被災した人も多い。でも、周囲の人に安否を尋ねることはできなかった。

「亡くなった」と言われるのが怖かった。

## ●記者に写真渡した訳

両川さんと妻キヨさんは震災3日目の朝も自宅ビルで迎えた。前日に続いて、上空にヘリコプターが現れた。近くの防災センターの屋上に残された住民らの救助が再開された。

2機目は、回転翼が二つついた自衛隊の大型ヘリだった。両川ビルの上空にとまった。キヨさん、続いて両川さんがつり上げられた。そのヘリに救助されたのは2人だけ。大槌町に向かった。収容された弓道場には、同じ鵜住居の住民が28人いた。

弓道場にとどまって3日目だった。通信社の腕章をした男性記者が弓道場に来た。両川さんは自ら近寄っていき声をかけた。「こんな写真を持っているけど」。ビル屋上から撮った地震直後の鵜住居の様子と襲ってきた津波や、自宅ビルの室内と外観を記録した115枚だった。差し出したSDカードのデータを、記者が自分のノートパソコンにコピーした。

報道に協力しようとしたわけではない。「写真が報道されて、撮影者が自分だと分かれば、息子たちにも無事が伝わると思った」。盛岡市に住む2人の息子とはまったく連絡がつかなかった。弓道場の公衆電話からも通じなかった。

支援物資を積んだ2台のトラックが翌日、弓道場に着いた。北海道に本社を置くホームセンターの車だった。大槌町にも店舗があり被災した。北海道の大学を卒業した次男(40)が偶然、同社に就職し、盛岡市内の店舗に勤めていた。

トラックは盛岡から来ていた。乗って来た社員に次男への伝言を頼んだ。「息子がおたくの盛岡の店にいるから無事だと伝えて欲しい」。長男と次男に直接話をしたのは、釜石市の西部にある避難施設に移されてからだった。

津波の写真を持つのは両川さんだけではなかった。

## ●津波、生死は紙一重

津波を撮影した人たちは避難所で写真をコピーし合った。両川さんも「撮影者不明」の写真を手に入れた。津波が沖合から近づいて鵜住居を襲う様子が刻々と記録されていた。

両川さんは写真の映像と撮影時刻から津波の速度を計算した。約10キロ先の岬の「千畳敷」に白波が写っているコマが「3時13分」。町に津波が到達したコマは「3時30分」だった。1秒で約10メートル進んでいた。

「五輪の金メダリストでも逃げ切れない。避難は分単位ではなく秒単位だ」。3月11日を振り返って自らの油断を反省した。

地震で一部が壊れた自宅ビルを正面からカメラで撮影した後に津波の襲来に気づいた。波はすでに約100メートル先のJR鵜住居駅付近まで来ていた。普段は使わない正面のシャッターを開けて中の階段で屋上に逃げた。本来の玄関はビルの裏側で、「回り込んでいたら」と思うとぞっとした。

両川さんは高校卒業後に勤めた缶詰会社時代にチリ地震津波（1960年）を体験した。第

1波は釜石港脇にある会社前の道路がぬれる程度だった。両親からは明治と昭和の三陸津波(1896年と1933年)の様子を聞かされていた。ともに自宅前の道がぬれる程度だった。「今回も大したことないと思った」

今回の震災で防災行政無線から聞こえた津波の予想高は「3メートル」だったと記憶する。だが、すぐに放送は途切れた。気象庁が津波の高さを大幅に高く修正したことは知らなかった。

巨大な津波に気づいた時、一緒に立ち話していた男性は、駅横の自宅に向かった。襲ってくる津波に向かって行く方向だった。1カ月余り過ぎた4月20日に県警から男性の死亡確認が発表された。流された車の中で息絶えていた。

生死は紙一重だった。

## ●残ったビルで「語り部」

両川さんが、自宅ビルに戻ったのは救助されてから1週間後だった。津波直前に撮影した時と同じ構図でビルの全景をカメラで撮影した。写真に夫婦の車はない。「山火事注意」の横断幕は、ロープを救助に使ったため壁面にない。両隣の住宅も流されていた。

ビルの片付けに、釜石市内陸の避難施設から、バスや車で鵜住居に通った。約1カ月後、かつて喫茶店を経営していた2階部分から、近所の女性の手提げバッグを見つけた。通帳や現金が入っていた。家族に届けた。靴箱に隠していた数百万円の札束が流された男性の話も聞いた。

ビルを建てたのは1976年だった。3階建てで屋上に「ペントハウス」を置いた。その上に

津波に襲われた町に残った両川ビル。周りの建物やビル前に止めていた夫婦の車はない＝2011年3月20日、釜石市鵜住居町、両川吉信さん撮影

水道タンクを設けた。配管工事は自分でやった。駅前の自宅兼商業ビルだった。1階では豆腐屋や化粧品店、弁当屋などを経営してきた。

ビルは地中に5メートルの杭を打ち込んでいた。屋上の手すりに水平器を当ててみた。地震や津波に遭ってもビルは傾いていない。安全対策を施して残すことを考えた。「津波の跡として10年でいいから残そうかと考えた。視察に来る人には屋上で説明した方がいいと思った。町が元に戻れば朽ち果ててもいいから」。撮影した写真をビル内に展示することも考えた。

語り部のように「当時を伝えるのが自分の役割」と考えたからだ。多くの人を屋上に案内して津波の恐ろしさを伝えた。英字新聞の記者は、提供した複数の写真を並べてパノラマ風に新聞に載せてくれた。報道番組の女性アナウンサーは寒い屋上で、流れる鼻水をぬぐおうともせずに話を聞いてくれた。

両川ビルが解体・撤去されたのは震災から2年たってから。公費で解体できる期限だった。

## ●町の変化も360度撮影

両川さんのビルがあった鵜住居地区では14年5月24日から区画整理で土地がどこに移るかの案

が住民に示されている。土地は平均1・7メートルかさあげする。順調にいけば15年12月から順次、住民に土地が引き渡される。ビル前で直角に折れていた国道45号は緩やかなカーブに変わる。

地元の住民組織が借りようとしたプレハブが不要になったため、両川さんは倉庫に買い取った。解体したビルから持ち出した農機具やタンス、台所用品などを保管している。その中に大きなトロフィーもある。

両川さんは民謡をたしなんできた。約50年前には東京五輪音頭をラジオで歌った。保管するトロフィーは1981年に民謡の県大会で準優勝した時に授与されたものだった。東北大会で2位になった時のトロフィーや賞状も無事だった。

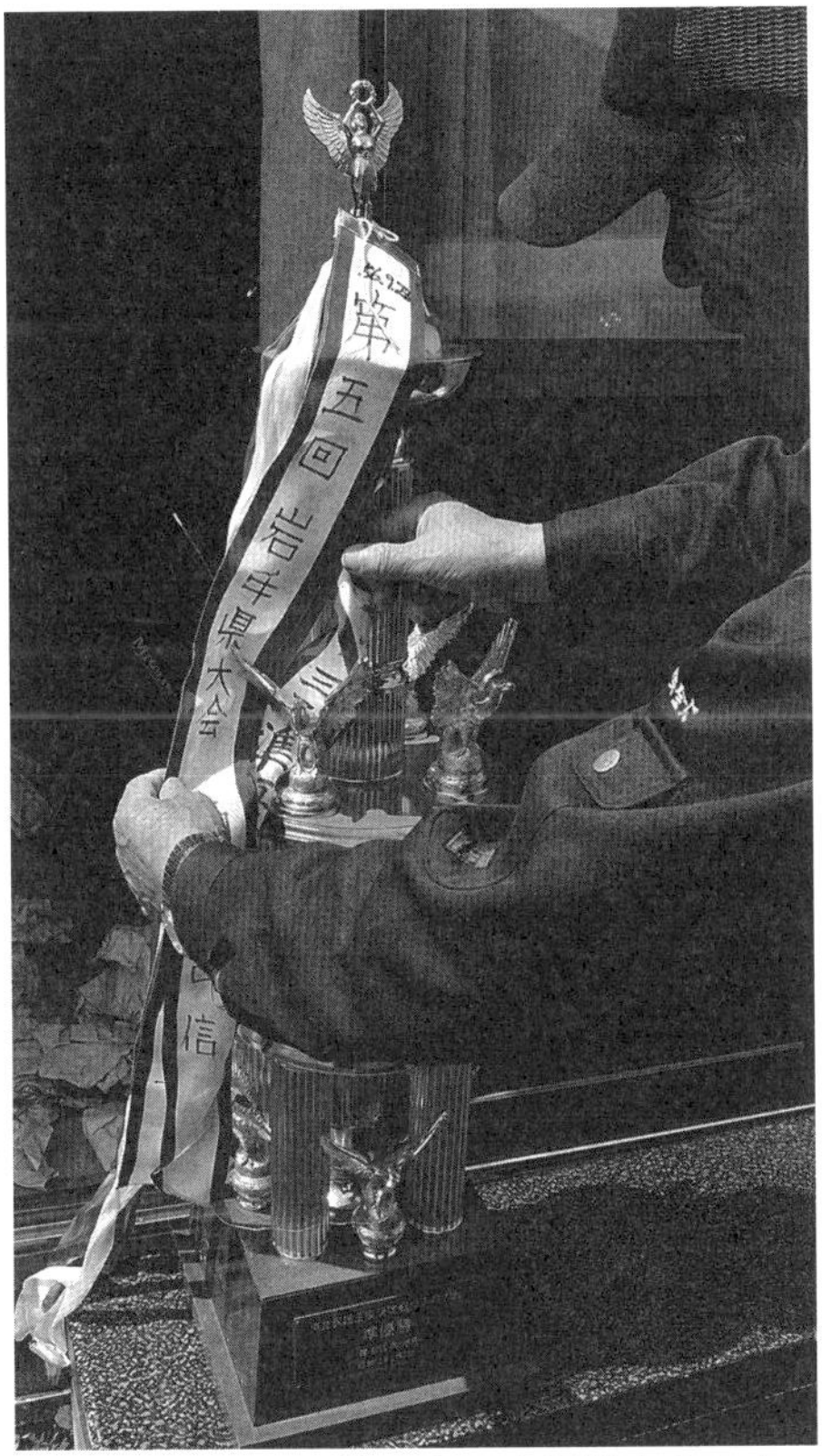

取り壊すビルから持ち出せた民謡大会のトロフィーを整える両川さん－釜石市鵜住居町

地元中学の同級生と古希を祝った同窓会の手製の記念冊子も見つかった。震災6日前に海岸そばのホテルに49人が集まった。集合写真や名簿、思い出の古い写真を編集して冊子を作った。欠席した同級生に渡すつもりだった。「これから渡していない人を回る」

愛用のデジカメを自宅ビルのあった方向に向ける両川さん
＝釜石市鵜住居町

仏壇の位牌《いはい》も無事だった。かつてビルで経営した喫茶店に置いていた大型スピーカーを仮設住宅に持ってきた。黒い木枠の内側に金色の紙を貼り、仏壇に似せた。横の壁には近くに住んでいた2組の姉夫婦の遺影を掲げる。近所だった4人とも津波で失った。

震災3年の14年3月11日。釜石高校体育館であった追悼式典で、遺族を代表して訴えた。「先人の教訓と私たちの経験を後世に受け継がないといけない」

両川ビル跡とプレハブの間の道を、かさあげ用の土を運びこむダンプカーが走る。プレハブは近く、区画整理の工事に備えて移設する予定。両川ビル跡付近で両川さんはカメラに加えて、ビデオでも町の変化を撮り続けている。スタイルはあの日と同じだ。

カメラを構えたまま体をぐるりと1回転させる。360度を写すために。

（山浦正敬）

# 街、沼のようだった

震災後の赤武酒造付近。中央の道路の向こうが工場だったが、手前に酒のタンクが流され、火事で焼けて転がる＝2011年3月28日、大槌町末広町、古舘秀峰さん提供

## 赤武酒造（２０１４年６月６〜26日掲載）

大槌町の造り酒屋「赤武《あかぶ》酒造」の古舘秀峰社長（49）は、２０１１年3月11日午後、海に近い安渡地区にいた。酒類卸・販売のためにつくった会社の事務所で、母の美花子さん（74）と社員の３人で仕事をしていた。

午後2時46分から、大きな揺れが続いた。「津波が来る。ここはもうだめだろう」。１キロほど内陸の、末広町の酒造工場に最小限必要なものを移そうと思った。

赤武酒造は、１８９６（明治29）年創業の老舗。工場では3千平方メートルほどの敷地に立つ五つの土蔵で酒造りをしていた。古舘さんは、父の雄一郎さん（79）を継いで08年に5代目になり、杜氏《とうじ》について、酒造りを学んでいた。

古舘さんは、まず社員に車を運転させて工場に向かった。すでに従業員は消防団活動などに出て一人しかいなかった。蔵の前には長女の岬さん（18）と次女の笑海《えみ》さん（15）が友だちとうろうろしていた。

「どうしよう」「とにかく逃げろ」。古舘さんは娘たちに声をかけた。再び安渡の事務所に戻り、美花子さんや従業員と別々の車に乗って解散した。

安渡から運び出したパソコンや事務のデータを積んで工場に戻ると、すでにだれもいなかった。古舘さんは「ここまで津波は来ないべな」と思っていた。飼い猫のジジがいなかったので、「見つけたら入れよう」と空のリュックサックだけを持ち、火の元を確かめ、戸締まりをして会社を出た。高台のある江岸寺の周辺まで行き、斜面に墓が並ぶ裏手の城山に向け、役場職員らと避難誘導を始めた。

しばらくすると、「わーっ、来たぞっ」「早く上がって」という叫び声が城山の上から聞こえた。振り返ると、海側の家並みの後ろからごぼごぼと砂煙が上がり、電柱や家の屋根ががらがらと手前に倒れて来るのが見えた。

夢中でそばにいた見ず知らずのおばあさんの手をつかみ、おぶって寺の裏手の階段をかけ上った。

古舘さんは腰が抜けたようになり、そこからしばらく記憶がない。ふと我に返り、城山に上って市街地を見下ろした。沼のようになっていて、安渡の事務所どころか、酒蔵も見えなかった。第2波、第3波と津波は押し寄せていたようだが、返す波と混ざってよくわからなかった。

「娘がいない」

古舘さんは、必死で捜した。「見かけなかった」と何人にも言われた。あたりが薄暗くなってきた。

## ●娘2人と再会、泣いた

古舘さんは、懸命に中高生の娘2人を捜した。小学生の集団が、城山の上の方まで向かったのを見たという人がいた。古舘さんも歩いていったが、かなり急な長い坂なので、途中まで行って「いない」と思い込んで戻ってきた。

しかし、城山のふもとを捜してもいないので、もう一度上って行くと、2人は、城山の頂上に近い所まで避難していた。お互いを見つけると、3人で泣き崩れた。

妻の希巳江さん（50）は、実父の見舞いで神奈川県にいた。次女の笑海さんが希巳江さんに携帯電話で「お父さん海の方に行った……津波が来た」と伝えた後、連絡が取れなくなっていたので、後日インターネットなどの避難者名簿に古舘さんらの名が出るまでは気が気ではなかったという。

古舘さんは、娘の無事を確認して、やっと周囲を見る余裕ができた。日が暮れ、市街地で火の手があがっていた。燃える民家が流れてきては、スタンドや車から流出したガソリンに引火したり、電線から漏電した火花ががれきに移ったり。家庭用のプロパンガスが次々破裂する爆発音が鳴り響いた。

消す人のいない火は、やがて城山の斜面の木々に燃え移った。中心市街地の住民の逃げ場所となった中央公民館は、城山の中腹にあり、千人以上が着の身着のままで避難していたが、その周囲が火の海に包まれた。

## ●車を相乗りして避難

大槌町中央公民館に避難した古舘さんは、周囲の木々に火が燃え移っているのを見た。駐車している車のすぐ近くまで火の粉が迫っている所もあった。「引火すると危険だ」。公民館長に頼んで避難者を集めてもらい、「車を移動させて、そのまま避難したほうがいい」と提案した。

車を持っていない避難者が「俺たちはどうすんだ」と怒った。古舘さんは「相乗りすればいい。できるだけ座席を満杯にして山を下りるようにしましょう」と説明した。

中央公民館には役場機能が移されて災害対策本部ができるはずだったが、役場前の屋外で対策本部を開いたため津波に襲われ、町長ら幹部の大半が津波に流され、運良く庁舎の屋上に逃げた職員も孤立していた。

避難所には庁舎外にいた若い職員らが集まっていたが、何をしていいか戸惑っているようだった。「衛星携帯電話でNHKに『ここに避難している』と話した」と職員が言った。古舘さんは「助けてくれって言わないとだめだろ」と声をあららげた。

古舘さんは車を失ったため、車を持つ知人に娘2人を預けて避難させようとした。しかし、娘たちが「お父さんと一緒でなければいやだ」と泣いたので、一緒に山間部側に向かうことにした。

日は暮れて、雪が降り始めていた。知人の車は冬タイヤでなかったので、慎重に走った。城山を下りる車のヘッドライトの行列が連なって見えた。

## ●「日本沈没」頭よぎる

古舘さんは娘2人とともに、大槌町中央公民館のある城山を知人の車に乗せてもらって下り、6キロほど山間の集会施設「かみよ稲穂館」に身を寄せた。

すでに避難者が集まっていた。近所の住民が炊き出ししてくれていて、すぐにおにぎりがもらえた。発電機も用意されていた。3人はここで寝ることにした。毛布はあったが子供やお年寄りの分しかなく、古舘さんは布団を包んでいたポリ袋をかけて寝た。

余震が夜通し続いた。誰かが持っていたラジオからは、長野や東京でも強い揺れがあることを速報していた。「日本が沈没するんじゃないか」と思った。

翌12日、古舘さんは、様子を確かめに市街地へと下りていった。がれきが道をふさぎ、火事も続いていたため、途中までしか行けなかった。

13日には、知人の自転車を借り、市街地の山側を通る国道45号を走り、釜石市に抜けるトンネルの前にあるコンビニエンスストアまで行った。津波で売り物は水浸しになっていた。しゃがみこんでいた経営者が「何でも持って行っていいよ」と言った。のどが渇いていたが、すでに飲み物は持ち去られ、ビールしかなかった。飲む気になれず、ぬれたたばこをもらった。被災したドラッグストア付近も探したが、すでに紙おむつくらいしか見つからなかった。

## ●惨状、ラジオで伝える

大槌町の山間部にある「かみよ稲穂館」に3泊した古舘さんは、両親の安否が気になっていた。

両親宅は城山の反対側にある小鎚川沿いの内陸にあったが、母の美花子さんとは津波の直前に、海浜部の安渡の事務所で別れたきりだった。

14日、知人に車を借りて、大槌川沿いの道を下って向かっている途中、偶然、美花子さんの車とすれ違った。その場で車を止めて無事を喜んだ。父の雄一郎さんも、宮古市の病院からの帰りに津波が来て、車を乗り捨てて歩いて戻ってきたばかりだという。

古舘さんは娘2人と避難所を出て両親の家で泊まった。古舘さんは、市街地から山林に燃え移った火事が消えないのが心配だった。翌朝「助けを求めに行こう」と母の車を借り、3人で盛岡に向かった。

県庁に行こうかとも考えたが、たらい回しにされて相手にされないのではと思い、NHK盛岡放送局に行った。中に入れてもらい、ラジオで惨状を伝えた。職員に「一緒に現地で訴えてほしい」と頼まれ、大槌に戻って取材班の道案内をした。再び盛岡に向かう途中、関西ナンバーの消防車の列とすれ違った。「やっと消してくれそうだ」と安心した。

古舘さんらは盛岡でなじみのホテルに泊まろうとしたが停電で営業をやめていた。仕方なく親類を頼った。盛岡で、やっと妻の希巳江さんの携帯電話につながった。「しばらくそっちにいろ」と古舘さんが勧めたが、希巳江さんは「気になって仕方がない」と2日後には飛行機に乗り、秋田経由で戻ってきた。

## ●酒造り再開ためらう

古舘さん一家は、東京の大学に通う長男以外の4人で、盛岡市の親類宅に身を寄せた。大槌の様子が気になるので、何日かおきに見に行った。

津波で流され、火事で焼けてあちこちに転がる酒の大きなタンクを見て、古舘さんは、もう一度会社を始めることなど考えられなかった。「酒造会社の道具の行方など関心がなく、家族の物ばかり探した。娘のランドセルが見つかった、と聞けば取りに行った」。

酒造りをする蔵人のうち、消防団員の越田冨士夫さん（当時57）は、酒蔵から地元の安渡地区に戻り、半鐘を鳴らして避難を呼びかけていて逃げ遅れ、行方不明になった。他の生き残った蔵人も両親や家を失うなどした。

4月になった。「親類宅にばかり世話になっても」と、古舘さん一家は盛岡市内のファミリーレストランに食事に出掛けた。普段なら会話の絶えない明るい家族だが、この日は、みんな無言だった。周囲では、震災などなかったように、家族連れが談笑していた。古舘さんは、つらくてたまらなかった。

「このままじゃあ、どうにもならない。何とか家族の笑顔を取り戻さねば」。

これからどうやって暮らしていこう、と毎日悩んだ。本屋で資格の本を見たり、職業安定所で仕事を探したり。「仕事を作る立場だったのが、もらう立場になると、この年齢では仕事がないんだ」と痛感した。

「酒造りを始められないかな」と思いながら寝ては、朝起きて「だめだ、できるはずはない」と思う。結局、何も始められず過ごしていたある日、携帯電話が鳴った。

## ●取引先に励まされ前へ

電話の主は、古舘さんが参加する異業種交流会の先輩経営者だった。盛岡市で会社役員をしている。「まあ、飲みに来い」。

酒の席で会社役員は「会社を辞めるなら辞めるで、お客さんの所にあいさつに行け」と言った。古舘さんはその通りにした。

取引先の多くは、被災直後に飲み物や生活用品などを差し入れしてくれていた。会いに行くと、ほとんどの人が「やるなら支援する」と励ましてくれた。父の代からつきあいがあるいわて生協の飯塚明彦理事長は「全面的に協力する」と背中を押してくれた。

「どうやって仕事をたたもう」と思い始めていた古舘さんだったが、前向きになった。

「やってみようかな」

しかし、市街地が壊滅し、インフラも整わない大槌で、酒造りができる状態になるのは、何年も先だった。

「仕入れ先の棚は、1年空くと、別の酒が入ってしまう」。やり直すなら、年内に酒を造る必要があった。

古舘さんは、盛岡で再出発する道を探った。5月、市内に放置していた酒販会社の3階建ての事務所兼倉庫を大掃除した。古舘さん一家は、親類宅を出てしばらく2階に住むことにした。大槌の中学や高校に通うはずだった娘2人は、盛岡の学校に転校させた。

そして一緒に働いてくれる人を求めた。職業安定所に求人票を出し、6月初めには合同面接会に参加した。

面接会当日、古舘さんのブースの最前列に、1人の女性がいち早く座った。

## ●面接で熱弁1時間

赤武酒造再建のスタッフを集めようと、盛岡市であった合同面接会に出た古舘さんのブースにいち早く座ったのは、谷藤かおりさん（37）だった。子育てが一段落し、働こうと職業安定所に通ったが、目立った資格があるわけでもなく、履歴書を送っても面接にさえ呼ばれず「門前払い」ばかり。就職難だったところに震災が起きて、採用を取りやめた会社も多かった。

見かねた職員が申し込んでくれたのが、合同面接会だった。ただ、子供がいるので長時間は働けないし転勤もできない。条件の合う会社はなかった。赤武酒造も「大槌にゆかりのある人」「酒造りの経験がある人」と書いてあったので「無理だ」と思ったが、「せっかく来たから、ここだけでも聞いて帰ろう」と座ったのだった。

十数人が集まったブースで、まず古舘社長はスライドを見せた。津波で流され、がれきになった工場。壊れた酒瓶。昔の蔵の様子……。泣きながら作ったスライドだった。

「今は何もないが、また酒を造りたい。一緒にやってくれる人を探しています」

ここを受けてみたい――。谷藤さんは、説明を聞いた後、すぐ会場を出て職安に行き、古舘さんに取り次いでもらった。古舘さんは「一番前でものすごい形相でにらんでいる女性がいた」と谷藤さんを覚えていた。数日後、事務所で面接をした。谷藤さんは1時間以上、自分の「思い」を話し続けた。

「できれば男性が欲しい」と思っていた古舘社長だったが、やる気を買って、採用することにした。

## ●町民の声、ネット発信

11年6月、谷藤は、求人を見て応募した男性と2人で赤武酒造に入社した。初日、古舘さんは、車で大槌に連れていった。がれきも片づいていない惨状を見せながら「うちは、いずれ大槌でやるから」と説明し、2人にカメラとホワイトボードを渡した。町民らにペンで思いを書いてもらい、写真を撮らせた。

「赤武酒造は復活する」とアピールするため、古舘さんはホームページを作ることにした。「大槌と一緒に元気になっていきたい」「大槌が生まれ変わらなければ赤武酒造は戻る所がない」と思っていたが、被災地の中で埋没してあまり注目されていないように感じていた。「がんばっぺし」「早く仮設に入りたい」。ボードを掲げた写真をホームページに載せ、町民の声を発信した。古舘さんが撮った町の映像も動画サイトに上げた。

谷藤さんらは、盛岡市の事務所で一台の事務机に向き合って座り、留守番をした。谷藤さんは最初、電話を取るのも苦手で、卸売りの商品事務を任されても、ゆっくりとしか仕事ができなかった。古舘さんの記憶から顧客をインターネットなどで調べ、リストを作った。資料用の棚もなく、

伝えたい言葉を書いた大槌町民が並ぶ＝赤武酒造のホームページから

段ボールに入れた。

「社長はいますか？」と何度も電話をかけてくる人がいた。「お客さんか」と思ったら、震災前の支払いを求める業者からだった。請求書も届くようになった。再開したと知り、早速、取り立てを始めたのだった。

　２人がそんな仕事をしている間、古舘さんは、酒造りをする場所を探し回っていた。

## ●リキュールから再開

　酒を造る場所を探していた古舘さんは「どの酒蔵も絶えずフル操業しているわけではないだろうし、お金を払えばどこかに頼めるだろう」と軽く考えていた。しかし、受け入れてくれる会社は、なかなか見つからなかった。

　社長が了承しても、役員や現場の蔵人たちには、よそものを入れることに抵抗感があった。眠れない日々が続いた。「雲をかき分けて動いているような毎日。でも進むしかない」という思いだった。

赤武酒造は、リキュールも造っていた。これは日本酒ほどの設備は必要なかった。まずその場所だけでも、と古舘さんは奔走した。すると盛岡税務署が、盛岡市の新事業創出支援センターで貸工場を持っていると紹介してくれた。資格審査などで通常は半年近くかかる手続きを1週間ほどに短縮して認めてもらい、7月、同市飯岡新田の300平方メートルほどの施設に入居した。

とはいえ施設はがらんどうで、水道の蛇口が二つあるだけ。谷藤さんは男性新入社員と、流し台をもらってきて洗い場を造ることから始めた。谷藤さんの親が机をくれたり、いわて生協からビンなどを運ぶのに使う台車を大量に寄付してもらったりして、少しずつ設備を整えていった。

古舘さんは、需要のあるお盆までには間に合わせたかった。7月中旬、リキュールの製造を再開した。

## ●次は日本酒…米がない

震災後、初のリキュールは8月上旬にできた。材料の配分などは、国に届け出ていた資料を取り寄せた。造り方は古舘さんが思い出しながら教えた。

リキュール造りの傍ら、古舘さんらは復興イベントに参加してPRした。社員と3人で夜中も瓶詰めやラベル貼りをして毎日300本以上造ったが、あっという間に売れた。

日本酒「浜娘」を復活させる酒蔵も、4社に断られた後、やっと見つかった。盛岡市川目の「桜顔酒造」。工藤明社長(58)は「会社として、被災者に何の支援もしていない」と思っていた。

一方で「造る酒の量が増えれば、原価が下がるのでこちらにもメリットがある」との計算もあった。法律上、酒蔵を貸して造らせることはできないので、赤武酒造が製造を委託し、社員は桜顔酒造の蔵人の仕事を手伝うという形を取った。

もう一つ問題があった。酒を造る米は安定供給のため、春先に県酒造組合で一括して全農へ必要量を申し込み、収穫した米を受け取るシステムになっている。赤武酒造は、震災で再建する気力もなかった頃が申込時期だったため、供給が受けられない状態だった。

しかも、津波の塩害と原発事故により、東北から関東地方の米の収量は大きく落ちそうだった。古舘さんは県酒造組合の会合で「何とかしてほしい」と強引に頼み込んだ。「東北の酒は復興支援で売れているが、一番恩恵を得ていたのは被害の少ない内陸の業者じゃないか」との思いもあった。

## ●仕込み、時期ぎりぎり

古舘さんの懸命の主張は認められ、赤武酒造にも酒の原料米が割り当てられることになった。酒造組合が加盟する県内業者に呼びかけ、予約分を少しずつ集めてくれた。

この一件がきっかけで、県内業者が結束を固める流れができた。震災の翌年、県工業技術センターが新たに開発した種こうじを使い、県内の水で造る共通ブランド「復興祈願　オールいわて清酒」が誕生。21社がそれぞれの銘柄で販売している。

古舘さんは社員と桜顔酒造を訪ね、杜氏《とうじ》の手を握って酒造りを頼んだ。11年11月1日、赤武酒造の酒「浜娘」の最初の仕込みが始まった。日本酒が売れる年末に間に合わせるために、ぎりぎりの時期だった。古舘さんらは使う原料米を委ねて味のイメージを伝え、米を運んだり、掃除をしたりして杜氏の手伝いをした。

女性が酒造りをするのを好まない蔵もあるが、桜顔酒造の蔵人たちは、谷藤さんも蔵に入れてくれて、一から酒造りに携わらせてくれた。625キロの米に種こうじを混ぜ、こうじ米にしてタンクに入れてかき混ぜる。それが発酵していく。手に豆をつくりながら谷藤さんは、「神秘的だ」と思った。

机と電話の前で始まった古舘さんや社員の仕事は、次々と増えていった。

## ●睡眠2時間、飛び回る

古舘さんは「みんなで造り、みんなで売る」を基本にした。実際、人が少ないので酒造りと営業を全員でこなすしかなかった。

8月末からは新たに菊池勇良《たけかず》さん（25）が加わっていた。6月の合同面接会に来ていて個別面談もしていたが、屈強な「体育会系男子」が欲しかった古舘さんは、きゃしゃな菊池さんの採用を一度見送っていた。しかし、製造が始まることで人手不足になるため、電話でもう一度呼び出し、「まだ来る気があるか」「当面、体力仕事が主になるが大丈夫か」と確認して採用した。

初出勤は午前2時。そのまま車で東京に行き、企業のイベントで、できたばかりのリキュールをみんなで売った。翌日、早朝、東京を出て盛岡に戻り、夕方からの生活協同組合の幹部が全国から集まる会合にかけつけた。古舘さんは、いわて生協のはからいで、被災状況の説明やリキュールをPRする機会を与えられていた。

夜には懇親会があった。連日、睡眠時間が2時間ほどしかなかった古舘さんだったが、疲れを感じずに理事たちにリキュールを勧めていた。しかし、まだ説明能力のない菊池さんは帰宅し、残った社員は疲れて居眠りをしていた。古舘さんは「ご紹介をして回らなきゃだめじゃないか」と叱り飛ばした。

## ●ラベルデザインも手製

赤武酒造の3人目の社員になった菊池さんは、産業技術短大で産業デザインを学び、印刷会社で働いた経験がある。酒造りどころか、酒自体に全く興味がなかったが、震災直後の合同面接会で、古舘社長が「浜娘を復活させる」と語るのを聞き、熱い思いを感じた。

震災後、盛岡市内の避難所で物資の仕分けなどのボランティアをしたこともある。「被災地のために何かできれば」と思っていた。

他の社員と同様に、酒造りや配達、イベント販売などをこなしながら、普通なら外注するような広告やラベルのデザインなどを菊池さんが一手に引き受けることになった。

震災後に新発売した完熟リンゴ味やアロニア味のリキュールなどのラベルは、菊池さんがイラストを手書きして印刷した。リキュールの製造や瓶詰め、ラベル貼りも、機械がないので、他の社員と一緒に手作業でした。「デザインだけでなく、商品をつくるところからやってるので、思

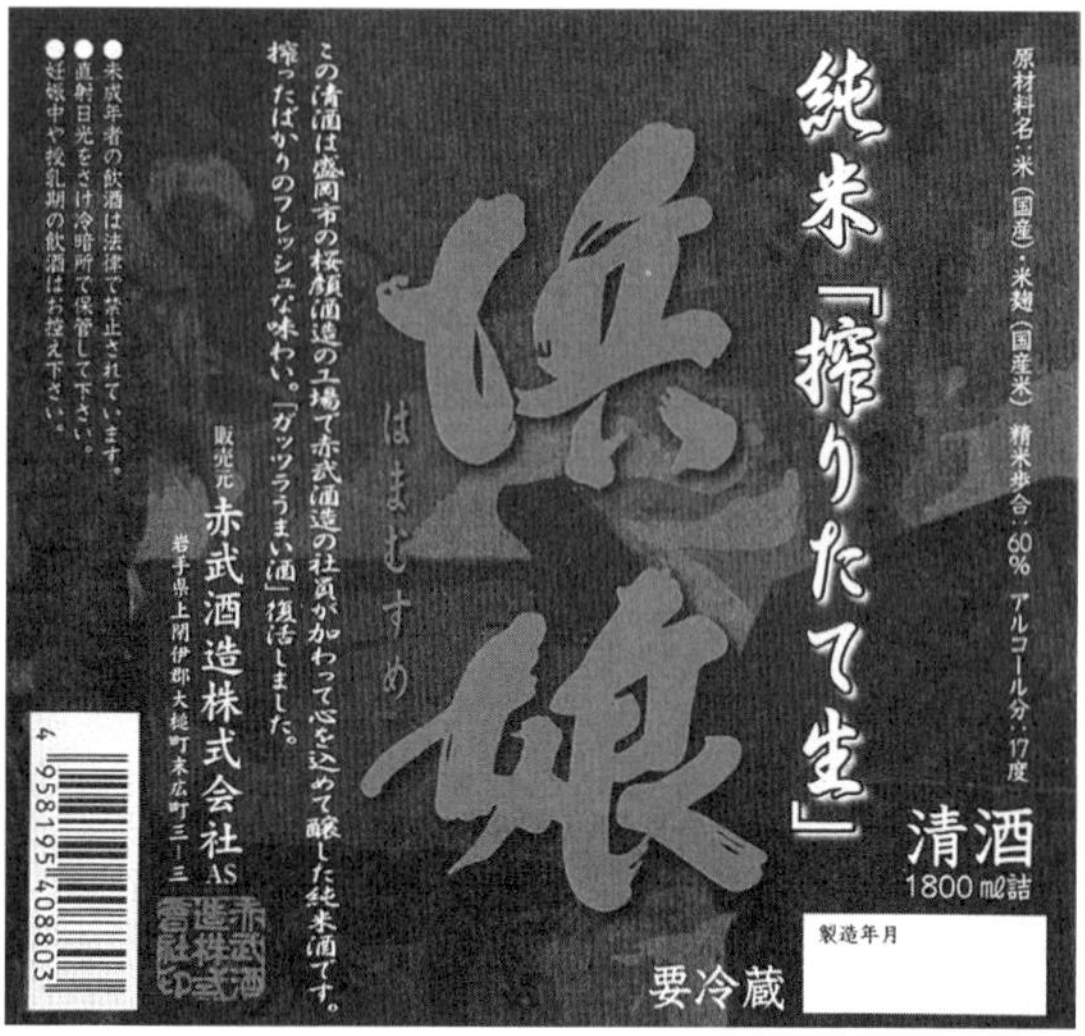

復活した「浜娘」のラベル

い入れが違う」とやりがいを感じている。

年内に復活する清酒「浜娘」のラベルは、古舘さんを中心にみんなで考えた。味は震災前の「濃潤旨口」を受け継いだが、生まれ変わった「浜娘」を強調するため、字体はそのままにしてラベルの色を変えることにした。古舘さんは特に、主力商品の純米酒のラベルにこだわった。

## ●犠牲の蔵人思いやる

純米酒のラベルは、インパクトのある黒地に真っ赤な色で「浜娘」と書くことにした。古舘さんは、力強く復活するイメージにこだわった。どんな赤にするかは、酒ができるぎりぎりまで選んだ。

そして、ラベルの背景には、震災前の大槌町で酒造りをしている写真を薄くあしらった。よく見るとそこに、蔵人だった越田さんの姿が写っているのがわかる。

「つらい仕事も率先して行う優しい方だった」と古舘さん。震災時、消防団員として活動していて犠牲となった。停電のせいか警報のサイレンが聞こえず、越田さんは屯所にあった半鐘を屋上で打ち鳴らして避難を呼びかけた。そのまま津波にのまれたのだった。

「一緒に造っている気持ちで」

古舘さんの、もう一つのこだわりだった。

11年12月10日、ついに「浜娘」の原酒ができた。搾りたての酒の香りをかいだ谷藤かおりさんは、これまでの苦労を思い出しながら「優しい、甘い香りだ」と思った。15日、新酒の出荷は始まった。「浜娘」の復活は、すでに各マスコミで取り上げられ、注文の電話は鳴りっぱなしだった。東京で19日から3日間開かれた「復興応援フェスタ」では、浜娘130本とリキュール100本を完売した。

一方で、谷藤さんが事務に慣れていなかったため、計算が合わなかったり、注文した相手に届かなかったりした。谷藤さんはおわびに追われ、古舘さんは尻ぬぐいに夜中まで伝票整理に追われた。

## ●販売目標は大槌の人口

古舘さんは、日本酒造りを再開する前に、社員を集めてこう話した。

「震災前の大槌町の人口を目標にしよう」

震災前の人口は住民票ベースで1万5994人。「浜娘」の純米酒を一升換算で1万5994本売ることを毎年の目標にした。

「空高く旅立った親戚、友人、仲間にも、現在頑張っている方にも飲んでほしい」。そんな自分の思いを社員に伝えたかった。後に、ホームページに「道のりカウントダウン」として販売本数を報告していった。

古舘さんは、希巳江さんの同級生からもらった車で営業に回り、可能な限り各地のイベントで大槌の実情を伝えて酒を売った。

11年12月、東京での販売会で、一人の男性が声をかけてきた。東京・聖蹟桜ケ丘の自営業者だった。「長女と3歳の孫が大槌の皆さんに助けられた」。

長女は大槌高校の教師だった夫と町内に住んでいたが、住んでいたアパートが津波で流された。近所の人たちに連れられて山に逃げて助かり、その後も避難所で世話になった。涙を流して「応援したい」と手を握った。

翌春、古舘さんは商店街の祭りに呼ばれ、浜娘が100本以上売れた。

そんな縁がいくつも生まれた。

元々飲んでいた大槌町周辺は酒が売れる状態ではなかったし、一度途絶えた販路を取り戻すのは大変だったが、支援の輪が広がり、酒は順調に売れた。12年4月24日1万2366本、6月14日1万4730本……。そして7月23日、目標を達成した。

そうして古舘さんが仕事に奔走する間、家族は大槌への思いを募らせていた。

## ●大槌に帰り、笑顔戻る

古舘さん夫妻と娘2人は、盛岡の親類宅から事務所に移り住んだ後、アパートを借りて生活を始めた。娘たちは盛岡の中学や高校に転校した。

次女の笑海さんは、転校後も友達に会いに何度か大槌に行ったが、帰りはいつも泣いていた。そしてある日、「もう大槌には行きたくない」と言い出した。「友達と別れるのがつらいから」だった。幼なじみの友達がつらい思いで暮らしている。私は平和な盛岡にいていいのか――。そんな気持ちでいっぱいになった笑海さんは「みんなと一緒に大槌中学校で卒業したい」と古舘さんに訴えた。

希巳江さんも、同じ気持ちだった。底抜けに明るい性格なのに、震災後、笑顔が消えた。会社に来ても仕事が手に付かなかった。震災時にたまたま大槌におらず、娘たちと状況を共にしなかったことへの引け目も感じて、家では泣いてばかりいた。

最初は反対していた古舘さんだったが、「今の2人にとって、帰ることが最善だろう」と思い直した。

3学期が始まる12年1月、2人は大槌の仮設住宅に入り、笑海さんは大槌中学に復帰した。2人に明るさが戻った。笑海さんは望み通り友達と並んで卒業し、大槌高校に進学した。

## ●盛岡での再建決心

11年12月末、赤武酒造は、他の酒造会社とともに「岩手酒造組合グループ」として申請し、補助金の交付が決定した。再建の設備費用の4分の3が国と県から補助されることになった。自力では酒蔵の再建が不可能だった赤武酒造に光が差した。

ただ、元の酒蔵があった大槌町末広町は、津波対策で土地のかさ上げ工事をして、区画整理の後、やっと酒蔵を建てる状態になる。「5年は無理だろう」。認められた補助金は、あまり長期に使わずに置くことはできないという事情もあった。

古舘さんは、盛岡での再建を考え始めた。しかし、補助金を使って建ててしまうと、簡単には大槌に帰れない。古舘さんは悩んだ。

客観的に判断できる取引先に相談すると、こう言って背中を押した。「何年待つつもりなのか。事業はボランティアじゃない。実績をつくっていかねば、客は離れていくよ」

いつまでも、「桜顔」の杜氏《とうじ》頼みで酒を造り続けるわけにもいかなかった。

古舘さんは、盛岡市に相談し、北飯岡にある、市有地を借りられることになった。

盛岡で再建する、と大槌町の友人に話すと「お前、大槌の人間だろ」と怒鳴られた。盛岡市出身の社員、谷藤かおりさんも「大槌でお酒を造るって言ってたのに、違うんじゃないですか」と怒り、1週間ほど口をきいてくれなかった。社員は、すでにそれほど大槌への思い入れを持っていた。

## ●再開2年目に新戦力

12年末、桜顔酒造の酒蔵で、赤武酒造が酒造りを再開して2年目の「浜娘」ができた。古舘さんは「弐歳」とラベルを貼った。「初心に帰る」「理想に向けて毎年成長していく」という意味を込めた。この年には、その製造や販売を担う社員が新しく加わった。

谷藤平《たいら》さん(30)は精密機械工場で長く勤め、酒造りは初めてだったが「物づくりには興味がある」と志望した。小学校の頃、父の転勤で大槌町の隣の山田町にいた。震災前の大槌の町は記憶があった。古舘さんが「前の会社に戻るのではなく、新しく生まれ変わらなければ生きていけない」と言うと「社長！歴史を創りましょう」と叫ぶ魂の熱さに、古舘さんは「浜の香りを感じる」と話す。

酒蔵のタンクを管理する谷藤平さん＝盛岡市北飯岡の赤武酒造

酒造りは社員総掛かりだったが、平さんは特に杜氏《とうじ》に密着して学んだ。計画性があり、工程や勘所をすんなり覚えていった。建設が進む新酒蔵に向け、酒の酵母造りの責任者「酛《もと》屋」を任されることになった。

販売は、専門学校からの新卒、井上麻《ま》惟《い》さん（23）が中心に担当した。「私もお酒を造っています」と言うと驚かれた。盛岡・材木町の「よ市」など、積極的にイベントに参加するあまり、同じ日に2カ所の出店依頼を出して後で困ることもあったが、誕生日にプレゼントをもらうほど固定ファンもできた。

しかし、震災から2年近く経つと、支援が動機で飲む人は減った。震災前の大槌町の人口と同数にあたる1万5944本の「浜娘」の純米酒を売るという毎年の目標が達成できないまま、新しい酒蔵の完成が近づいてきた。

## ●「大槌で再建」夢を追う

13年10月15日。赤武酒造の「復活蔵」が完成した。大槌町役場に用地の相談はしたが、被災者用の宅地が優先で、一民間企業の再建場所を用意する余裕はなく、盛岡市に頼んで北飯岡の市有地を借りた。土蔵風の外観の鉄骨一部2階建て。延べ床面積1万4千平方メートル。一升瓶6万本分が生産できる。

酛屋《もと》の谷藤平さんは、南部杜氏《とうじ》にアドバイスをもらいながら、新しい機械類の不具合と格闘しつつ、仕込みを始めた。今季は震災前の半分以下の3万本分だが、ついに念願の自前の蔵での酒造りが始まった。

「復活蔵」前で開いたイベントで、きき酒大会の世話をする古舘龍之介さん＝2014年5月、盛岡市北飯岡

古舘さんは落成式で「大槌の人間の意地を見せたい」と語った。ただ、借金を返しつつ、大槌に戻る資金をためるのは生やさしいことではない。復活2年目の「浜娘」の純米酒が販売目標の1万5944本を達成したのは前季より5カ月遅い12月20日だった。

それでも古舘さんは、「大槌で再び酒蔵を建てる夢はあきらめていない。私の代で無理なら、次の世代に実現してほしい」と思う。

それを担うのが、今春、東京農大醸造科学科を卒業した長男の龍之介さん（22）だ。1年生の終わりに震災が起きた。「全国きき酒選手権大会」で7種類の酒をすべて当てて優勝したくらい、確かな舌も持っている。

在学中は佐賀で、卒業後は神奈川の酒造会社で短期間修業したが、「酒造りを継ぐのは別の仕事を経験してから」と思っていた。しかし、同級生らが「復興の役に立ちたい」と地元に戻るのを見て、父親を手伝うことにした。

今秋の仕込みの準備の合間、大槌に帰ると、市街地で盛り土工事が始まっている。かつての町並みが鮮明に目に焼き付いている龍之介さんには「違う町みたい」に見える。「今は、酒で大槌をPRすることしかできない」が、「大槌に帰って酒を造りたい」と強く思う。「好きなんですよ。大槌が」

（東野真和）

## 川の底徐々に見えた

### 武蔵和敏さん（2014年7月18日～8月1日掲載）

25年も公共工事に携わり、町をつくってきた。震災は、それらを一気に壊し、人々を救うこと

一関市の大型スーパー内に1号店を出し復興に大きく歩みだした武蔵和敏さん

はできなかった。人々を救ったのは食べ物だった。避難所で、たった一杯のうどんをみんなが喜んで食べていた。だから、陸前高田市気仙町の武蔵和敏さん（46）は建設会社を辞め、パスタ店を出した。

3月11日は橋の上にいた。大船渡市赤崎町のそこが、湾岸道路の拡幅に伴う工事現場だった。一関市の建設会社の現場代理人として陣頭指揮をとっていた。

前年9月から始めた工事は、すでに98・9％終わっていた。長さ約20メートルの橋も、架け終わっていた。その橋の、最終調整工事を、この日仙台市からわざわざ来てもらった5人の作業員らと、やっていた。

突然、橋が崩れそうになるほど揺れた。3分くらい続いた。揺れている間に、川の水が、海に吸い込まれるように引いていった。高さ6メートルほどの橋から見下ろすその川は、徐々に底を見せていった。半年もここで作業をしていて、初めて見る光景だった。

海もみるみる引けていった。近くの港湾工事現場にも、不思議な光景があった。何本ものクイが姿を現していた。そんなカラクリだったのか、と思った。海を埋めたてて造っていると思っていた岸壁は、クイの上に乗っているだけだったのだ。

クイの高さなどから、下がった海面は4メートル以上と思えた。まるきり水のない川と、波打ち際がなくなった海をみれば、これから前代未聞のことが起こることは、容易に想像できた。

作業員が、倒れそうになる作業用ガスボンベを押さえていた。そんなことをしている場合じゃない。マニュアル通り「私についてこい」と叫んだ。「逃げろ」と言うとバラバラになり、後の安否確認が困難になる。だから、一緒に逃げるぞ！

車に乗らずに避難したのもマニュアル通り。「落ち着いたら取りに戻りましょう」と言い、車内に財布もパソコンも携帯電話も置いたまま、歩いて5分ほどの赤崎町漁村集落コミュニティーセンターに向かった。

そこが地区の避難所に指定されている。震度4で津波注意報が出された2日前にも、ここに避難した。その時は住民は、だれも来なかった。しかしこの日は、続々と集まり出した。

近くの幼稚園も小学校も、先生が子どもたちを引率してきた。あっという間に250人ほどで、センターはいっぱいになった。

## ●全てが海になった町

避難した赤崎地区漁村センターの庭から海を見ていた武蔵さんは、水がさらに沖まで引いていくのが分かった。それでも、一緒にいた地元住民は「大丈夫だ」と言い合っていた。

大船渡湾の入り口を、巨大な防波堤がふさいでいる。海岸には、高さ5メートルはある防潮堤

避難したセンターから武蔵さんが写した津波の様子。デジカメの撮影時間は午後3時28分だった

もある。自分たちが立つこのセンターは、海抜11メートル。「この丘まで水が来ることはねえ」。

そう言っているうちに、今度は水位が上がりだした。海面がむくむくと膨張してきた。それからはあっという間だった。防波堤など、軽く越えてきた。そして一気に、町をのみ込んだ。海となった町に、船や家や自動車が流れ込んできた。

あわてて、庭より1メートルほど高い場所にある鉄筋2階建てのセンター内に逃げ込んだ。船や家は、今度は沖に向かって流れ出した。それからは、どれが何波目などと数えられないほど津波が襲った。そのたびに激しい勢いで、がれきが行ったり来たりした。

建物から見える風景は、遮る物が一切なかった。全てが海だった。さっきまでいた庭も水につかり、自分たちがいる建物だけが、海面からちょこっと顔を出した小島のようだった。

センターは人であふれていた。指定避難場所なので備蓄食料はあった。だが、全員に行き渡るほどはなかった。小さなおにぎりが配られたが、よそ者だから遠慮した。

停電で、情報は入ってこない。携帯電話はつながらない。水がひいても暗い夜道はがれきで動けない。地区の人たちは、対策を話し合ったが、出来ることは何もなかった。夜が明けるのを待つしかなかった。

## ●どうする？ 12人が相談

住民であふれた赤崎地区漁村センターで、武蔵さんたち12人のよそ者は、部屋に入るのを遠慮し、1階ホールの床に座った。

そこで、ロウソクの明かりを取り囲み、さてどうするかと話し合った。

口々に言った。家族が心配だ。会社に安否を伝えなければならない。ともかく帰る。途中でヒッチハイクして、何とか次の夜を迎えるまでにはたどり着きたい。

一関市と盛岡市と地元の作業員はそういう結論を出した。夜が明けて、うっすらと空が明るくなった午前5時ごろ、その6人は出発した。

残ったのは、仙台市から呼び寄せた5人。情報は全くない。想像を元に考えるしかない。新幹線も東北道も止まっているだろう。仙台の町も同じような状況だろう。食料も水もないはずだ。商店は暴動で潰されているかも知れない。途中で何が起きるかもわからない。

それらを考え合わせれば、絶対に仙台まで帰れない。そう結論付けたのは正午ごろだった。ここにとどまり、救助を待つことにした。

それを受け、武蔵さんは5人を残してセンターを出た。家族が心配で、一刻も早く自宅に帰りたかった。外部と連絡がとれた場合を考え12人の名簿を作り、地元の世話役に渡した。

センターを出て、見えてきた町は、昨日までとはすっかり違っていた。ぐちゃぐちゃになっていた。地元の人が、安心の根拠にあげた防波堤は、影も形もなくなっていた。自然の猛威の前に、あれが役に立ったとは思えなかった。

## ●がれき乗り越え進む

赤崎地区漁村センターから自宅を目指し、武蔵さんは歩き始めた。自衛隊が、がれき撤去と家屋捜索をしていた。遺体を捜しているようだった。なるべくそちらを見ないよう、道を急いだ。

セメント工場など、周囲に流される物がない場所は、がれきもなく歩きやすかった。家が密集している地域は大変だった。がれきをかき分け、乗り越え、進んだ。足元を見続けた顔をふと上げると、山側を通る三陸自動車道を、人が歩いているのが見えた。ああそうか。こういう時はあそこも歩けるのかと妙な感心をした。

陸前高田市に入り、被害を受けなかった山側の道に入った。しばらくいくと視界が開けた。いつも通っていた町が、まるっきりなくなっていた。ラジオが言っていた「陸前高田市は壊滅状態です」というのはこういうことだったのかと思った。想像はしてきたが、これほどとは思わなかった。

いま通ってきた大船渡市もひどかったが、国道45号から山側は、何もなかったかのように町が残っていた。それに引き換え高田は、全てが消えていた。広がる震災の全容の前に、力が抜けた。

妻の百代さん（39）が勤めている4階建てのJAビルを探した。残っていた。伝え聞いた話は

「高田の市街地で助かったのは屋上に逃げた人たち」。JAビルに屋上はなかった。周辺の光景を見れば、ダメだ、と覚悟するしかなかった。

さらに進むと、別の角度から町が見えた。気仙川にかかっているはずの橋が、一つもなかった。自宅は、川向こうにある。行けそうもなかった。すでにあたりは暗くなっていた。そこより少し内陸部にある実家まで行くことにした。

昨日までと全く違う大船渡市のまちを武蔵さんは写真を撮りながら歩いた＝武蔵和敏さん提供

## ●無人の実家に避難

陸前高田市矢作町の武蔵さんの実家は、数年前から無人になっていた。12日夜、通りかかった知人の車で送ってもらったそこに、入ることはできたが、暮らしのにおいは全くなかった。米も水もあるはずはなかった。おまけに停電で電気もつかない。幸い、布団だけは何枚もあった。それをかぶり、横になった。

寒くはなかったが、神経が高ぶっているせいか、眠れなかった。余震も続き、まどろんでは起きた。浅い眠りの中で、津波に追いかけられる夢を見た。山から岩石が落ちてきて、それから逃げる夢も見た。その日からそんな夢を、3カ月くらいは見続けた。

眠れないから、何かないかと家の中を探した。手つかずのカップ酒がひと箱、置いてあった。おお神様、と心の中で叫んで飲んだ。おいしかった。体が温まった。翌日以降も、晩酌をした。何日目かに電気が通った。明かりの中で、いつもの酒を飲もうとしたら、液体が黄色かった。賞味期限を確認すると5年前に切れていた。神に感謝し、毎日おいしく飲んだそれを、敵《かたき》のように思って捨てた。

体を悪くしたわけでも、まずかったわけでもない。それなのに「こんなひどいもの」と捨てた。「人間ってどういう構造なんでしょうかね」と言った。

13日は、夜明けと同時に動き出した。働きに行っていた妻百代さんは、恐らく死んだ。小学6年で卒業式の練習にでていた娘の瑠乃《るな》さん（16）は助かっているはずだ。それを確認しなければならない。生きている確率の高い方を先にと、気仙町の自宅に向かった。

## ●妻と再会、冷静を装う

娘の行方を知るため、自宅に向かった武蔵さんは、たどり着くのがどれほど困難か、すぐに分かった。道がない。歩けそうなところはがれきで埋まっている。獣道をゆけば何とかなると思っていたが、人間が歩くのは無理だった。戻って作戦を練った。この日の自宅行きは断念し、妻を捜しに行くことにした。

逃げ遅れて亡くなっているだろうと思ってはいたが、情報は知りたかった。逃げた様子でも、逃げられなかった様子でも、避難所を回れば、手がかりが得られると思った。勤務先から近い、一番大きな避難所の高田一中を目指した。

そこにつながる上り坂の入り口で、十数台の車が、みなバラバラの方向を向いて止まっているのを見つけた。白いワンボックスカーもあった。妻の愛車だ。脇の駐車場に止めていたのを、津波が道路沿いまで運び、そこに放置したよう見えた。

ならば妻は、ここまで車で逃げてきたことになる。それから一中に逃げ込んだ。ああ生きているんだ。そう思うと胸がいっぱいになった。

体育館に入ると、いた。駆け寄って抱きしめようと思ったけど、抑えた。周囲に、安否不明の家族を抱えた人たちが大勢いるだろうと思えたからだ。冷静を装って再会を喜んだ。

自分は今、実家に避難していると伝えた。さあ一緒に帰ろうと誘った。妻は「今はここでやらなければならないことがある。帰れない」と答えた。何百人もの被災者がいる避難所運営の手伝いをしていた。

その代わりのように、娘は生き延びて、地元の公民館に避難していることを教えてくれた。少し不満だったが安心し、１人で実家に戻った。

武蔵さんはこんながれきを乗り越え自宅まで歩いた＝2011年3月12日午後1時19分、武蔵さん提供

## ●生活の拠点は実家に

実家に戻った武蔵さんは翌日、自宅方面行きに再挑戦した。林道を歩いた。こんな山道が、本当に公民館につながっているのか。不安を抱えながら進んだ。午前11時ごろ、知人の車と出会った。それに乗せてもらった。車中で娘の無事も確認できた。

車は、宮城県側に迂回《うかい》しながらも順調に進んだ。到着した公民館で、元気な娘と再会した。一緒にいた妻の両親は、家を流されて泣いていた。多くの地区民の家も、基礎ごと持って行かれていた。

3年前に建てたばかりの武蔵家は残っていた。しかし、住める状態ではなかった。2階建ての家丸ごと水につかり、室内に砂泥が累積していた。

生活の本拠地をどこにするかを考えなければならなかった。公民館なら、食べ物も情報も入ってくる。しかし、陸の孤島だ。実家なら、どこに行くにも不自由はない。しかし、食べ物や情報は入ってきそうにない。さてどうする。

今、建設業者としてやらなければならないのは、一日も早いがれき撤去。そう思ったら答えは出た。通勤に不便のない実家を選んだ。水につかった家の中から、使えそうな物を選び、乗せてきてもらった車に積み、また送ってもらった。

戻った実家はまだ通電していなかった。幸い食料は、在宅被災者として公民館から届くようになった。いつ買えるかも分からないと持ち帰った服は、津波をかぶってかび臭く、娘と2人で近くの川に行き、ポケットに入った砂を取り出しながら洗濯を続けた。

3人で暮らすため、1週間ほど家の中の整理をしていると、一関市の本社から、人が訪ねて来た。早く出社して欲しいと言われた。トラックと携帯電話を置いていってもらった。それから間もなく、職場に復帰した。

## ●遺体発見、つらい思い

武蔵さんの実家から一関市の建設会社まではがれきもなく、スムーズに通えた。待っていた最初の仕事は、がれき撤去だった。勝手知ったる陸前高田市役所や自宅周辺だったが、見たこともない町に見えた。

これだけの規模の仕事は、共同企業体で取り組まなければ、さばけなかった。複数社の連絡調整役として、明日はどの工区でどういう作業をするか打ち合わせ、割り振った。

全体の様子を見て、今はバックホーが足りない。ダンプをもっと入れないとならない。あそこはキャリアーダンプじゃないとダメだ、と手配していく。事務所などないから、車の中で、会社から支給された携帯電話で連絡を取りあった。

撤去をしていると、当然遺体も出てくる。どのくらい見たか分からない。ダンプに積み込むためにバックホーで持ち上げたら、ぽろんと落ちてきたこともあった。いくら気をつけても、あった。そういう時は、手を合わせるしかなかった。

いま掘って、トラックに載せたがれきの中に、同級生がいたかもしれない。知っている人がいたかもしれない。そういう切ない思いで作業をする。その脇で、内陸部から手伝いに来た作業員がトラックからポンと飛び降り、がれきに立ち不便をする。つらい光景だったが、トイレそのものがどこにもなかった。

撤去していると、金庫が出てくることもある。すぐに警察に持って行くが、その持ち主や家族、流された家などが頭に浮かび、これもつらくて気を使う仕事だった。

5カ月ほどで、路上にたまっていたがれきはほぼ撤去できた。林道工事や橋の架け替え工事など、次の仕事場に移った。苦痛から解放された。

## ●「熱血気仙塾」と命名

がれき撤去の仕事から解放された8月、武蔵さんは、実家近くに出来た仮設住宅に入った。気がつくと自治会長になっていた。そこに、ボランティアがやってくる。何をすればいいですかと聞いてくる。

ボランティアとはよく、がれき撤去の現場で話をした。そのときの会話から、分かったことがあった。そして気になり続けていた。

彼らは東京からバスに乗り、ボランティアセンターに着く。そこで教えられた現場に行き作業をする。時間になるとボラセンに戻り、バスに乗って東京に戻る。地元の人と話す機会も時間も、組み込まれていない。

そんな、人と人のつながりがないボランティアは、がれき撤去の道具にしか見えなかった。これでは持たないと気になった。陸前高田の再生につながる支援だとも思えなかった。

そのことを思い出し、がれき撤去以外のことをしてもらおうと考えた。

仮設住宅のひと部屋を談話室とした。そこで入居者と話をしてもらった。みそ汁をつくってもらった。それを見たおばあちゃんがおにぎりをつくってくれた。一緒に食べた。みんなで花壇をつくり「希望のひまわり」を植えた。絆が深まり仮設住宅が明るくなった。

建築を専攻する大学生には、津波で被災した町の模型をつくってもらった。市の花・ツバキの分布調査をし、地図も作ってもらった。ツバキでリップクリームを作ろうなんて話も出た。漁業に興味のある人たちはカキの養殖場に連れて行った。

そんな、ボランティアが被災地と向き合い、地元と一緒に復興を考え、行動する集まりを「熱血気仙塾」と名付けた。支援に来ていた大学の先生2人に塾長になってもらい、自分は事務局長になった。

## ●町づくりの問題を探る

立ち上げた「熱血気仙塾」を、事務局長の武蔵さんは、見知らぬ人たちが、同じ問題に向き合える場にしたいと考えた。学生と現地の人を引き合わせることに、さらに力を入れた。

彼らに、陸前高田市の全仮設住宅を対象にアンケートをしてもらった。自治会長と一緒に、何に困っているか、と聞き取りにも行ってもらった。仮設連絡員と一緒にまとめたその解決に、出来ることから動いた。

「被災地にがれき撤去に来た」と言っていた人たちが「陸前高田の復興の手伝いに来た」と言うようになった。

町づくりプランナーや企業や行政にも、積極的に声をかけた。北海道にある建築の専門家集団には、最大の懸案となる、町づくりを一緒に考えてもらった。

1993年に震度6の地震にあった北海道奥尻島から学ぶことにした。高さ最大11メートルの防潮堤を14キロにわたって建設するなど、多額の公共投資をして安心安全の町を造ったはずだった。しかし20年たった今、四苦八苦している。

地元が負担するそれらの維持費を生み出せず、夜間避難用街路灯は壊れたままで、避難路そのものが使えない状況になっている。傷みの激しい集会場は立ち入り禁止になっている。巨大な防潮堤は景観を損ねて観光客が激減し、人口も減り続ける。

三陸沿岸は、それと同じ方向で進みそうだが、大丈夫なのか。心配する武蔵さんは現地にも足を運んだ。町づくりはどういうプロセスで進んだのか。何が問題だったのか。それらを中心に教えてもらってきた。それを元にした勉強会を、地元民と立ち上げた。

## ●復興工事めぐり葛藤

自治会長として、熱血気仙塾事務局長として多忙な日々を送っていた武蔵さんだが、建設業の仕事も続けていた。被災したその場に身を置くと、どうしてもあの日のことを思い出す。

自宅に帰るため、がれきの町をとぼとぼと歩いていて見た、あの光景。みんなが「あれがあるから大丈夫だ」と言いあっていた湾口防波堤が消えてなくなっていたことだ。

過信していたのだ。想定外と言うけど、想定が間違っていたのではないのか。安全じゃないのに安心感だけが生まれ、犠牲を多くしたのではないか。

25年間、建設業界に身を置き、陸前高田市で住宅も道路も河川の護岸もやってきた。その町で、同級生や後輩が大勢亡くなった。がれきの山は、自分が造ってきた物で彼らを救えなかった証拠だった。いくら強固なものを高額を投じて造っても、自然には勝てないという証拠にも映った。だったら、今やっている公共工事でも、同じことを繰り返すだけじゃないのか。頭の中は、いつもそういう自問自答の繰り返しだった。

もう一つ、頭から離れないこともあった。

地方都市の建設業者は、公共工事頼りだ。災害が起きればすっと伸び、終わると雇用を減らすことを繰り返してきた。その時、最初に首を切られるのは、最前線で汗水流しているお父さんたちだ。資格を持つ技術者は、残る。弱者に厳しいその現実を、震災特需が終わるとまた見ることになる。

さらに今回、大勢の人の不幸の上に乗って、仕事をしているような、重い気持ちがあった。亡くなった同級生や後輩たちにこれでいいのか、と問いかけながら、葛藤を続けた。

## ●心打たれた起業家の話

強固な公共工事をすれば、人は救えるのか、と葛藤を続けていた武蔵さんだが、たまに個人住宅の仕事もした。震災翌年の6月には、陸前高田市米崎町で高橋和良さん（52）の住宅の基礎工事をした。

盛岡から来た起業家なんだ、と誰かが教えてくれた。気になってフェイスブックを見ると、自己資金だけで風車を建て、そこでつくった電力を利用する製麺工場をつくり、地元の被災者を雇用していることなどが分かった。すぐに連絡を取り、付き合いが始まった。

武蔵さんは、震災後すぐにがれきが片付き、支援企業がやってきて、雇用もすぐに生まれると思い込んでいた。それは思い違いだったと気づいたころだった。

高橋さんは、持っているものの大半をつぎ込み、震災復興のために起業した思いを、情熱的に語った。心を打たれた。自己資金で起業した経験なども話してくれた。

武蔵さんは、熱血気仙塾や自治会長としての活動を話した。意気投合した。頻繁に会うようになった。

高橋さんがつくっているのは、麺の断面が星形をした「星影のパスタ」。その生パスタを、いただいたり買ったりして毎日のように食べた。そのもちもち感は、乾麺しか知らないこの地では、新しい食文化の誕生のように思えた。

交流は続き、震災から2年がたった。それでも企業がやってくる気配はなかった。これでは3年たってもダメだと思うようになった。星影のパスタを使ってレストランをやることが、頭に浮かんだ。

奇跡の一本松が見えるそこで、ワインも飲めたらいい。日中はおばちゃん語り部が震災や地元の歴史を、観光客に語る。そういうのをやりたい、と思い始めた。

## ●新会社を立ち上げる

夢が膨らんでいくのに従い、武蔵さんの心は固まっていった。

建設業や公共工事は必要だと思う。ただそれは、自分でなくても出来る。それに、インフラが整備されても、そこに産業がなく、人がいなければ宝の持ち腐れだ。お父さんがクビになる姿を見るのも、嫌だ。

避難所で見た、炊き出しの光景も思い出す。たった一杯の素うどんを、一生忘れない、と食べていた被災者たち。

高橋さんに、レストランの話を切り出した。即座に賛成してくれた。そして、こんな会話を若者たちが交わす会社を目指そうよ、と話し出した。

震災後にできた会社みたいだよ。ゼロからスタートしたんだって。被災して仮設住宅にいる人が社長なんだって。本社は陸前高田だって。どこで修業したの？　建設業者だったんだって。やろうと思えばやれるんだ。

決意を後押しするように、7月に陸前高田市にオープンする大型スーパーが、フードコートを募集している情報が入ってきた。飲食店経営の経験はないのに「命をつないだ食を高田から発信するんです」「被災者を入れて被災者が立ち上がるんです」「高田の人たちにパスタで笑顔を届けるんです」と、熱血で金融機関やスーパー側を口説き落とした。

会社は慰留したが、2013年8月、新しい道を選んだ。

自分が半分。高橋さんと高橋さんの会社がそれぞれ4分の1ずつ出して600万円を用意。2

カ月後に、新会社を立ち上げた。

## ●商品開発、学生が助言

新会社を立ち上げた武蔵さんは、地元出店に先立ち、一関市に店を出せることになった。そこに、法政大の学生が応援に乗り出してくれた。熱血気仙塾の学生たちだ。

ボランティアではなく、自分たちのお陰でできたと言ってもらえる支援をしたい。そのために、学食のメニューに武蔵さんが開発したパスタを加え、アンケートをとる。それを分析して渡すので、生かして下さいと伝えてきた。

14年1月の2日間、武蔵さんが開発した2種類の星影のパスタをそれぞれ150食ずつ出した。魚介類とトマトソースで調理するペスカトーレと、ニンニクを利かせたガーリックオイルパスタ。ともに299円。

学食は、昼休みの一時間程度がラッシュになる。フードコートも似た状況と思われる。学食で対応出来ればフードコートでも、できる。そういう実験でもあった。

アンケートでは、味や価格、具材などの感想を求めた。食べた600人の約8割が回答してくれた。ちょっと酸味が強く、改善を考えていたペスカトーレは、受け入れられた。何の疑問も持たずに名付けた「ガーリックソース」は、「昼からガーリックはないだろう」と×印がついた。

それらの結果を反映させたメニューを、6月1日に開店した一関店に並べた。2種類はそれぞれ、「シーフードのトマトソース」と、ガーリックソースが決め手の「ペペロンチーノ」にした。

大槌産バジルパスタも、陸前高田産米を練り込んだ麺にワカメやメカブなどをのせた「三陸たかたのゆめ麺」などの新商品も彩りを添えた。

開店の日、学生たちは顔を出し、自分たちのアドバイスが商品開発に生かされたことを喜んだ。

## ●店名に込めた「再生」

武蔵さんのパスタ店は「美食パスタ椿《つばき》の森」という。名前に込めた思いがある。

ツバキは、陸前高田市の花。気仙地区に多く見られる。武蔵家や周辺にもあり、家は流されても木だけは残っていた。

震災からほぼ1年後。潮をかぶったそれらが、赤い花を咲かせた。マツやスギはなぎ倒され、ただ1本残った奇跡のマツも、大手術を受け、形を残しただけだ。

そんな中で、緑の葉と赤い花は、希望だった。再生、復活、生命力。そんな言葉の象徴に見えた。

店で使う「星影のパスタ」には、ツバキ油が練り込まれている。立ち上げた社名カメリアンは、ツバキの英語表記が由来。ツバキを基軸に、美と健康の食を提供するという思いを込めた。

この会社を潰すわけにはいかない。そう思うのは、震災で亡くなった大勢の同級生らが、後ろにいるからだ。

彼らの火葬の多くに立ち会った。みな、遠い市外の火葬場で、僧侶もおらず、妻や娘らほんの数人に見守られて火に包まれていった。本当に大切な物を失わなかった自分は、彼らの無念さを晴らすためにも、元気な陸前高田市をつくらなければならないと決意しているのだ。

被災しながら元気にやっているおっちゃんがいる。あの会社は給料がいいらしいぞ。働いてみようか。そんなことを言われる会社にしたい。失敗は許されない、と言い聞かせる。

用意した開店資金は6千万円。素人のそんな冒険に三菱商事復興支援財団が乗ってくれた。将来性を見込んだ地元銀行が、半額を融資してくれたことが大きいが「何しろ夢があっていいじゃないですか」と財団の大久保玲子気仙沼事務所長はその理由を話した。

（木瀬公二）

# 津波直前、黄色く煙る

## 藤田政司さん（2014年8月2〜12日掲載）

釜石市甲子町の仮設住宅の敷地に、切り開かれたばかりの小さな畑がある。駐車場と脇の水路跡との境にできた細長い三角形の畑地に、最初に植えられたナスとピーマンが小さな実をつけた。土中の石を除き、雑草を抜いたのは、仮設住宅の一室に住む藤田政司さん（64）だった。

2DKに一家5人で続ける暮らしはすでに3年を超えた。仮設住宅の有志が以前から、敷地の端で野菜を育てていた。部屋にこもりがちな高齢者を外に連れ出すきっかけになると、藤田さんも畑づくりを始めた。

藤田さんは中心商店街で手作りパン屋を営んでいた。震災の津波直前に体験した現象が、今も忘れられない。周囲が黄色く煙った。「まるでテレビで見る砂漠みたいだった」。さらに、まだ寒い季節なのに急に生暖かくなった。１９７８年６月の宮城県沖地震での体験と重なった。

仙台の化粧品卸会社で営業を担当していた。仙台の揺れは震度５で、ビルのコンクリート壁が崩れ、各地の住宅のブロック塀が倒れて犠牲者が出た。藤田さんが運転していた車も左右に大きく揺れた。フロントガラスの先の視界が黄色く濁った。前の車の運転席から外に出てきた女性が路上で転んだ。助けようと車を降りたら、空気が真夏のように暑く、モワッとした。

仙台の記憶から、身の回りで何かが起きる嫌な予感がした。市の防災行政無線は津波警報を伝え、「逃げて下さい」と呼びかけていた。最初は機械的だった音声が、切羽詰まった口調に変わったように聞こえた。ガサッガサッという大きな音が大通りから響いてきた。脇道から出て、釜石港方向に伸びる大通りを見通して、立ち尽くした。

奥から手前に津波が押し寄せ、壊滅状態となったアーケード街＝2011年3月13日、釜石市大渡町付近、林敏行撮影

藤田政司さん

大通りには1・3キロにわたって、商店や飲食店、銀行、ホテルなどが並んでいた。両側の歩道の頭上にはアーケードがある。その屋根部分と同じくらいの高さで道全体に広がる黒い物体が正面から迫ってきた。「何だろう」と目を凝らした。壊れた家や車の塊だった。津波に押されながら向かってきたがれきは、アーケードの切れる大きな交差点で一瞬、すっと沈んだ。通り過ぎると再びせり上がり、向かって来た。

「ガスの元栓を閉め忘れていた」「財布をとりに来た」「電気をつけっぱなしだった」。地震の揺れが収まった後、近くの避難場所から戻ってきた近所の人たちを「とにかく戻れ」と少し前に追い返していた。

近くの飲食店の夫婦が店のビルから大通り方向に出てきた。通りをゆっくり歩く人たちも見えた。「津波だ」と叫んだ藤田さんの声は、建物の壊される音にかき消された。

「このままでは死ぬ」と思い、脇道にあったパン屋のビルに走った。最上階の4階に自宅があった。1階の階段に足をかけた瞬間だった。水に背中をドンと強く押された。階段に胸をぶつけた。振り返ると、金属製の玄関扉が真ん中から内側に大きく曲がっていた。けがはなかったので階段を上がった。

自宅の窓から外の様子を見ていた。しばらくすると津波の第1波が引いた。水位は1階の半分までしか下がらなかった。さらに高い第2波が来た。ビル2階が半分沈んだ。

近くのビルには同じように取り残された人たちがいた。「夜中に『どうやって逃げようか』と声をかけあった」。翌朝にようやく約40センチまで水位が下がった。

数日後だったか。未明に外で人の気配を感じた。窓から見ると、暗闇の中を数人がはいかいしていた。

## ●こじあけられた金庫

海に近い釜石市の中心商店街は津波で壊滅的な被害を受けた。一帯を未明になると動き回る人たちがいた。一角のビル4階にある自宅で避難生活を始めた藤田さんが、明るくなってからあちこちで見つけたのは、こじあけられた金庫だった。どれも中は空だった。

宝飾店も津波被害を受けていた。無防備になった街ではうわさが流れた。「全てを失ったまちの被災者が集まってくる。気をつけろ」。根拠は何もなかった。

パトカーがサイレンを鳴らしながら大通りを走った。道路のがれきは自衛隊が取り除いていた。県外からの応援パトカーが銀行支店前で止まるのが見えた。警察官は、ATM（現金自動出入機）を壊そうとしている背の高い男をパトカーに乗せた。

窓から外を見ると、津波は大通りに沿う方向だけでなく、横からも襲って来た。「二つの津波がぶつかりあったためか、なぜかパン屋の一帯だけ、波が穏やかだった」。津波が引いた後、ビル1階の店に入ると、津波で持ち上げられたのか、店自慢の食パンを焼くための金型の上に、大型のパン焼き機が乗っていた。ただ、機械や棚などが店の外にさらわれた形跡がほとんどなかった。約1週間かけて、倒れた冷蔵庫や冷凍庫の隙間まで手を入れて、貴重品を捜した。店に置いていた携帯電話を見つけた。発見した財布には現金がそのまま残っていた。レジに入っていたお札や硬貨も拾えた。

インターネットの掲示板には当時、被災地に住む友人や親戚らの安否を確かめる書き込みがあふれていた。発生から数日後、藤田さんや家族の名前もアップされた。

「青森から　藤田政司　岩手へ　心配　連絡求」

「藤田政司　フジタマサシ　藤田（中略）　連絡がとれません。安否の確認が知りたいです。情報が欲しいです」

## ●がれき・車越え、妻子の元へ

藤田さんの自宅は4階建てビルの最上階で津波被害はかろうじて免れた。ただ、停電や電話の不通で、パソコンでインターネットは閲覧できない。ネットの掲示板に書き込まれていた自らの安否の問い合わせには気づかなかった。

ビルに孤立して一晩過ごした藤田さんは翌朝、近くの「のぞみ病院」のビルに向かった。妻順子さん（52）と長男洸《ひかる》さん（24）の避難先だった。次男諒《りょう》さん（17）は発生時は内陸の中学校にいた時間帯。壊滅的な被害が伝えられる鵜住居で働く長女沙彩《さあや》さん（22）とは連絡がつかない。外に出て裏手の小さな交差点に向かうと、住宅があり、道をふさいでいた。がれきや車が自宅ビル側に流れ込んでくるのを防ぐ「防波堤」のように見えた。

そばには2台の消防車があった。津波にのまれて放置されていた。周囲にはさらに多くの車。それらを乗り越えて進んだ。妻子の避難を人づてに確かめた。

藤田さんのとどまったビル裏手には被災した消防車が放置されていた＝2011年3月13日、釜石市大町2丁目、林敏行撮影

一方、病院ビルから長男が自宅に向かった。無人の室内に食事した跡があったため父親の無事を確信して病院ビルに戻った。その後に合流した次男も含む母子3人はまもなく自宅に戻った。

「狭い部屋に入れられたから、家の方がいい」

水も食料も電気もない家族だけの避難生活が始まった。避難所となった近くの寺に食事をもらいにいった。「避難所にいない人の分はない」。再び頼みに行ったら、おにぎりを1個ずつ配布された。

コンビニやスーパーの近くのがれきにまじっていたお菓子の袋を次々と押してみた。つぶれない袋は未開封で安全だと持ち帰った。自宅避難する人らと分けあった。冷凍保存されていたらしいアメリカンドッグも半解凍のまま食べた。

飲料水は近くの教会からもらった。便所や洗濯の水は約500メートル離れた甲子川でくんだ。

3月14日、ビル前の路上から聞き覚えのある声が聞こえた。4階の窓から眼下の道を見ると、連絡がつかなかった長女がビル前に立っていた。鵜住居の山で2晩、同僚宅で1泊し、自力で戻ってきた。

その5日後の夕方だった。大通りに止まった車から、短髪の男性が、ビルに向かって走ってきた。

## ●舞台照明の縁から支援

釜石市中心部のパン屋ビルに向けて津波襲来から8日たった19日夕、大通りから走ってきたのは遠野市宮守総合支所地域振興課の菊池武彦さん（60）だった。藤田さんを確認すると、2人は抱きあった。再会に涙した。

藤田さんのもう一つの顔は舞台照明の職人だった。機械好きが高じて、釜石の夏祭り「釜石よいさ」で照明を手伝ったのが、副業とするきっかけだった。そして震災の前の年、地元のケーブルテレビ会社社員の紹介で、宮守のイベントの照明を頼まれた。宮守側の窓口だったのが、支所の課長菊池さんだった。

震災9日目。自衛隊によるがれき撤去で、幹線道路が開通したため、宮守支所は沿岸に支援物資を運び始めた。担当は山田町だった。菊池さんらは車で水や食料、衣類などを現地に運んだ。帰路だった。菊池さんは国道をそれて、釜石市中心部の大通りに回った。藤田さんと連絡がとれなくなっていたためだった。

停電した釜石の中心部は夕方でも暗く、道路脇はがれきの山だった。「この辺りか」と車を止め、建物と建物の間の路地をのぞいた。「人影が見えたので駆け寄ってみると、藤田さんと奥さんだった」。車に残っていた水を渡した。

菊池さんは山田町に通った3日間、自ら炊飯器で炊いた混ぜご飯と白米を藤田さんに差し入れた。プロパンガスボンベや鍋、米、みそ、カップ麺、ろうそくも運んだ。藤田さんは「温かいご飯」と喜び、周辺の自宅避難者にも分けた。

一帯で当時、電灯がともっていたのは、震災5日後に電気が復旧した「のぞみ病院」ぐらいだった。藤田さん一家5人も夜はろうそくをともして過ごした。2階まで津波にのまれた自宅ビルは、鼻につく独特のにおいに包まれた。

2階の部屋に置いていた照明用のライトや調光機などは泥まみれだった。4カ月後、再び使う日が来るとは思ってもいなかった。

津波にのまれたライトはいたるところで塗装がはげている

## ●支援の感謝伝える照明

藤田さん一家5人の自宅ビルでの避難生活は約3カ月続

いた。一家は6月、市西部の内陸にある仮設住宅に入った。談話室隣の2DKだった。

藤田さんは、ビル2階に置いていた照明器具も持ち出した。ライト約100個を、水で洗い、布で泥をふきとった。

自慢の食パンを作って売っていた藤田さんが、副業で舞台照明を始めたきっかけとなった「釜石よいさ」は、製鉄所の高炉休止で人口減が進むまちを明るくしようと、若者が27年前に始めた夏祭りだった。藤田さんも運営に奔走するメンバーの1人だった。

特設舞台の照明は仙台の会社に依頼していた。機械好きの藤田さんは器具の取り付けなどを手伝っているうちに関心を持った。技術を学ぶため、週末に仙台の会社に通った。その後、機材を譲り受けて照明の仕事を始めた。コンサートも頼まれるようになっていった。

避難生活を支援してくれた菊池さんらとは2010年7月に出会った。宮守のシンボル「めがね橋」前で催される行事の照明を頼まれた。宮守は格安で請け負ってくれる照明の職人を探していた。藤田さんは「息の長い行事に育てたいとの菊池さんたちの考え方に共感した」という。

めがね橋は宮守観光の目玉として毎晩、ライトアップされていた。しかし、震災で中断。橋を通るJR釜石線は不通になった。脇の国道283号を、警察や消防、自衛隊、支援団体の車が行き来した。

藤田さんが仮設住宅に移った11年6月中旬だった。宮守からの連絡に驚いた。支援の人らに感謝を伝え、被災者も前を向いて進もうとの思いを込め、7月2、3の両日に橋のライトアップを復活させる計画だった。

藤田さん夫婦は、救出した機材を持参して橋の前の広場を照らした。点灯式では地区の人とともに広場のイルミネーションのスイッチを押した。「絆」の手作りの電飾文字が浮かんだ。テレビ取材に語った。

「震災で一番苦しい時に助けてくれた宮守の人たちのために働けてうれしい」

## ●仮設慰問の市長に直訴

藤田さんの入った仮設住宅に震災から3年過ぎた14年4月下旬、岐阜県関市の市長が訪れた。釜石市役所に派遣している職員を激励した帰りだった。

市長の訪問は昨年秋に続いて2回目。談話室の被災者と歓談後、市長が腰を浮かしかけた時だった。

「最後にちょっとだけ聞いて下さい」

藤田さんだった。「仮設住宅はこれからが大変。高齢者の見守りがますます欠かせなくなる。孤独死対策なども行政はもっと考えて欲しい」。場違いな相手とは覚悟の上で訴えた。

激励に立ち寄った関市長はやや戸惑いつつも「どの地域も同じ。少しでも役に立てるように努力していく」と返した。

藤田さんは震災後、パン屋の再開を断念して、週末に続けていたビル管理の仕事を続けた。深夜から未明を任され、昼間は仮設住宅にいるため、いつのまにか、相談や苦情を聞く窓口のような存在になった。

2年目の冬だった。「わざわざ除雪して空けた駐車スペースに他人の車が止まっている」との苦情が寄せられた。自治会役員と相談し、駐車場所を割り振った。玄関前で飼われた大型犬を「怖い」と相談されたこともあった。

13年の梅雨には、住宅の床下に大量の雨水がたまった。床の腐食やカビの発生を心配する声が寄せられた。自治会役員が市に対応を求め、排水溝が設置された。ただ、地表より高い部分があり、うまく雨水が流れ込まない。藤田さんが工具で高さを調整した。

電灯とエアコンがつきっぱなしの部屋があった。独り暮らしの高齢者宅だった。合鍵を探し出して扉を開けると玄関に倒れていた。見守りが機能していないとの危機感が、関市長への「直訴」につながった。

常に周囲に声をかけながら巻き込んでいく。照明の仕事で知り合った遠野市宮守の菊池武彦さんの姿勢を手本としている。

そしてもう一人、藤田さんが頼る男性が現れる。13年9月、仮設住宅に草むしりの手伝いに来た人だった。

## ●釜援隊がやってきた

釜石市を東西に流れる甲子川沿いに建てられた仮設住宅で、震災から2年半経った13年9月、自治会が被災者に敷地の草むしりを呼びかけた。そこにボランティアを連れてきたのが、釜援隊岡田和男さん（46）だった。その仮設住宅の敷地に足を踏み入れるのは初めてだった。

釜援隊は、市から業務委託を受け、地域の活性化やコミュニティー作りなどを手助けする支援員だ。メンバー13人は首都圏などから移ってきた若者ら。岡田さんに与えられた任務は、仮設住宅のある地区に、高齢者の孤独死を防ぐための「見守りネットワーク」を立ち上げることだった。阪神大震災の際、被災地の区役所に入った支援団体を補助した。東日本大震災でも「何かしたい」と考えていた。ただ、「東京の仕事を辞めてまでは行けない」とためらったまま、2年余りの時間が過ぎた。

13年5月13日、朝日新聞の小さな記事が目にとまった。見出しは「住み込んで復興支援、釜石市が募集」。最大で月25万円の報酬を得られるとあった。さっそく応募。9月スタートの「2期」に採用された。仮設住宅の草むしりに行ったのは、活動を始めた直後だった。

仮設住宅で悩み相談の聞き役となっていた藤田さんとは意気投合した。困り事を聞くと、ほかの仮設住宅で似たような事例がないかを調べ、解決策を助言した。藤田さんら自治会役員が、地元町内会との交流を希望していることを知ると、自ら町内会に持ちかけて橋渡し役となった。

仮設住宅の餅つき大会や町内会の祭り。互いの行事を

「結いの会」の名称発表に使った手作りボードを持つ岡田さん（左）と藤田さん

通じて、交流の芽を育てた末、14年5月に自治会と一帯の四つの仮設住宅の連絡会「結いの会」が立ち上がった。

直後の6月市議会傍聴席に岡田さんがいた。唯一の傍聴人だった。

市議が「結いの会」について質問した。若崎正光副市長が答弁した。

「仮設住宅と町内会との交流モデルとなる」

## ●連携の評判は国にも

藤田さんと岡田さんは7月、仮設住宅の談話室にいた。自治会の役員会だった。

議題は市からの助成金の使い道。住民が野菜を育てる畑を、野生のシカから守るため、防護ネットを買うことにした。敷地の草むしりをボランティアに頼む日程も決めた。岡田さんは赤い羽根募金からの支援金の内容を説明した。

自治会は、独り暮らしの高齢者のうち希望者の部屋に、簡易の緊急通報ボタンをつけることにした。孤独死や救急車で運ばれる例が発生したことから、藤田さんが提案。岡田さんが市に手続きを問い合わせた。

さかのぼって5月。「敷地につながる道が暗くて女性が怖がっている」と藤田さんが相談したら、町内会が道路脇の電柱にLED照明をつけてくれた。青色灯の防犯用「青パト」が仮設住宅内も巡回し始めた。

市議会で話題になった「結いの会」の評判は県や国にも広がりつつある。

与党の国会議員と県議が市議の案内で7月、仮設住宅に視察に来た。談話室に集まった三つの仮設住宅の自治会長らが訴えた「不安」は、仮設住宅の集約計画だった。藤田さんらの仮設住宅は2年後までに撤去される見通しだ。道路工事が理由で、すでに敷地脇には建設予定地を示す標識が立つ。生活再建のめどは立たず、別の仮設住宅への転居を余儀なくされる心配をしていた。

質疑応答の最後に国会議員は岡田さんに「結いの会」について尋ねた。「私は間を取り持っただけで、自治会長さんらががんばった成果です」

謙遜な岡田さんだが、ほかの地域でも、町内会と仮設住宅の交流の輪を広げようと動いた。市から業務委託を受けた釜援隊のメンバーで、どちらかと言えば公務員に近い立場なのに、一般的なイメージとは違う旺盛な行動力に、藤田さんたちは驚いた。

バーベキュー大会、サクランボ狩りの貸し切りバスツアー、脇の川でのアユのつかみ取り大会……。「結いの会」の活動が広がる中、藤田さんを不安にさせる話が伝わってきた。

## ●橋渡し役と突然の別れ

岡田さんが7月、自ら発信する電子メールの署名欄に「2014年7月28日活動終了」と添え始めた。藤田さんも仮設住宅の自治会長から知らされた。

岡田さんは、藤田さんの生活する仮設住宅と地元町内会の橋渡し役だった。その後誕生した交流組織「結いの会」の実質的な生みの親だ。今春以降、一気に体制を作り上げていった。

復興を応援するイベントで照明を担当する藤田さん。ライトの照らす向きを確認する

　釜援隊の任期は1年更新で最長5年。藤田さんは岡田さんがいつまで支援してくれるのか気になった。仮設住宅と町内会の交流が軌道に乗り始めた夏、いきなり「退任」が伝わってきた。岡田さんに直接、理由を聞きたかったが、携帯電話のボタンを押す勇気が出なかった。そのまま活動最終日が近づいた。

　その4日前だった。釜石市上中島のイベント会場で、舞台照明を担当した藤田さんの横に、岡田さんが現れた。藤田さんは岡田さんの手をとった。これまでの感謝を伝えた。理由を尋ねる代わりに、いつものように仮設住宅の運営でいくつかの助言を求めた。岡田さんのスマートフォンで記念写真を撮って別れた。

　岡田さんら釜援隊は首都圏などから被災地に飛び込んできた。地元の支援組織や漁協、公民館などに原則1人ずつ配置され、市とのパイプ役を担った。自由に活動できる反面、1人で飛び込む難しさもある。

　岡田さんは多くを語らない。「活動は大変な面もあった。仮設住宅と町内会の交流に道筋はつけられたと思う」。結いの会の住民ら約30人が最終日の夜、送別会を催してくれた。

　釜石を去った岡田さんは8月1日、スリランカに飛んだ。大学生だった約25年前、自ら立ち上げた援助の場。ダウン症の子たちの教育と生活支設の「学校」だった。今度は、障害児をまだまだ受け入れてくれない地域社会に、風穴を開けたいと考えている。

## ●仮設住宅で最後まで

14年7月19日は朝から雨だった。藤田さん夫婦は、3年前と同じく、遠野市宮守町のめがね橋前広場にいた。被災地の復興を後押しするための慈善演奏会の準備を始めた。

舞台は橋をくぐる川の中州だった。囲むようにライトを並べた。津波に襲われた釜石市中心部の自宅ビルから救出した機材だ。表面の黒い塗装はいたるところではげている。

3年前のコンサートは被災地に支援に来た人々に感謝を伝えるための企画だった。遠野は当時、被災地に人や物資を送り込む後方支援の拠点で、めがね橋の下を通る国道を支援の車が行き来した。藤田さん夫婦にとって、コンサートは被災後初の仕事だった。機材の一部が、本番中にショートして白煙をあげた。

照明器具は今回も不安だった。2日前に分解し、こびりついた塩を落とすなどして本番に備えた。だが、無事に終わらなかった。照明の放熱用ファンが再び回らなくなった。降り続く雨が中に流れ込んでいた。器具の不調で照明の色や明るさを調整できない。電源の抜き差しでライトを点滅させて乗り切った。

震災直後に支援してくれた宮守総合支所の菊池さんは裏方として、舞台の記録写真を撮った。藤田さん夫婦が閉幕後に照明機材を片付けると、率先して手伝ってくれた。

家族5人で暮らす仮設住宅は、道路建設のため、2年後までに撤去される計画だ。でも、藤田さんは8月1日に応募が始まった復興公営住宅には申し込まない。自治会長らと話をする。「仮設住宅に最後まで残り、一緒に生活してきた人たちの生活再建を見届けてから退去すればいい」と。藤田さんは最近、何かに取り組む際、菊池さんと釜援隊だった岡田さんの振る舞いを参考にする。その心は「苦の先に楽しみあり」だ。「苦あれば楽あり」ではなく、苦労から逃げなければきっと楽しかったと思える境地にたどり着けるとの考えだった。前から思ってはいたが、2人との出会いで確信した。

そして、ついに、決意を家族に伝えた。

「仮設住宅で最後まで頑張ろう」

（山浦正敬）

# 暮らしは

3・11
その時
そして

# 仮設住宅3年

（2014年8月27日～9月27日掲載）

## 1　入居「応急」のはずが

3人の女性が、私の構えるカメラに笑顔を向けていた。2012年9月11日の夕刻。陸前高田市の「奇跡の一本松」が、レプリカとして保存されるため伐採される、その前日だった。

国内外から注目を集めた一本松だが、募金とはいえ1億5千万円ものお金をかけて保存することには、賛否両論があった。そんな地元の人たちの声を聞くため、取材で訪ねた市立第一中学校仮設住宅で出会ったのが、この3人の女性だった。

「商売とかできなくて困っている人がたくさんいるのに、こんなにお金かけて保存するのはちょっとね」。3人の中からも否定的な声が聞かれたが、「それでも、最後の機会だから一緒に一本松を見にいってみよう」ということとなった。

1台の車に乗り、4人で一本松へ向かう。私たちだけでなく、最後の雄姿を見ようと、たくさんの人が訪れていた。

「実物はやっぱりいいもんだね」「来てよかった」。一本松に特に思い入れはないと話していた3人だったが、いざその場に立つと、表情が明るくなった。

それから、もうすぐ2年。仮設住宅のご近所同士だった3人の時間は、違う速さで流れていた。今も仮設住宅に暮らすのは、菅野英子《えいこ》さん（77）ただ一人。久納京子さん（66）は、写真撮影した年の暮れ、高台に自宅を再建し、仮設住宅を出ていた。そして、伊藤恵子さんは13年11月に体調を崩して入院し、病院を出ることなく6月に亡くなった。73歳だった。

震災の後、岩手、宮城、福島の3県で建設された5万戸を超える仮設住宅の中で、市立第一中学校の仮設住宅は、完成がもっとも早かった「被災地第一号」。3人は、その中でも最初にできた6棟に11年4月上旬に入居した「第一陣」でもあった。

コミュニティー単位の入居ではなく、全員が抽選で入ったため、周囲の人たちはほとんどが初対面。それでも、避難所から出て「自分たちの空間がある。ほっとした」（久納さん）という気持ちから始まった仮設住宅暮らしだった。

左から菅野英子さん、伊藤恵子さん、久納京子さん。「奇跡の一本松」の前で＝2012年9月11日、陸前高田市

菅野さんは、気仙川西岸の気仙町長部地区の出身。夫と養殖などの漁業に携わっていたが、数年前に夫を亡くしてからは、畑作業などをしながら暮らしていた。娘と孫の3人で6号棟の部屋に入った。

久納さんも同じ6号棟。市内中心部の高田町で和菓子店「久納だんご屋」を営

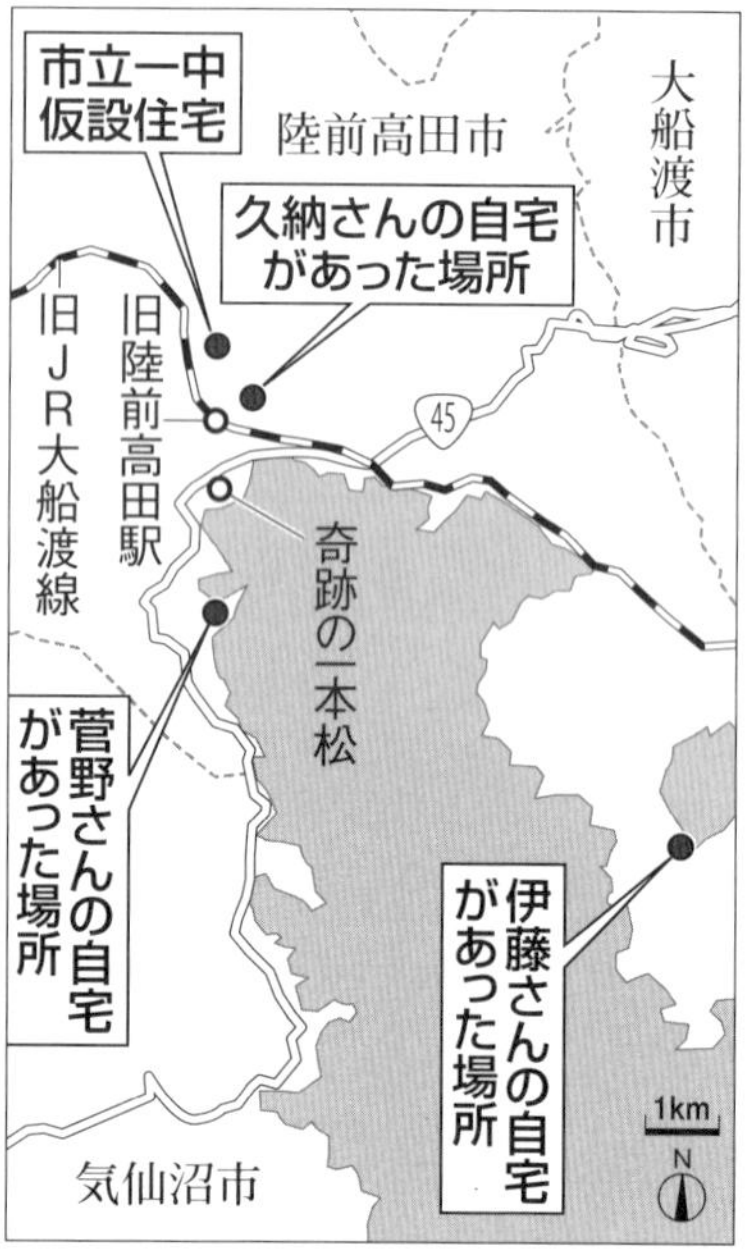


んでいたが、店も自宅も流された。釜石市内の親類の借家に住むことを考えていたが、仮設住宅の抽選でキャンセルが出たため当選になり、夫と夫の母の3人で入居した。

伊藤さんは10キロほど離れた広田半島から夫と2人で移ってきた。いずれは広田に戻り、高台への集団移転に参加する予定だった。だが、伊藤さんが6月に亡くなった後、夫も体調を崩して倒れた。今も入院しているという。4号棟の伊藤さんの部屋の前に立つと、郵便受けは粘着テープでふさがれていた。

（杉村和将）

◇

県内のほぼすべての被災者が体育館などの避難所から仮設住宅などに移り終えたのは震災後半年近い11年8月末だった。「応急」のはずの生活はすでに3年。仮設住宅の「その時　そして」を見た。まずは陸前高田市の「写真の中の3女性」から。

〈プレハブに今も2万4千人〉

県内のすべての仮設住宅が完成したのは11年8月11日だった。319団地の1万3984戸。入居者は震災の約1年後に約3万1千人いた。生活再建は進まず、14年7月末現在でも316団地の1万1054戸が残り、2万4220人が生活する。市町村別の入居率は、市街地全体が甚大な被害を受けた陸前高田、大槌、山田の3市町が8割を超えている。

## 2 知らぬ土地、心労重ね

市立第一中学校仮設住宅の伊藤さんが暮らしていた部屋（手前左）＝陸前高田市

3女性の中で今もただ一人、市立第一中学校仮設住宅で暮らす菅野英子さん（77）にとって、6月に亡くなった伊藤恵子さん（当時73）は一番の仲良しだった。

入居した2011年4月、2人は初対面。だが、支援物資の配布の際に声をかけあっているうち、気心が通じるようになった。その年の夏、生活の中に楽しみを増やそうと仮設住宅の女性たちがつくった「踊りの会」に一緒に入った。買い物や畑作業、温泉などの小旅行……。どこへでも一緒に行くようになった。

出身地の広田半島から10キロ離れた高田町にある一中仮設は、伊藤さんにとってなじみの薄い場所だ。だが人一倍の気配りで周りの人たちに溶け込んでいた。

菅野さんの部屋に、仮設住宅のご近所同士が集まってよく食事をした。そんなとき、必ず最後まで残って後片付けをするのが伊藤さんだった。踊りの会では、みんなの袢纏《はんてん》にアイロンがけしたり、着物を着るときには率先して手伝ったり。「面倒見のいい人」。近所の女性たちは、だれもが口をそろえる。

そんな伊藤さんを病魔が襲ったのは13年11月。市内の特産品が売られ、イベントで盛り上がる「産業まつり」があった日に脳梗塞《こうそく》で倒れた。震災前からあった心臓の持病が影響したとみられるという。菅野さんが病院に見舞った際も言葉を交わせる状況ではなく、一度も仮設住宅に戻らないまま入院先で亡くなった。

「仮設では死にたくない、旅立つときは自分の家で。だれもがそう思ってるんです。残念で、心残りだったでしょう」

広田半島の仮設住宅で暮らす弟の佐藤武さん（70）が、姉の無念さを代弁する。

持病があった伊藤さんは、震災前から体調に気をつけていた。野菜づくりをしながら体を動かし、穏やかな生活を心がけていた。

だが、震災で生活が激変した。

自宅が流され、知っている人がいない土地の仮設住宅に入った。毎日の生活も忙しくなった。仮設住宅の周囲の人たちへの気配りも、武さんは「右も左もわからない土地で、地元にいたときとは違う気の張り方をしていたのかもしれない」と慮《おもんぱか》った。

仮設暮らしの中、県外に住む小学2年生の孫がときどき顔を見せにきてくれるのを、何よりも楽しみにしていたという。また広田に戻り、高台への集団移転に参加する予定だったが、それもかなわぬままとなった。

（杉村和将）

〈被災者の長期的心身ケア必要〉

県は、仮設住宅の生活で高齢者が健康を保ち、孤立することがないよう「ふれあい運動教室」を開いてきた。食生活や歯のケアなど延べ2万人の仮設入居者の健康相談にも応じている。岩手医大に委託して開設した「県こころのケアセンター」では、精神的ダメージを受けた被災者からの相談にも応じている。心の変調は被災後数年たってから出てくるケースもある。

## 3 祭りに集う旧知の顔

7月下旬の昼下がり。久納京子さん（66）は、2週間後に控えた「うごく七夕まつり」の山車に付ける花飾りをつくっていた。

陸前高田市高田町の町内会を母体にしたそれぞれの祭り組が、装飾の美しさを競って山車をひく伝統の行事。久納さんがこの日手伝ったのは、震災前に住んでいた「荒町」の山車の飾り付けだ。

1年半前に市立第一中学校仮設住宅を出て、高台にある親戚の所有地に家を建てた久納さん。今の住所は「和野」地区で、祭りのための負担金1500円も和野の町内会に払った。だが、山車の手伝いは荒町の人たちがいる場所へ足を運んだ。

「気心知れてる人たちと会うと昔に戻れるから。おしゃべりに花が咲いてね」

市街地が壊滅し、町内会の多くが解散。住んでいた人たちも各地の仮設住宅などに離れ離れに

震災前の町内会の人たちと七夕まつりの準備をする久納京子さん

なった。しかし、祭りになると多くの人がかつての町内会に集まってくる。久納さんもそんな人たちの中の一人なのだ。

荒町の自宅が被災し、一中仮設へ入り、そして今は和野で暮らす。コミュニティーという点では短期間で2度変わった。そして、自宅周辺では自力移転してくる人たちが今も増えている。町内会を二つに分ける案が出るほどで、コミュニティーの変化は現在進行形で続いている。

それでも、ゆっくり過ごすことができる自宅はやはり快適だ。生活も落ち着いているが、1年9カ月間の仮設暮らしを振り返ると、寂しさや申し訳なさといった複雑な思いもある。

震災から1カ月後、避難所の公民館から仮設に入居したときはどれだけほっとしたことか。それからは毎日が忙しく、刺激もあった。「おーい、お茶っこ飲むべし」。隣近所が近く、気軽に声を掛け合った。

今はそんな密な近所付き合いはない。仮設の暮らしを知り、そこで仲良しがたくさんできたからこそ、先に出るときは残る人たちのことを思い、大手を振って喜べなかった。

仮設入居の延長が続いていることも、心を暗くする。「高齢の人にとっては、先に延びるということは希望の光が少しずつ暗くなることだから」

街の将来の姿を懸念する気持ちも強い。かさ上げ工事や高台造成が進んでいるが、人口の減少が気がかりだ。「街ができた。立派になった。でも人がいない。そんな姿も想像してしまって……」

自分も商売をしていたからこそ、新しい街で商売をする人たちが苦労しないかと心配する。震災前に自宅の女手だけで切り盛りしていた和菓子店「久納だんご屋」も、再開の予定はない。

（杉村和将）

〈再びコミュニティー維持が課題に〉

自殺や孤独死を防ぐためにも、隣近所のつきあいをどう維持するかが当初から課題だった。自ら建設用地を確保して集団で移った集落があった一方、分散してしまった地区もあった。被災者同士の交流の場は、戸数の多い仮設住宅を中心に148設置された集会室・談話室。新たなつきあいが深まる中、今度は仮設住宅後の不安を口にする高齢者も少なくない。

## 4　楽しむ、けれど出たい

8月上旬の夕方、菅野英子さん（77）の部屋にご近所の女性がふらりと訪ねてきた。「今日も暑かったねえ」。手には、ステンレスの容器に入った甘酒。つくりたてのおすそわけを持ってきてくれたのだ。

陸前高田市立第一中学校の仮設住宅に入居して3年4カ月が過ぎた。隣町の気仙町からやって

「仮設住宅踊りの会」で練習する菅野英子さん（手前）＝陸前高田市

きた当時は知っている人が誰もいなかったが、今では友達もたくさんでき、畑で作った野菜やおかずのおすそわけなど、親密な近所付き合いが当たり前の風景になった。

毎週水曜日には「踊りの会」のメンバーが集会所に集まり、踊りとお茶を楽しむ。他にも、温泉に出かけたり、食事にでかけたり。仮設のご近所さんとはいずれ離れ離れになることはわかっているが、それでも、今ここでの暮らしを楽しむようにしている。

「80歳までには仮設住宅を出たいね」

そう考えている菅野さんにとって、元気で時間を過ごしていくことはとても大切なことだからだ。幸い病気もなく、体調もいい。

仮設暮らしの悩みも、もちろんある。部屋の狭さだ。今の部屋は4畳半2間に台所が付いた2ＤＫ。そこに娘と高校生の孫の計3人で住んでいる。

入居当初は狭さを感じなかったが、生活が長くなれば物も増える。今では、畑で野菜を収穫したり、人から頂いたりしてもなかなか置く場所がない。家族の一人は、押し入れの中に布団を敷いて寝ているのが実態だ。

せめて、だれも使っていない物置があれば貸してほしい。市役所へ相談に行ったが認められなかった。物置は希望する世帯に県が設置したもので、基本的には物置と部屋はワンセットとして扱われているためだ。

仮設住宅を出た後は、被災前の自宅に近い高台造成地へ集団移転すると決めている。だが、そこに家を建て始められるのは早くても2年先。大規模な造成地であることに加え、住宅の建設ラッシュも想定され、「いつ住めるか」の見通しは立たない。

それでも、そこに希望の光がある。

「『ここがあなたの土地です』という場所を早く見てみたいね。だって、それが自分の一生の土地になるんだものね」

大きな家はいらない。ただ、自分の家にもう一度住みたい。先祖代々の家として、守れる場所がほしい。

その高台から、懐かしい自宅跡を見下ろす日を想像すると、自然と笑みがこぼれてくる。

（杉村和将）

〈被災者を悩ます仮設住宅の狭さ〉

震災直後に県が示した標準モデルは、３人程度の小家族が住む部屋は面積9坪、４畳半二つの２ＤＫ。単身者は6坪で5畳の１ＤＫ、４人以上程度の大家族は12坪で4畳半二つと6畳一つの３Ｋ。だが現実には２ＤＫに４人で住む世帯も多く、子供の勉強や寝る場所に困っている人たちは少なくない。

## 5 80歳、公営募集に望み

釜石市箱崎は漁港前の山の斜面に家々が張り付くような集落だった。今は内陸の仮設住宅にいる大工金野《こんの》恵一さん(80)は帰省した長男とお盆の墓参りにでかけた。46年前に自ら建てた家は土台だけが残る。時折、妻絹子さん(76)と草むしりに訪れる。眼下に広がる海を見るとつい、集落を離れる決意が揺らぐ。だが、すぐに首を振る。

「年齢は待ってくれねえ」

箱崎出身の金野さんは被災時、自宅をリフォームしたばかりだった。1階が壊れた。夫婦はヘリコプターで救出された。廃校になった小学校の教室や高校の体育館を転々とした。仮設住宅に入ったのは3カ月過ぎた6月だった。

仮設住宅の談話室前に座る金野恵一さんと絹子さん。金野さんは今も声がかかれば大工の仕事に出る＝釜石市甲子町

避難生活で絹子さんは足の付け根を痛め、治療のため金野さんが車で花巻市まで送迎する。漁港の防潮堤が完成すれば再び自宅跡で生活できると市から説明された。大工として迷いなく決めた。「早く家を再建する。狭くてもいい」

仮設住宅の周りを歩くのもつらそうな妻を、自分たちの家で楽に過ごさせてあげたいと考えたからだった。自宅を再建する場合の補助金を確かめるため、釜石駅横にあった市災害対策本部に通った。ただ、補助は数百万円で建築費に遠く及ばない。年齢から新たな借金は難しい。そもそも前提となる防潮堤の工事が、進んでいるように見えない。そのうち、金野さんは80歳を超えた。「年を重ねるだけで時間は待ってくれない」と再建断念に傾いた。

そして決めたのが、箱崎を離れ、市街地に建つ団地タイプの災害公営住宅での賃貸生活だった。2014年2月には内陸に建つ災害公営住宅に応募した。同じ箱崎の家族と一緒に申し込んだが、抽選で外れた。次は8月1日に募集が始まった釜石港に近い中心部に建設される災害公営住宅を希望する。

3月に開店した大型ショッピングセンター（SC）や総合病院、市役所の近くに、14棟、計430戸が建設される。1次募集は中心部で被災した人が対象で申し込みは244戸。人気のSCそばの棟は1LDK部分が定員を超え、30日に公開抽選会があった。

残る186戸の次の募集は14年9月だ。金野さんの希望先はやはり、絹子さんの足を考えて病院近くだ。高齢者の希望が集中する可能性があり、金野さんは今回も抽選を覚悟している。

「毎朝、神様と仏様に手を合わせている。今度こそ当たるように、と」

（山浦正敬）

〈災害公営住宅の完成は計画の13％〉

被災者の生活再建のため、県と市町村は5946戸の災害公営住宅を建てる計画だ。集合住宅と戸建ての両方がある。13年ごろから建設資材や人件費の高騰に伴う入札不調などが相次ぎ、完成が遅れる住宅も出ている。ほとんどが16年度までの完成を目指しているが、14年7月末時点で完成した住宅は754戸で、計画の12.7％にとどまっている。

町内会の協力を得て「出前盆踊り」を企画した岩井さん。雨で中止になったため、用意したおにぎりをお年寄りに配った＝釜石市甲子町

## 6 町内会との交流模索

釜石市甲子町の仮設住宅集会所に8月下旬、赤ちょうちんが掲げられた。訪れたのは地元の大畑町内会長らで、集まった仮設住宅の自治会役員らと歓談した。

自治会が2カ月前から町内会と準備してきた「出前盆踊り」の反省会だ。町内会のやぐらを仮設住宅で組み立てて踊るという初の交流行事だった。だが、予定の17日は雨で中止。それでも反省会を「懇親会」に衣替えして催された。岩井金吾さん（67）が自治会役員を代表してあいさつした。「今年は雨で残念でしたが、来年、再来年とよろしくお願いします」

元郵便局員の岩井さんは漁港そばにあった自宅を津波で失い、妻美喜子さん（65）と震災3カ月後にこの仮設住宅に入った。約半年後に発足した自治会の初代役員で、年長者に会長を頼み、岩井さんら若手が実務を担ってきた。

美喜子さんは震災前にがんを患っていた。避難所や仮設住宅でも前向きに生活する姿に驚く医師から、力の源を聞かれたことがある。「また家を建てることです」。2世帯住宅で小学生と保育園児の孫と暮らすという生活再建の目標が闘病の支えだった。

長男一家とは震災前から同居を考え、築10年の自宅の改修を計画した矢先の被災だった。自宅跡は防潮堤の建設用地となり、売却手続きが近く始まる。

岩井さんが長男とともに見つけた宅地はＪＲ釜石線小佐野駅近くだ。2階建ての2世帯住宅で屋根の上には暖炉の煙突というデザイン。すでに内装工事もほぼ終えた。ただ、岩井さんは新居への引っ越しを10月以降に決めている。自治会役員の任期満了を待ち、後任に引き継ぐためだ。

市が4月に公表した仮設住宅の集約計画で、この仮設住宅は少なくとも3年間は残され、周辺の撤去される仮設住宅から退去を余儀なくされる被災者を受け入れることになった。新たな入居者は、生活再建が進まない高齢者が多いと考えられ、これまで以上に周囲の支えが必要となる。

そう考える岩井さんら自治会役員は6月、町内会長らに相談にいった。初めての顔合わせだったが、町内会はすぐに交流に理解を示してくれた。「まずは祭りから」と決めたのが、「出前盆踊り」だった。

10月下旬の自治会役員の改選日は決まった。岩井さんは町内会との交流に道筋をつけるのが最後の務めだと走り回る。もちろん、共に支え合ってきた人たちとのつきあいを退去で終えるつもりはない。

「求められるならば、手伝いに来たい」

（山浦正敬）

〈長期化する入居期間〉

復興の遅れから、本来は2年以内だった仮設住宅の入居期間は最長5年に延長された。東北3県で唯一、仮設住宅の集約計画を公表した釜石市では、震災から6年を過ぎても、21の仮設住宅、計約１５００戸が残るとしている。自力再建をめざす被災者らがとどまると想定する。仮設住宅が長期に残ることになるため、地元町内会との交流を模索する動きも出始めている。

## 7　愛犬ランの居場所は

仮設住宅を出られた被災者も、新たな問題に直面している。

釜石市中心部から南に約4キロ。山間部に向かう狭い道路を進むと、7階建ての真新しい建物が現れた。県営平田アパート。2014年2月に完成した災害公営住宅だ。この一室に住んで7カ月になる小的東光《こまとこう》さん（65）が、力なく笑った。「はた目からは仮設出られてよかったと思われているかもしんねけど、気持ち的には仮設にいたときの方がよかったかもしんねえな」

抽選に当たり、2年8カ月住んだ隣の仮設団地から引っ越した。間取りは3DKと広く、隣の住人の生活音は聞こえてこない。県外に住む高齢の母親（86）を呼び寄せた。

でも、不安が消えたわけではなかった。

家賃は駐車場代込みで月約2万8千円。震災で職を失った夫妻にとっては大きな出費だ。蓄えも少なく、年金が頼りだ。9月から夜間の警備アルバイトが決まったが、十分ではない。

さらに、全126戸のうち90戸が埋まった今も、自治会組織はできていない。入居者は市内各地から来た知らない者同士。仮設住宅に住んでいた時もそうだったが、表で歓談している声が聞こえると、自然と人の輪ができた。女性たちは井戸端会議に花を咲かせた。アパートでは快適な分、室内にこもることが多くなった。隣近所の交流はほとんどない。

そして、小的さんの頭を一番悩ませているのが、飼い犬のランの処遇だ。アパートは、犬や猫などのペットを室内で飼うことが禁止されている。小的さんは入居後、そのことを知った。

県は5月、アパート住人に室内でのペット飼育を禁じる通知を出した。ペットが出す鳴き声や臭いが入居者の迷惑になるから、というのが理由だ。ペットを飼っている住人を見かけた場合は通報するよう求めている。県建築住宅課は「飼育禁止は入居前から何度も説明している。最終的には手放してもらうか、さもなくばアパートを出て行ってもらうしかない」と話す。

愛犬のランをなでる小的東光さん。ランは記者が訪問中、ずっとおとなしくしていた＝釜石市平田

小的さんは震災時、釜石市唐丹町に住んでいた。妻の美代子さん（58）が自宅兼美容室の後片付けをしていた地震後、いつもはおとなしいランが激しくほえたて、室内をグルグル走り回った。おかしいと思った美代子さんは高台に避難。直後、津波が襲来し、自宅は跡形もなくなった。

「ルール違反なのはわかっているが、おらたちにとってこの子は命を救ってくれたかけがえのない存在なんだ」。愛犬をなでながら、小的さんはつぶやいた。「どこかに預けることなんかできねえ。ほかに住むとこもねえし。

もうちょっと柔軟に考えてもらえないだろうか」

同じような悩みを抱える被災者が、団地内では少なくない。


（斎藤徹）


〈ペット飼育、住宅によって対応まちまち〉

県は、棟が複数に分かれている団地などについては一部で飼育を認めることにしているが、現時点で完成している住宅で認めている所はゼロ。釜石市では、現在五つある市営の住宅のうち、ペットを飼えるのは1団地のみ。仮設住宅では、犬や猫などのペットは室内で飼育することが基本。他の入居者に迷惑をかけないよう求めるなど、市町村ごとに決まりを設けている。

## 8 自力再建の地、いずこ

宮古市に仮設住宅で暮らしながら自宅再建を目指す夫婦がいる。しかし土地探しで壁にぶつかった。

かさ上げ工事が進む金浜地区。盛り上がった山に隠れそうな3アール弱の畑で、野崎剛さん（76）と妻ヤス子さん（70）は、野菜や花を育てている。畑仕事が好きな2人は、津波をかぶった畑をよみがえらせ、車で20分ほど離れた仮設住宅から毎日のように通っては農作業に汗を流す。ジャガイモ、ダイコン、カボチャ、ネギ、キュウリ、ハクサイ……四季を通じて30種以上を育てている。「希望の象徴に」と植えたヒマワリは、この夏も元気に咲いた。

「今年の出来はいまひとつだね」。育てたキュウリを収穫する野崎さん夫妻＝宮古市金浜

ここにあった自宅とノリ乾燥小屋は津波で流失。仙台で暮らす長男がいずれは戻ってくるだろう、そう考えて近くに建てた新築同然の家も流された。周囲に広がっていた約13アールの畑は、泥とがれきに埋まった。

元の場所に早く再建したい。食べ物も自給しなければ。はやる気持ちで、震災の2日後には畑の再生作業に取りかかった。2人で少しずつ、がれきを撤去した。初めはヤス子さんの実家に泊めてもらいながら、弁当を持って毎日通い、黙々と片付け作業を続けた。

ヘドロをかき集める。側溝にたまった津波土砂を取り除く。何度も繰り返して土を袋に詰めた。土嚢《どのう》は2千袋にもなった。泥を片付けた所には新しい土や牛ふんを入れ、側溝には、水質浄化作用があると聞いてクレソンを植えた。

国道45号沿いの畑で作業する2人を見かねて、通りがかった人が手伝ってくれた。やがて神戸など全国からボランティアがやって来て、ガラス片などを除去するため土をふるいにかけたりして協力してくれた。

震災の年の11月。ホウレンソウやコマツナなどを植えてみたが、塩害の影響が残っているらしく、病気にかかった。その後も地道に土質改良を進めた。努力のかいあって畑は震災前のように地力を取り戻した。

「この場所に自宅を再建するという意気込みで、畑づくりをやってたわけなんだが」と剛さんは声を落とす。震災の翌年になって、「浸水域なので宅地にはできない」と知らされた。防潮堤を越えてくる海水の「ため池」になるという。

2人は落胆する間もなく、自力再建のための土地探しを始めた。しかし、適地はなかなか見つからない。いろんな情報を頼りに売り地を見に出かけたりした回数は、もう50回を超えた。

（阿部浩明）

〈住宅再建に様々な支援策〉

県と被災市町村は、震災で自宅を失い、同じ市町村内に自宅再建をめざす被災者に対し、複数世帯に100万円、単身世帯に75万円の補助金を支給している。2014年7月末までに約3600世帯が受給した。県は9518世帯が住宅再建をめざすと想定しており、進捗《しんちょく》率は38％。宮古市も市独自で補助金を出している。一方、移転用地の確保が進んでいないなどの理由で、内陸の市町村に自宅を再建する世帯も出ている。

## 9　家族にぎわう家再び

「なんとしても自分たちの家を建てたい」——。野崎さん夫妻は、自力再建に強い思いを抱いている。

「震災前の家族のにぎわいを取り戻したい。その一心なんです」

剛さんは5人きょうだいの長男。若い頃は父親と一緒に宮古湾でノリやカキの養殖の仕事をした。ところが、1960（昭和35）年のチリ地震による津波被害で、養殖施設は壊れ、自宅も全壊した。再建して10年ほどは養殖業を続けたが、その後は市内の缶詰工場で働き出す。ボイラー技士として20年勤めた。

剛さんのきょうだいはみな県外に出ているが、盆正月には子どもたちを連れて宮古に戻ってきてくれる。何家族も集まり、多い時には20人以上にもなった。実家に寝泊まりしながら、流しそうめんを楽しんだり海水浴に出かけたりして古里を満喫するのが「帰省の風景」だった。

不動産関係の資料を見ながら話し合う野崎さん夫妻

「わいわい、がやがや。実家はさながら民宿のようでしたよ」とヤス子さんは懐かしむ。

そんなにぎわいは、震災後は、望むべくもない。帰省しても仮設にはとても泊まれないから、ホテルや旅館に泊まってもらう。「それが申し訳なくて……」

流された自宅があった場所は浸水域で宅地造成ができなくなり、元の場所に再建するという望みはかなわなくなった。替わりの土地を探し求めているが、いまだに見つかっていない。

知り合いの不動産業者に物件情報を尋ねる。新聞やチラシに売り地情報が載っていると、法務局に出かけては公図や登記簿を確認する。市内をあちこち見て歩き「これは」と目星をつけても、よく調べてみると、抵当権付きだったり、一つの土地が分筆されていたり……。競売にも一度参加した。だが提示額が2番目で、落札できなかった。「狭い土地で、結果的には負けてよかった」と2人は言う。今のように、野菜や花を育てながら暮らしたい。畑付きの、ある程度広い土地を望んでいる。

適地を探しあぐねているうち、建築資材も高騰してきた。建設関係者から「土地が見つかっても、工務店などの人手不足で家が建つまで3年かかる」と聞かされ、がくぜんとした。

この夏、剛さんは体調を崩して一時入院した。「それでも、もう少し頑張ります。家族が戻って来られるふるさとを、なくしたくないですから」。仮設住宅で、夫婦は口をそろえた。

（阿部浩明）

〈進まない宅地供給〉

自宅再建をめざす被災者向けに、宅地を確保する土地区画整理などの事業箇所数は、県内で137カ所ある。しかし、2014年3月末時点で完了したのは15％の20カ所だけ。8263区画の宅地供給が計画されているが、6月末時点で328区画にとどまり、進捗《しんちょく》率はわずか4％だ。14年の公示地価では、県内で上昇した22地点のうち15地点が沿岸部で、元々住んでいた市町村内で土地を探す被災者の需要の高さを反映している。

## 10　傾く部屋、しのぐ家族

陸前高田市高田町の栃ケ沢仮設団地の一室。8月の晴れた休日に、船砥《ふなと》千幸《ちゆき》さん（44）一家は、子ども用の2段ベッドをばらし、外に出していた。「とうとう引っ越しするの？」。通りかかった住民から尋ねられると、船砥さんは苦笑いした。「いやいや、まだまだよ」

棟の一番端の3LDKに家族6人で暮らす。2段ベッドを二つ並べ、子4人と孫1人が寝ている部屋と、日用品が積み上がったすき間に布団を敷いて船砥さんが寝る部屋がある。この2部屋を数カ月に1回、入れ替えている。そのたびに部屋の家財道具を全部、いったん外に出す。

「重みでプレハブが傾いてしまいそうだからバランスを取ろうと思って。目で見ても若干傾いてるように見えるでしょ」と船砥さんは話す。

湿気対策にも気を使う。4歳の孫に加え、高校生の長男、中学生の次女、小学生の次男は育ち盛りで、1日3回洗濯機を回す。窓や玄関の周り、部屋の中には洗濯物がぶら下がり、湿気がこもる。

次男と仮設住宅前に立つ船砥千幸さん

入居直後に買った除湿機は半日で、約6リットルの水でいっぱいになる。「除湿が追いつかないから、昼も夜も窓は開けっ放し。部屋の換気扇も3年間止めたことがない」

床が湿気を吸うからか、入居した年から、風呂場の前の床が5センチほど盛り上がっている。子どもたちは歩くと

「バコバコする」と言う。

玄関の天井は、骨組みの金属部分が湿気で結露する。水滴が落ちて靴がぬれるため、さおを渡し、そのうえに発泡スチロール箱を置いたり、ビニールシートを張ったりして

結露した水滴が落ちて靴をぬらさないよう
玄関の上に発泡スチロール箱を置いている

しのいでいる。

一家が仮設を出るめどは立たない。浸水域から遠い災害公営住宅への入居を希望しているが、建設が始まらない。「子どもたちはどんどん大きくなって、部屋はどんどん狭くなって……」。重さにも湿気にもますます気を使わなければならなくなった。

船砥さんは震災前は、ホタテなどの養殖業の手伝いをしていたが、被災して失職。今は漁業ボランティアを受け入れたり、地元のホタテを全国の復興支援イベントで売り歩いたりする仕事をしている。しかし、ボランティアの数は減少し、国の補助金も年々減って収入が確保できない。仕事の事務所として使っていたプレハブの番屋も、かさ上げで解体しなければならなくなった。

最近、別の仕事に就くことも頭をよぎり始めた。家の再建まで考える余裕がなかなかない。「いつ自分の家に引っ越せるかわからないのは皆一緒だけど、せめてそれまでにこの仮設が壊れなきゃいいなと思う」

（田渕紫織）

〈仮設住宅の老朽化〉

プレハブの仮設住宅暮らしが長期化し、傷む部屋が増えている。県は、住民からの修理の要望や不具合の訴えを受け付けるコールセンターを設置しており、2011年度8109件、12年度5072件、13年度4658件が寄せられた。県建築住宅課によると、13年度に寄せられた内容は、給排水がつまった▽サッシ、ドアの鍵の調子が悪い▽雨漏りがする▽敷地の雨水の排水が悪いなど。直せるものは順次補修している。

## 11 待ちきれず内陸定住

山に囲まれた住田町下有住の学校跡地に木造の小さな平屋住宅が並ぶ。震災後に町が自らの予算で独自に建てた仮設住宅だ。棟は独立し、屋根には太陽熱温水器がついている。一画で2014年9月下旬、型枠大工河野《こうの》高慶さん（57）の家族が家財道具を運び出そうとしていた。向かう先はそばを流れる気仙川の対岸だ。大手住宅メーカーの2階建て住宅が完成した。整地中の庭には中古の建材が積まれている。河野さんが町から3万円で購入した払い下げ第1号の仮設住宅だ。組み立てて物置として使う予定だ。

陸前高田市にあった自宅は震災で壊れた。河野さんの父は津波の犠牲になった。自身は宮城県気仙沼市の建設現場、妻みさ子さん（56）は勤めていた大船渡市の水産加工工場、警備会社勤務の長男数麻《かずま》さん（26）は自宅、高校受験を2日前に終えた次男敏士《さとし》さん（19）は卒業式の準備が長引いて高田一中、でそれぞれ震災に遭った。

4人は数日後までに、自宅近くの老人ホームに集まった。市内のアパートに独り暮らししていた叔母（88）も数麻さんが連れてきた。そのまま3カ月の避難生活が始まった。

「住田町で一戸建ての仮設住宅が建つそうだ」

避難先に新築した自宅に、購入した木造仮設住宅を解体して運んだ河野さん一家＝住田町下有住

避難所で話題になっていた。林業が盛んな町は震災直前、災害時に木造の仮設住宅を建てる構想を練っていた。その矢先の大震災で、すぐに町の予算3億円で建設した。

敏士さんは震災後、住田高校に合格。町はみさ子さんの出身地でもあった。応募すると定員割れで当選した。町独自の建物なので町判断で融通が利いた。高校生以上が4人以上の家族には2棟目も認められた。河野さんも借りた。

河野さんは陸前高田に戻るつもりだった。自宅跡は避難道路になると市から説明されたが、代替地も買収の話も進まない。「高台造成を待っていたら60歳を超えてしまう」。時間が過ぎる中、米寿を迎えた叔母を前に考えが変わった。「仮設で晩年を過ごすのはかわいそう。一日でも早く自宅で同居させたい」とみさ子さん。親子ローンなら、早い方が長男に迷惑をかけないとも考えた。

宅地は住宅メーカーが探してきた。完成間近の7月、町が仮設住宅の払い下げ条件をまとめた。入居者は関心を持ち、河野さんも応募した。「陸前高田に比べると地価が安く、より広い土地を確保できたので、物置を置く余裕ができた」。みさ子さんも「この3年半でたくさんの支援物資を頂き、新築の家に入りきれないから」と話す。

河野さんから見ても丈夫な木造の建物。震災時に中学生だった敏士さんは今春、工務店に就職した。自分らで解体・組み建てできるため、2棟目も考えている。次は「離れ」として使いたいと思っている。

（山浦正敬）

〈強まる内陸避難者の定住志向〉

県が9月25日に発表した、県外や内陸に移った被災者約860世帯を対象にした14年度のアンケート結果によると、「元の市町村に戻りたい」とした割合は、県外が25．9％（前回13年度比10．6ポイント減）、内陸は22．7％（同11．1ポイント減）だった。これに対し、「現在住んでいる所に定住したい」は県外43．2％（同5．7ポイント増）、内陸50．7％（同6．5ポイント増）で、いずれも戻りたいという世帯を上回った。理由について、内陸では「すでに住宅を再建したか再建予定」が52．4％と最多だった（同6．8ポイント増）。震災から日が経つに連れ、避難先への定住志向が強くなっていることがうかがえる。

## 12　転居求められ困惑

「何もしなきゃよかったのかな」。公共工事のため27世帯が立ち退きを求められた山田町の山田第4仮設団地。住民の反対運動の中心だった武藤《ぶとう》浩子さん（54）はため息をつく。

9割の住民から反対署名を集めたが、最終的には全員が町の説得に応じた。半年間の反対運動で、一部住民との間に溝ができた。

山田第4仮設で2014年2月、住民説明会が開かれ、年内の引っ越しを求める内容の紙が1枚配られた。敷地内に11年前から計画があった下水処理場を造るためで、復興に必要だという。

集めた反対署名を見つめる武藤浩子さん

武藤さんは「なぜ今頃、一方的に」と反発した。脳梗塞《こうそく》でたびたび倒れた車椅子の母親の隣で暮らすが、空き仮設に引っ越すことになれば、隣で暮らせるか分からない。営む保険代理店は仮設店舗で営業中だ。

何より大半の住民が震災前に住んでいた北浜町では、高台移転先の土地が手つかずのまま。自宅再建まで少なくともあと3年かかるという。目の前が真っ暗になった。

説明会に来た町職員に引っ越し先を尋ねると、仮設から仮設への移動になるが、分からないという回答だった。引っ越し費用をだれが負担するかについては「そこまではまだ検討していない」と言われた。

「町の対応に納得できない」。武藤さんは区長らに呼びかけ、立ち退き期限をなくすことを求める署名を集めた。住民は次々に応じ、立ち退き対象の棟の中では、3世帯を除く世帯が名前を書いた。

6月上旬にあった2回目の説明会で、武藤さんらは町に署名を提出。しかし、受け取った甲斐谷義昭副町長は「ここに名前がある人の中でも同意書にサインした方々がいる」と述べた。

そのころ、退去の同意書と希望する転居先のアンケートに記載するよう、町職員がひと部屋ずつ説得して回っていた。その際、27世帯のうち約20世帯は、同じ団地内の、立ち退き対象ではない奥の棟の空き部屋に移ることができる、と説明を受けていたため、多くの住民の気持ちが動いたのだ。引っ越し費用も町が負担することになった。

6月30日、8世帯が不同意のまま、最後の住民説明会を迎えた。反対署名をしたある女性は「立ち退きに賛成するわけではないけど、移るなら同じ団地内に移りたいからしょうがなく同意した」と話した。「もう年だから前に進みたい」と言う高齢の女性もいた。

終盤、武藤さんは「うちらの一歩は仮設から仮設じゃなく自分の家に引っ越すこと」と副町長に伝えた。

その後も、署名を集めた武藤さんら3世帯が同意しないでいると、他の住民から「いつまで待たせんだ」「早く（同意書を）書かねば、皆どこにも移転できねぇべ」と言われ始めた。疲弊した武藤さんたちは「わかった。書いてけっから」と折れ、「おらたちは、皆の知らないとこに行くべし」と、別の仮設へ移ることにした。武藤さんの一家は12月、3キロ離れた仮設へ引っ越す。

佐藤信逸町長は、同意を得るまでの半年間について「町にとって初めての（仮設から仮設の）移転で、説明が不十分だった。住民の心情の理解も不足していた。次の仮設集約に向け学習効果はあったと思う」と振り返っている。

（田渕紫織）

〈仮設住宅の集約化〉

空き部屋が増えていること、学校グラウンドや私有地に建っていることなどから、県は7月、仮設住宅の集約計画を14年度中にまとめるよう市町村に要請した。しかし、8月現在、沿岸12市町村のうち計画を作成しているのは釜石市のみ。自力再建や災害公営住宅の建設、高台移転が遅れているため、多くが着手できていない。一方、復興工事や公共施設の建設のため、仮設の住民が立ち退きを求められ、別の仮設へ引っ越すケースが出始めている。

## 100人に聞く復興度

**（2014年9月11〜20日掲載）**

東日本大震災から3年6カ月。復興はどのぐらい進んでいると感じているのだろう。どんなことに困っているのだろう。県内で被災した100人に会いに行きました。手狭な仮設住宅暮らしを余儀なくされる人がいる一方、災害公営住宅に移ったり自宅を再建したりして新たな一歩を踏み出した人がいました。進まない復興にいらだちを募らせる人、新しい環境に飛び込もうとしている人、震災の風化を気にかける人——。みなさんの思いを聞きました。

※震災で家族や家を失った被災者100人（半数は震災2年半の時にも取材した人）を対象に、①震災からの復興度をパーセンテージで表した数値とその理由（かっこ内は2年半時点の回答）②今一番関心のあること③一番言いたいこと、の三つを尋ねた。

**〈娘と暮らす家、3年以内に〉**

**15%　山田町豊間根　パート従業員　昆あや子さん（65）**

①仮設住宅から2年で出られると思っていましたが、まだ出られません。高台にできる土地に申し込むつもりですが、抽選で当たるかどうか不安です。

②自宅の再建。先のことを考えると、小さくてもいいから娘と2人で暮らす家を持ちたい。仮設住宅では談話室の世話役をしていて、一人暮らしのお年寄りに、全国から寄付してもらった糸や古着を使った織物や草履を作ってもらっています。部屋に閉じこもるのでなく、みんなで楽しく過ごせるよう努めています。

③来年春に土地を決め、3年以内に家を建てたいです。被災地も建設ラッシュが始まるでしょうが、東京五輪の影響で人手や資材もますます不足するでしょう。政府は大企業を優遇する経済政策をとっていますが、被災者にももっと配慮をお願いしたいです。被災地を忘れないで。

**〈釜石新聞、被災者へ貴重な情報〉**

**60%　釜石市鵜住居町　NPO理事長　柏崎龍太郎さん（81）**

①ようやくまちの復興が見えてきた。次の段階に向けて住民と行政が共同作業をやっていきたい。

②コラムを書いている復興釜石新聞が10月以降も発行できるか。市から被災者への情報が無料で全戸に配布されてきた。被災直後は情報が届かないことが本当に怖かった。市広報を兼ねた新

聞が貴重な情報源だったはずだ。国や市の支援が終わるとはいえ、復興への心の支えという発行の役割が終わったとは納得できない。有料化して継続を目指すが、一定の購読者が必要だそうだ。廃刊になってしまってから、やっぱり必要だったと後悔しても遅い。仮設住宅の生活は続くが、みんなで応分の負担を考えてもいい時期だと思う。

③人口減と高齢化が一気に進む。小粒でも輝く地方都市を目指して欲しい。

**50%　陸前高田市高田町　ピアノ教師　田村尚子さん（54）**

①8月に自宅を再建し、引っ越しすることができた②これまで仮設の教室で行っていたピアノ指導も出来るようになった。今スタートラインに立てた③街の復興も早くしてほしい

**50%　陸前高田市広田町　元漁船員　村上登喜男さん（79）**

①自宅を建てて3年目に流された。妻と2人暮らしだが、今年中に引っ越せればと思っている②高台の一軒家に入る予定だが、雪が降ると坂道が不便そう③早く自宅で過ごしたい

**80%（30%）　陸前高田市竹駒町　民生委員　大坂悦子さん（72）**

①7月に仮設住宅から新築の自宅に戻れた②孫たちの成長。仮設では小さな声でけんかしていた孫たちが元気になった③自宅で生活できるのはうれしいが、他の方に申し訳ない気持ちが大いにある

**30・5％（30％）　陸前高田市竹駒町　すし店主　阿部和明さん（60）**

①今の店も順調だが、本設の店に戻っていない②本設先のかさ上げが遅れるのではないか、という不安③県外ではもう忘れている人もいる。私たちとつながろうという人をいくらかでも増やしたい

**30％（40％）　大槌町大槌　無職　佐々木テルさん（85）**

①災害公営住宅に移りたいが工期は遅れるばかり。光が見いだせず、元気がなくなってきた②友人と交流したり、音楽を聴いたりするのが楽しみ③私の体が元気なうちに終《つい》のすみかをつくってほしい

**50％　山田町豊間根　災害公営住宅区長　沼崎良三さん（74）**

①7月に仮設住宅から移った。ふすまやベランダがあり、狭い仮設に比べると快適に過ごせている。だが町全体の復興はまだ先だ②円滑なコミュニティー運営③車の駐車場が1世帯1区画では、とても足りない

**30％（0％）　陸前高田市米崎町　ホテル従業員　菅原智恵子さん（32）**

①「復興」というより「変化」を感じる②以前の勤務先「キャピタルホテル1000」の再建で、また勤めることができた③お客さんの「一歩一歩前進して」の声がうれしい

**75％　釜石市天神町　喫茶店経営　松田レイ子さん（69）**

①第1希望の復興公営住宅に当選した。昨年11月に再開した店は震災前と同じ内装なので津波を忘れられる②人口減。釜石から若い人が減っていてまちが活気を失っていること③若い女性が子供を産んで育てられるまちにして欲しい

**80％（50％）　釜石市　ケアマネジャー　岩崎登久子さん（41）**

①仮設住宅を4月に出られて、心にゆとりが出てきた②ヘルパー不足などで被災地の高齢者らが介護サービスを十分に受けられないこと③仮設住宅はますます大変だが、高齢者は諦めないで生きて欲しい

**20％（20％）　大槌町吉里吉里　自動車整備士　川口伸《しん》さん（22）**

①震災で一人に。仕事して仮設に帰って、寝る。去年と変わっていません②復興工事のトラックの車検では、間接的に復興に貢献していると思うとうれしい③整備工としてまだ未熟なので技術を身につけたい

**50％　釜石市野田町5丁目　パソコンインストラクター　沢田和三《かずみ》さん（60）**

①復興公営住宅に入居できた②心臓病の発作。一人暮らしなので消防署に携帯番号を伝えた③かさ上げしても津波が防潮堤を超えてきたら逃げる必要がある。避難路や浸水予想高さをわかり

暮らしは

やすく表示して欲しい

100%（70%）　大槌町桜木町　無職　高田良子さん（85）

①釜石で購入予定だったマンションが資材高騰で工事が延期になり、大槌に家を建てました。自力再建が夢でした②朝、外の空気を吸い、野花を摘むこと③生かされた命、前向きに暮らしたい

0%　釜石市中妻町　無職　井上チヨさん（78）

①来春に災害公営住宅に移ると、援助がなくなって、年金だけで暮らさなければならない。今からが心配②仮設住宅で知り合った人たちと離ればなれになること③この3年間で仲良くなった人たちと一緒に災害公営住宅に入りたかった

20%　陸前高田市高田町　地域コーディネーター　菅野千秋さん（46）

①街が元に戻っていない②自力再建。被災者が前を向ける体制がほしい③原状回復して、早くみんながスタートラインに立てるようにしてほしい

40%（30%）　大槌町大槌　商店経営　岩間和子さん（62）

①市街地に盛り土ができて少しは復興が進んでいるかなと感じる。でも、望むような街になる

のか不安②仮設団地内で経営する商店の本設場所をどうしようか③震災前の普通の生活に戻りたいです

## 〈多くの新たな出会い、私の宝物〉

**100%（0%）　釜石市甲子町　三陸鉄道南リアス線運転士　佐々木光一さん（42）**

①小学生時代を過ごした福島県大熊町の皆さんに対しては、何もできなくてごめんなさいという気持ちは変わりません。でも今、震災後、たくさんの人たちに出会えた喜びを感じています。その出会いは宝物で、震災前に比べると100%を超えたと思います。

②今一番熱中していることは仕事です。いつも鉄道のことばかり考えてるんです。四季折々の景色を背景に列車の写真をデジカメで撮影することも楽しみです。

③震災前はのんびりしたローカルな列車でしたが、今は観光客の方も多く、同じ列車を運転していても同じではないような、不思議な感覚になります。観光客の方に支えられていることに感謝しています。これからもたくさんの方に乗って頂きたいですね。

## 〈働き盛り世代、体を鍛えて〉

**30%　陸前高田市気仙町　スポーツ用品店社長　菅野修さん（60）**

①震災半年後に仮設店舗を開いた。営業は順調だが、まだ本設の店舗が出来ていない。市体育協会事務局長の立場からしても、市のスポーツ施設はまだ復旧していないので30%だと思います。

②市民の健康。校庭が使えずに運動もままならない子供だけでなく、働き盛りの世代も復興に一生懸命で、自分の健康のことを考えていない。体育館などを整備して、働き盛りに鍛えてもらいたい。この世代が元気でないと街の将来が心配だ。③補助や助成の期限などを考えると、各人が立ち直れるのか心配。再建した自宅に住み始めた人がいる一方、新しい土地の地番さえ分からない人もいる。市や県全体の復興だけでなく、個々人、個別の企業の復興もより具体的に考えて。

**50％（2％）　釜石市只越町　理容店経営　江刺伯《ひろし》さん（61）**

①店再開から1年。近くの災害公営住宅の募集が始まり、少し希望が出てきた②復興の速度。土地かさ上げにどれだけ時間がかかるのか③広島の被災地にも集まった支援者に改めて感謝を伝えたい

**10％　大船渡市猪川町　寝具販売業　菊地鈴子さん（62）**

①仮設が続く限りは復興ではない②若い人たちが外に出てしまい、将来、お客さんが来てくれるか心配③防災工事など事業内容について、住民の意見や考えを取り入れながら進めてほしい

**50％（20％）　気仙沼市→一関市　主婦　小山はつえさん（64）**

①最初に一関に来た時よりは落ち着いた②災害公営住宅のめど。入居まで健康を保ちたい③行

政はやるだけのことはやっている。せかしても早くなるもんじゃなし、時がたつのを待つだけ

**わからない（わからない）　気仙沼市→一関市　無職　菊田房子さん（79）**

①気仙沼の将来像が見えない。数字ではいえない②自宅再建はあきらめた。公営住宅に入って大人数で暮らす③これ以上の生活を望んでもどうにもならない。でも、元気なうちに帰りたい

## 〈自宅再建までの時間、気がかり〉

**40％　岩泉町中島　漁師　三浦龍一さん（26）**

①この仮設住宅に来て2年が過ぎた。子供が小さいこともあって、早く普通の家に移りたい。まだ何も具体的なことは決まっていないし、復興は半分も進んでない。

②集団移転地での自立再建を目指しているが、土地の引き渡しは今年度中にできるかな、という感じ。家が完成して、移れるのは来年度以降になりそう。もっと時間がかかるかもしれないが、早め早めに計画が立てられれば。建設業者との話し合いがうまくいっても、建設ラッシュで着工が延びてしまわないか心配している。完成までにどれくらいの時間がかかるか、気がかりです。

③再建に補助金は出るが、建築資材の高騰で費用がどんどんかさんでいきそう。もっと補助金が多いとよっぽど楽なのに、というのが正直なところ。

**〈本当の「地元力」試される〉**

**70％（70％）　宮古市築地1丁目　浄土ケ浜旅館若おかみ　近江智春さん（33）**

①宮古は商業地というより観光地として復興していくんだろうな。でも、「来てほしい」という強い思いとは裏腹に、迎え入れる準備が足りない。一番は交通の不便さ。鉄道とバスの連携が悪すぎます。

今までは、主に地元以外の人がまちづくり支援事業に携わり、いろんな知恵を頂いてきたが、その人たちもやがては帰っていく。これから本当の「地元力」が試される。街はきれいになった、でも静かになった——とならなければいいが。

②震災後に「心の癒やしに」と教えてもらったウクレレを爪弾くこと。時には宿泊客の前で披露し、ＮＨＫのラジオに出演して弾くこともありますよ。

③来年は宮古港が開港４００周年の節目なので、多彩なイベントで盛り上がってほしいですね。

**20％　陸前高田市広田町　主婦　村上かなえさん（30）**

①仮設を3年で出られると言っていたが、多分無理②かさ上げの土ぼこりが舞い、子どもが外で遊べない③走行するダンプカーが多い。復興というのは分かるが、親としては複雑

**30％　大槌町小鎚　太陽光発電販売店経営　新田左千夫さん（63）**

①これから家を建てなきゃ②お客さんが家を建てる情報をいかに早くキャッチするか。震災で

太陽光発電の需要は倍以上になっている③かさ上げしている土地の価格を抑えてほしい

**10％　大槌町大槌　食堂経営　沢山広《さわやま》さん（50）**

①まだ街もできていない。新しい店の土地のかさ上げが3年で済めばいいけどね②店舗兼住宅を建てても、ローンを返せるくらい、町に人が戻るのか③大きい商業施設でも建ててくれれば人が集まるかな

**30％　大槌町小鎚　菓子店経営　大坂尚《ひさし》さん（38）**

①店も家も仮設。住まいと商店街の復興はまだまだ②他の仮設商店街も参考に、仲間と理想の商店街をつくりたい③今の子どもたちが残りたいと思えるような、稼ぐ所とか環境の整った町づくりをしてほしい

**50％（40％）　陸前高田市広田町　主婦　臼井サカエさん（69）**

①来年3月までには移転先の土地の造成が終わる見込み。今はそれが楽しみ②具体的にいつ仮設から出られるのか③これまで様々な方の支援を受け、感謝の気持ちでいっぱい

**70％（40％）　陸前高田市広田町　中華料理店主　西條滋さん（53）**

①複数年の契約で、市から「一本松茶屋」を借りて8月にトレーラーハウスから拡大オープン

した②店の集客③かさ上げのためのベルトコンベヤーを見ながら、食事をしてほしい

**0%（0%） 宮古市鍬ケ崎 無職 山根フミエさん（83）**

①公営住宅が抽選ではずれ、将来が見通せなくて不安。眼科と内科にかかっているが、タクシー代が高い②なるべく仮設を出て、知り合いと山菜採りに出かけること③被災した皆さん、がんばっぺし！

**40%（10%） 宮古市田老 食堂経営 赤沼秋子さん（62）**

①たびたび変更される市の土地計画に振り回されて、明確な見通しが描けない②新たな場所で店をやっていけるかどうか不安です③ひとりの人間は無力。でも、自分で頑張っていくしかないのかなあ……

## 〈人をとどめる仕掛けを〉

**30% 大槌町大ケロ NPO職員 川崎雅士《まさし》さん（36）**

①防災インフラが未整備なので、点数をつけるとしたらまだ低い。特にいまは防潮堤がないから、また津波が来ても逃げる時間が稼げない。高齢者はどうにもならない。

②NPOとして、地元を巻き込んで、子どもから高齢者まで、誰でも気軽に来られる福祉施設を作ること。お茶っこの会を開いたり、手仕事でものづくりする場にしたりして、就労の場にもしたい。いいねという人と、無関心の人と半々。少しずつ理解を求めているところ。

③仕事がないとどうにもならない。雇用がないと人が流出する。その歯止めにもなればと思って、施設を考えている。住んでいた人が戻ってくるのが復興。建物さえ元に戻ったらいいってわけじゃない。町の見た目も大事だが、人をとどめる仕掛けも必要だと思う。

## 〈そろそろ仕事始めたい〉

**10％　陸前高田市竹駒町　大工　佐々木道信さん（57）**

①まだまだ復興は始まったばかり。健康面、精神面で悩みをかかえて、みんな仮設暮らしで参っている。持病のある人は悪化したり、前のような本音を語り合えるコミュニケーションがなかったりする。

②リハビリをして、大工の仕事に戻ろうとする途中。スキルアップを目指したい。震災前、病気で倒れて一時、左下半身不随になった。震災の後、しばらく津波をフラッシュバックで思い出して眠れなくて、精神的なダメージもあった。仕事をしたいという信念でリハビリを続けたら、しゃべることも、ものをうまく食べることもできなかったのが良くなった。病院の先生から奇跡と言われる。声もかかっているのでそろそろ仕事を始めたい。

③とにかく住宅再建して、家族みんなで前のような生活がしたい。

**60％（40％）　釜石市天神町　釜石高1年　澤田耀介《ようすけ》さん（15）**

①街にホテルなど建物ができてきた②被災した自宅跡のかさ上げがいつになるか。高校を卒業

して釜石を出るかも。その前に自分の家に住みたい③福島の原発問題に周囲が無関心になっていないか。それが怖い

**0％（0％）　釜石市甲子町　飲食店経営　井上司さん（52）**

①まったく何も変わらない。むしろ悪くなっている。駅反対側の中心街ばかり再建が進み、この仮設飲食店街は客がますます減っている②災害公営住宅に申し込むけど、子供の転校を考えると大変③何もない

**35％（30％）　釜石市天神町　写真店主　菊池賢一さん（44）**

①災害公営住宅入居や店を再建する地域のかさ上げの予定がようやく見えてきた②店のそばの釜石港側の地域がかさ上げでどんな風景になるのか③外灯や歩道など港町らしいデザインにしてもらいたい

**60％（30％）　宮古市崎山　漁師　佐々木信幸さん（39）**

①定置網漁はまずまずだが、小規模港の復旧が進まず磯漁がさっぱりだめ②漁師の後継者不足。どうすんだべな③ここの仮設住宅でもお年寄りが何人か亡くなった。早く災害公営住宅を建ててほしい

**60％（50％）　宮古市田老　漁業　梶山亨治郎さん（74）**

①ハコ物はできても、生活につながるソフト面が全然進展しない②東京・青梅マラソン大会に出場すること③「津波防災の町」を力強く主導した関口松太郎・旧田老村長の信念に、今こそ学ぶべきです

**50％　大槌町吉里吉里　大槌高2年　関谷芽《めい》さん（16）**

①JR山田線は不通のままだし、コンビニも仮設だから②できれば地元で保育士になりたい③若者の意見も聞いて町づくりしてほしい。小さい子が遊べる公園やカラオケ店もほしい。みんなが明るく、前のように楽しく暮らせる町になれば

**40％　大槌町吉里吉里　無職　川原エイ子さん（78）**

①準備は整ってきたけれど、実際の復興はなかなか進まない②自宅再建。子どもたちがお盆に帰るところがない③自宅で津波に襲われ、夫を亡くした。私も流されたが助かった。矛盾していると思うけれど、それでもやっぱり元の土地に住みたいです

**80％　野田村野田　無職　伊藤應子《ようこ》さん（84）**

①昨年5月に災害公営住宅に移ってきて、ここの生活はまあまあ気に入ってるから②盛岡に住む娘が時々遊びに来てくれること③隣の久慈市まで買い物に行くけど、近くにも店があればなお

いいかな

**80%　野田村野田　無職　伊藤正《まさし》さん（88）**

①災害公営住宅は家賃も安く年金で十分食べていけるから②2階建て一軒家で、夜に狭い階段を下りて1階のトイレにいくのが不安③たまには夫婦げんかするが、年寄りはそれくらい元気がないとね

**40%（80%）　陸前高田市→住田町　パート　里見幸子さん（31）**

①がれきは片付いたけど、命に関わる防潮堤の問題が未解決だから。決着したら50%②地区のお祭りの場所。元々の会場は仮設が立っている③記憶の風化が怖い。最近地震があってもみんな平然としている

**30%　大船渡市立根町　会社員　須田竜太さん（31）**

①公営住宅への入居が決まったけれど5年後に退去と言われている②娘（10）や息子①の将来のこと③公営住宅の工事が大幅に遅れている。いつ完成して、いつ入居できるのか明確にしてほしい

**20％　大船渡市大船渡町　主婦　平山睦子さん（58）**

①仮設である限りは復旧であって、復興ではない②家族の健康③震災被害の風化が言われ始めているけれど、被災地支援に対する感謝の気持ちを忘れず、災害支援に少しでも役立ちたい

**20％　大船渡市大船渡町　のり店長　伊東修さん（61）**

①仮設である以上は復興度はゼロ②2年後ぐらいに新しい商店街が出来るが、どれぐらいの店が戻ってくるだろうか。人口も減っているので商売が成り立つのか③今は霧の中を歩いているようだ

**20％　大船渡市立根町　無職　氏家智恵子さん（73）**

①公営住宅に、いつ移れるのか、はっきりしない②障がいのある息子（52）と2人暮らし。公営住宅で十分な広さを確保できるのか不安③広島の被災地の人を少しでも支援したい

**90％（65％）　山田町→盛岡市　元漁師　佐々木勝正さん（69）**

①昨年10月に自力で住む家を確保した。自分はほぼ復興したと言える②講師を務める漁網アート教室の生徒が増えてくれること③盛岡でもっと友人を作りたい

**60％（40％）　大船渡市末崎町　パート　白石明美さん（45）**

①仮設から災害公営住宅に入る内定通知を頂きました②消費税のことが気になる。節約してい

るのに出費が減らない③政治家の人たちには、私たちの実際の生活をもっと感じ取ってほしい

**10％　陸前高田市小友町　学習塾講師　平千代美《たいらちよみ》さん（63）**

①自宅ができて、7月に仮設住宅を出た。一歩を踏み出したかな。でも、復興には震災から10年はかかると思う②子どもたちが伸びていくのを見るのが楽しい③原発をなくしてほしい

**30％　陸前高田市横田町　パート　佐々木とし子さん（64）**

①どこに高台移転できるか来年あたりに見通しは立つだろうけど、家を建てるにはまだまだ②仮設の外に出て働く楽しさを知った。パッチワークも楽しみ③早く自分の家に住みたい

**20％　陸前高田市竹駒町　パート　佐藤忍さん（38）**

①自宅を建てて、入居したばかり。周りはまだ大変な状況にあるので、喜びは少ない②子どもと仕事のことで頭がいっぱい③家を再建したくてもできない人がたくさんいる。援助は足りないと思う

**30％　陸前高田市竹駒町　歯科医院勤務　鈴木のぞみさん（50）**

①がれきでめちゃくちゃな状況だった街にお店も家もできた②仮設を出た後の生活がどうなるのか気になる③公営住宅でペットと住めないのは、今の時代に即していないと思う

**0%　大船渡市立根町　主婦　平山利香さん（54）**

①自宅の自力再建を目指しているけれど、建てる場所が見つからない②新たな住まいで、近隣の人たちとうまくつながりが築けるか③土地の換地作業で、土地の形状など当事者の要望がなかなか通らない

**30%（10%）　山田町大沢　美容師　飯岡千佳子さん（63）**

①自宅を建てる土地は決まったけど、かさ上げの時期など話が行ったり来たりして落ち着かない②自宅の再建③町に意見を言う場が少ないのが不満。町はもう少し住民の声に耳を傾けてほしい

**10%（10%）　山田町織笠　大工　上林善博さん（38）**

①1年前と何も変わってない。進んだり後退したりの毎日だ②15日にある、震災後初めてみこしが戻っての大杉神社の祭り③家の注文があるのはうれしいが建てる土地がない。行政には期待していない

**50%（30%）　山田町織笠　無職　東義仁さん（56）**

①やっと工事らしい工事が進んできたが、予定より遅れている②沖縄居酒屋の再建③浸水域で営業していた店は、かさ上げ工事の移転で8月で閉めた。お客さんのためにもできるだけ早く再

開する

**わからない（わからない）　大槌町→遠野市　無職　伊藤定夫さん（63）**

①最近大槌を見ていない。わかったふりして言えない②1月に高血圧で1カ月入院した。生かされた命を大切にしたい③あの日のことを思うと涙がこぼれるが、若者へ語り継ぎたい

## 〈子供の遊べる場、もっと欲しい〉

**25％　釜石市唐丹町　建築士　小野寺計《けい》さん（29）**

①父や兄と一緒に仮設住宅を拠点に仕事しています。父も言っていますが、仕事の機械は7割ぐらいそろいました。でも地区の高台に移転する自分らの家はまだ建てられません。2年は先になりそうです。

②子供の遊べる場がもっと欲しい。3日に次男唯が生まれました。ここで生まれた長男頼《らい》②も仮設の敷地内だと遊ぶ範囲も狭いのです。この敷地に造成する集団移転地のボーリング調査が始まって、少し不安です。何か追い立てられているような気持ちです。

③自分で土地を見つけて造成しても公的な支援がありません。被災の補助対象外だそうです。農地を宅地に転用するのも手続きが大変で進まない、と父は嘆いています。父や兄と自宅を早く再建したいのです。何か工夫できませんか。

〈地域の声聞き　暮らしやすい街へ〉
80％（50％）　大船渡市三陸町　理容室店長　葛西祥也さん（42）

①祖父の代から3代目の店ですが、4月に仮設から本設に移ることができました。地元の人だけでなく復興工事の関係者の方も来て下さっています。ただ、越喜来地区の他の商店街の皆さんはまだ仮設です。来年春には新しい本設の商店街をオープンできればと思っています。

②地方の再生に関心があります。人口が減り行く末が心配される地方ですが、行動して貢献したい。うちの店では今、お年寄りの施設に出張したり、個別のお宅を訪問したりして髪を切らせてもらっていますが、例えばそこで耳にするお客さんの求めているものを商店街の皆さんと共有したい。地域の人が暮らしやすくなるのではないでしょうか。

③本設の店を出し自宅も再建できましたが、借金もできました。それを返すためにもがんばっていきます。

〈被災地　忘れないで・若者を雇用する場を・織物の作業、生きがい〉
50％（35％）　大船渡市大船渡町　大船渡小5年　紀室銀君（10）

①津波で壊れた道が新しくなった②iPadのゲーム③1年生の時に始めた空手をがんばる。震災前に亡くなったお父さんに「力ではなく心を磨け」って言われて、ずっとその気持ちでやってるよ

**35％（30％）　山田町山田　外装業　斉藤秀喜さん（56）**

①復興には10年かかる。3年半だから35％②町の行く末。復興しても人が戻るのか③将来設計が描きづらいが、育ててもらった町への恩返しのためにも、あと十数年はこの町で頑張ってみようと思う

**40％　山田町豊間根　無職　箱石リヱさん（83）**

①娘が自宅を建てたら仮設から移るつもりだけど、まだ土地が見つからない②仮設団地の談話室に集まって、みんなと織物の作業をするのが今の生きがい③全国からのご支援を受けて頑張っています

**75％（69％）　大船渡市大船渡町　大船渡東高校1年　畠山蘭さん（15）**

①自分の生活はあまり変わらないけれど、近くに買い物できるお店が増えた②高校のサッカー部でがんばってます③災害公営住宅がまだできていないところがあるので早く増やしてほしい

**0％（0％）　山田町織笠　主婦　昆裕子さん（55）**

①自宅を建てて初めて復興と言えるから②自宅の再建。友人の新築の家を見るとうらやましさと焦りがこみ上げる③あと2、3年もしたら、日本中東京五輪に関心が向くのでは。被災地も忘れないで

50％（3％）　陸前高田市竹駒町　読書ボランティア　磐井律子さん（70）

①復興住宅の入居を申し込んだ。仮換地も決まりつつある②市内で若い人を雇用する場の確保③新しい街ができるまで若い人が踏ん張れるよう、行政も腰を据えて取り組んで

〈集団移転、仮設高齢化が心配〉

20％（5％）　陸前高田市米崎町　NPO法人副代表　佐藤一男さん（48）

①高台移転をして自宅を建てる土地の引き渡しが来年10月に決まった。先が見えたのは大きい。約100世帯の大規模な防災集団移転。これを機に、仮設住宅団地から働く世代が大量に抜けて、一気に高齢化するのではと心配している。自治会長をしているが、後任が見つかるかどうか……。②今、新しく建てる家の基礎設計をしている。日々資材の値段が上がり、同じ町内で家を建てた人には坪単価が震災前の1・5倍だったと聞いた。大工も足りないようだし、無事に家を建てられるんだろうか。③防災士の資格も持っているが、最近は毎月のように災害が起こる。自分と家族の命は自ら守る時代がもう来ている。今回の津波から、どう逃げればいいかを学んでほしい。

〈津波対策、中途半端　気になる〉

80％　釜石市→北上市堤ケ丘2丁目　杉本春夫さん（76）

①釜石で被災、その年の4月に妻と北上に内陸避難した。妻は「浸水地には戻りたくない」と

言い、自宅があった土地は釜石市に買い上げてもらった。これからは高齢者向けの施設に入るつもりで、おおむねめどがつき、一安心している。②釜石は鉄の町。近代製鉄の歴史をまとめた「くろがね風土記」を2010年に自費出版した。釜石の高炉跡が世界遺産候補になったことから、この本を再刊出来るよう努力している。③津波対策が中途半端で、気になって仕方がない。浸水地に再び住宅を建てて大丈夫なのか。計画中の防潮堤は津波を防げるのか。次世代に伝えるため、現在も釜石でボランティアガイドをし、来訪者に説明しているが、「一番大事なのは自分の命は自分で守ることだ」と伝えている。

**40%　山田町織笠　洋菓子店員　菊地郁子さん（44）**

①仮設住宅に住んでいますが、この先どうするかまだ見通しが立っていません②今月中旬から別の場所で再開する店の運営③移転先でも、前と同じようにお客さんに喜んでもらえるよう、頑張りたいです

**わからない　山田町大沢　町職員　佐々木文明さん（41）**

①自宅は再建できたが町全体の復興はスタート地点に立ったばかり②団長を務める山田吹奏楽団の活動③津波で被災したこの町にも楽しいことがあるんだよと、町民や子どもたちに伝えたい

**20％（25％）　大槌町小鎚　喫茶店主　赤崎潤さん（50）**

①全壊した店を直して営業していたが、区画整理のため立ち退いて4月から仮設店舗に移った②仮設の暮らしと営業があと何年続くか③行政が一度決めた政策を変える度に振り回される。ぶれずにやり通して

**わからない　大槌町大ケ口　無職　鬼原ミツ子さん（68）**

①自宅が被災し、新居に入ってまだ1年。気持ちの整理がついていない②温泉旅行と健康維持③いまは近くにお店がないので、買い物に出るのが大変。豆腐屋やお総菜屋ができてほしい

## 〈サケ3年・5年魚の遡上期待〉

**40％　宮古市津軽石　津軽石鮭《さけ》繁殖保護組合長　山野目輝雄さん（77）**

①水産面はかなり復旧したが、組合員ら住民の暮らしの再建はまだまだ。盛り土ばかり見せられても復興は感じられません。

津軽石川河口のサケ捕獲場や採卵場、直売所などが軒並み全壊した。震災の年の秋漁に何としても間に合わせようと、早期再建に尽力した。メーンのサケが捕れないと、関連の加工業にも影響が及びますから。

②今年は、震災の年に放流された稚魚が「4年魚」として戻ってくる年。おそらく4年魚は激減するでしょうから、3年魚、5年魚の遡上《そじょう》に期待しています。神頼みですが。

③施設の復旧に6千万円ほどかかったが、組合がみなし法人のため公的支援がなく、自力でやらねばならなかった。みなし法人でも支援の手を差し伸べてくれる制度を整えてほしい。

**30%　釜石市浜町　酒店経営　新里《にいさと》正也さん（36）**

①元の店の場所近くに戻りたいが、かさ上げが始まってもいない。戻れるまでまだ何も進んでいない②朝早くからの注文に応えやすい、店舗兼住宅にしたい③整地が早く、目に見える形で始まってくれれば

**50%　釜石市大只越町　サーフショップ経営　杉本浩さん（46）**

①去年の夏くらいから、やっと少しずつお客さんが戻ってきた②夢にまで出てくる浪板海岸の砂浜を復活させること③もっと海を売りにして、震災が風化しないうちに人を呼ばなきゃ

**50%　野田村野田　自営業　森美恵子さん（58）**

①自力再建に向けて土地を造成中。仮設住宅は住めるだけでありがたいが、いつ再建できるかなと考える日々です②消費増税で物価が高くなった。野菜も高くて買い控えている③とにかく早く仮設住宅を出たい

### 〈音楽家が来るライブハウスを〉

**55％（40％）　大槌町桜木町　高校生　小川秀峻《ひでたか》さん（16）**

①相変わらず町内には何もないけど、自分じゃ何もできないんで街ができるのを待つしかない。学校の廊下には、ここに高速道路が通るとか駅ができるとか、町が作った未来の地図が張り出されているけど本当にその通りになるのかな。報道関係の人は減り続けている。

②プレハブの自分の部屋で友達とアニメソングのカバーを収録したり深夜までミキサーをいじったりするのが何より楽しい。震災後、芸人や音楽家が支援で来てくれた時、舞台の裏方の大人がかっこよくて始めた。体育祭と文化祭でも音響のお助けをしたんですよ。地元の災害ＦＭの仕事も手伝っていて先月は港であったロックフェスの音を収録に行きました。

③町内は工事現場だらけで本格的な録音ができる場所がない。アーティストが来られるライブハウスがあればいい。

### 〈生活費上がり年金暮らし不安〉

**10％　陸前高田市→一関市藤沢町仁郷　高橋慶子さん（72）**

①陸前高田で被災し、２０１１年7月に空き家に入居した。地元の農家が被災者支援の水田をつくり、新米10キロをくれる。その縁で、夫がビニールハウスを一棟借りて野菜を作っている。ネギ、トマト、スイカ、きゅうり、ニンジン、ハクサイなど。自宅近くにも畑を借りた。近くにいる兄弟に野菜を分けると、逆に魚をもらうなど物々交換をしている。

②陸前高田には帰りたくない。津波の怖さもあるが、その後の避難所暮らしも大変だった。ぎりぎりのところで生きていると、人間の本性が出るというか、悲しくなることが何度かあった。あんな思いはもうしたくない。
③医療費免除も12月まで。生活費も年々上がり、年金暮らしには、今後の生活がどうなるか、不安だ。

**30％（30％）　陸前高田市高田町　漁業　船砥《ふなと》千幸《ちゆき》さん（44）**

①収入は戻らず、ボランティアは1年で約半分になった②定収入の確保。今の収入源は地元の漁協から買ったホタテを全国の復興イベントで売り歩くことのみ③3月11日の苦しさを絶対に忘れないで

**50％未満　住田町下有住　無職　村上きみ子さん（82）**

①陸前高田の自宅跡のかさ上げにまだ2年余り。手の打ちようがない②店が近くにないこと。運転免許も返納したので、移動販売と娘の送迎に世話になっている③バスなどの交通手段を考えて欲しい

**80％　野田村野田　無職　晴山ちづ子さん（65）**

①建築資材の高騰で一度は考えた自立再建を諦めたが、災害公営住宅に入居するめどがたった暮らしは

から②住宅が建つ予定地を散歩して、家のイメージを膨らませている③一斉ではなく完成した住宅から入居させてほしい

## ●大槌と秋田の中間点で交流の場　花巻の産直館

花巻市西宮野目の「かけはし交流産直館　結海《ゆうみ》」で11日、市内に避難している沿岸地域の被災者と市民らが交流会を開いた。毎月11日に開催している会でこの日は絵手紙を学びながら、振る舞われた食事を楽しんだ。

結海は大槌町と秋田県五城目町、花巻市の物産を中心に販売している。震災の時に五城目町の老人会の人たちが大槌町で被災したが、大槌町のホテルの従業員らの避難誘導で全員無事だったことを縁に、両町の交流が生まれ、翌12年に中間地点の花巻市で開店した。

この日の絵手紙の勉強会には8人が参加、講師の藤沢和子さん（64）＝盛岡市＝は「絵手紙を書くには集中が大事だが、集中することで心が落ち着き、笑顔にもなれる」という。野菜やブドウなどを題材に絵手紙を書き、全員で記念撮影もした。

五城目町の被災者が滞在していたホテルの従業員で、現在は花巻市に内陸避難し結海の店長を務める平野菊枝さんは「毎月、みんなが集まり交流して笑顔になってくれるのがうれしい」と話した。

**50％　大槌町→花巻市西宮野目　産直店長　平野菊枝さん（65）**

①今後の拠点がまだ定まらない②多くの皆さんに多くの支援をもらってきた。どう恩返しした

ら良いか、と考えている③広島の災害で改めて痛感した。「災害にあったらとにかく逃げて」と言いたい

**90%　久慈市小久慈町　パート従業員　橋場幸江さん（52）**

①家族が健康で、娘（次女）が3月に短大を無事卒業できそうだから②震災の話はしなくなったが、広島の災害を見て津波を思い出す。月日が経ったなと感じる③今年も娘の学費を免除してもらった。感謝したい

**90%　久慈市小久慈町　建設会社員　橋場剛さん（54）**

①家は建て始めている。まだ基礎部分だが、正月には移れる。あと一息②テレビで広島の災害を見ると、3年半も経てば、人の記憶が薄れていくと感じた③家族4人。フル回転で働いて住宅ローンを返したい

**100%（100%）　大槌町小鎚　ホテル社員　長岡美奈実さん（19）**

①復興はこれから。被災を引きずってもしょうがないという気持ちは変わらない②自宅兼母の営む美容店がいつ、どこに再建できるか③これからの大槌は海と観光が柱。街の現状を見に来て

**50%（50%）　大槌町大槌　ホテル社員　三浦早織さん（19）**

①震災直後の時以来のお客さんに「復興したね」と言われた。がれきがなくなっただけなんだけどな②自宅の再建③町内でも、地域ごとに復興のスピードに差があるのが心配

**50%　宮古市田老　宮古北高3年　加藤友実さん（18）**

①道路が通るのはいいけど、用地に取られてなじみの建物が壊されて寂しい。人の姿もめっきり減った②早く就職して親孝行がしたい③牙をむいた海だけど、嫌いになれない。やっぱり三陸の海が好きです

**30%　宮古市田老　無職　伊藤美佐子さん（71）**

①高台を希望しているが、土地が決まらないうちは安心できない②気落ちしないようグラウンドゴルフを楽しんでいる③公的立場の人に生活相談をしたけれど、ぜんぜん親身に対応してくれず、残念だった

**〈公営住宅、入居延びてがっかり〉**

**0%　宮城県気仙沼市→一関市千厩構井田　無職　小山均さん（66）**

①気仙沼で被災。アパートが流された。妻の実家で7カ月世話になった後、2011年10月に仮設住宅に入居した。気仙沼には1カ月に1回帰るが、さっぱり復興は進んでないようにみえる。

②気仙沼にできる災害公営住宅に来年3月に入居できることになっていたが、半年延びてがっかりしている。千厩の仮設住宅では、そんなに不自由はないけど、人間関係が難しい。気仙沼に戻って環境を変え、出直したい。夫婦2人の年金暮らし。公営住宅の家賃が上がると大変だが、何とかやっていけるだろう。

③今度入居する公営住宅は流された自宅の近く。また津波が来たらどうするのか、と市長に聞いたら、「逃げてください」と言われた。だいじょうぶか。

**30％（20％）　陸前高田市横田町　図書館長　菅野祥一郎さん（63）**

①心に余裕が出て、実用書だけでなく郷土史の本を借りる利用者も増えた②県内外の人に高田の現状をどう伝えるか③同情してくれとは言わないが、被災地にはまだ大変な人が多くいることを知ってほしい

**0％　釜石市甲子町　自営業　佐々木貴子さん（41）**

①住宅再建の見通しがたたない。地元・両石に戻るのかどうかもまだはっきりしない②地元地区の復興を市がどう描こうとしているか。周囲の環境と生態系を守れるのか③環境都市として再生した北九州市のように住民との対話を大切にして欲しい

**10％　宮古市白浜　元漁師　中村寿生さん（77）**

①基幹産業の水産が低迷し、先行きが暗い②ＴＰＰ、消費増税、秘密保護法……。国民の望みとは逆の政治だよ③漁師が元気に漁に出れば、不審船も入って来ない。おのずと日本の海を守ることにもなる

**10％（0％）　陸前高田市米崎町　仮設自転車店経営　佐藤勝人さん（50）**

①市街地に復興住宅が建った②来秋できる中心街に出店する予定だが、それまで商売が持つか③家や店を建てる際の補助制度をスピーディーで実態に合ったものにしてほしい

**50％　田野畑村松前沢　自営業　斎藤敏子さん（38）**

①仮設住宅には慣れたし、不満はない。自力再建する新居には年内に住めるかもしれない②広島市の豪雨災害で、被害にあった人たちのことが気になる③災害公営住宅は一斉ではなく、完成順に入れれば、入居者も助かるのでは

**70％　田野畑村松前沢　宮古水産高1年　斎藤力《りき》さん（15）**

①仮設住宅の生活には慣れた。苦労もしていないし、このままでも十分②広島の土砂崩れのニュースを見ると、震災当時を思い出す③被災地には体の不自由な人たちもいるので、支援の手を差し伸べてほしい

暮らしは

**80％（70％）　釜石市→埼玉県飯能市　会社員　藤原孝治さん（40）**

①釜石の仮設住宅にいたが、災害公営住宅の完成が遅れたため、4月に県外に出た。後悔はありません②新生活に慣れること。5歳の息子に友達ができた③仮設で暮らす人のために住まいの確保を早く

**50％　宮古市崎山　宮古工高3年　前川幸月さん（17）**

①防潮堤などはできてきたが、災害公営住宅の完成が遅すぎる②広島の土砂災害。被災者の気持ちがよく分かるので、学校で何回か募金した③今はつらいと思うけど、希望を失わずに頑張ってください

**80％　花巻市轟木　魚介類販売店経営　畠山奈津子さん（59）**

①5月に宮城県気仙沼から花巻市に移住、自宅兼店舗を建て拠点ができた②どうしたらお客さんたちの役に立てるか③普通の暮らしの大切さ、幸せを感じている

※阿部浩明、石井力、岩井建樹、岡田和彦、金本有加、斎藤徹、杉村和将、田渕紫織、角津栄一、寺澤尚晃、星乃勇介、松本龍三郎、山浦正敬が担当しました。

# 未来の物語、被災地から

## 宝来館の女将に聞く（2014年9月24日掲載）

釜石市の旅館「宝来館」の女将《おかみ》岩崎昭子さん（58）は被災地の元気印だ。津波の被災体験や防災対策を発信し続けている。今春の赴任直後に聞いた発言が気にかかっていた。「どうせ復興は遅れるのだから、未来への社会実験をすればいいのよ」。その真意を聞いた。

復興は10年でも難しいと思いますよ。ならば、元に戻るだけの復旧・復興じゃなくて、将来に向けた実験場にすればいいと思ったっす。高齢化や少子化、自然エネルギーなどの課題をすべて、何もなくなった被災地で新たなやり方で試せばいいと思うのよね。

「希望学」を唱える東大教授らが震災前に釜石で調査した際に聞いたの。「釜石は日本社会の縮図」だそうです。近代製鉄の発祥の地です。経営破綻《はたん》した釜石信用金庫は１９９３年に解体・清算されて、金融機関の破綻《はたん》処理のモデルケースだそうです。ここの百姓一揆を「日本初の市民革命」と言う人もいます。

ならば次の時代のモデルも被災地・釜石から生まれるかもしれません。再生エネルギー発電や省エネを地域で目指すスマートコミュニティー、福祉を真ん中においたコンパクトシティーなど材料はあります。大胆な発想で社会実験してはどうか。被災地発の未来への物語があるはずです。

旅館前の湾は高さ14・5メートルの巨大防潮堤で囲む計画でした。県から打診された時、「うちだけの問題ならば前の防潮堤は高くしないで」と答えました。海あっての旅館ですから。ただ、地域の意思に従うとも言いました。結果、地元は高台移転するから高い防潮堤はいらないと決めました。

実は、海岸の旅館はやめるつもりでした。安全を守れなかったからです。建物は、北海道・奥尻島の津波と阪神大震災の教訓でした。被災現場で残っている建物を写真で見て、四角いコンクリートならば大丈夫と思い込み、木造の旅館を建て替えました。

左下が宝来館で、山の反対側にラグビーW杯会場予定地の学校跡が広がる。鵜住居川河口では水門の工事が進む＝釜石市鵜住居町、本社ヘリから、飯塚晋一撮影

でも今回の津波で2階まで浸水。私自身も津波にのまれました。そんな経験から、旅館は高台に移すと決めました。避難所にもなった旅館は震災遺構にと考えました。でも、被災地見学に来たいという中学生や作業員の宿が欲しい、と言われて修繕して再開しました。結局、費用面で高台移転を断念しました。「逃げる観光の宿」として再出発し、津波が来たら裏の避難路で山に逃げます。

岩崎昭子さん

震災から4度目の夏を終えました。今年は去年より客が減りました。支援や応援のため三陸にというムードが落ち着いてきました。旅行先に被災地が選ばれなくなる日はもうすぐです。美しさなら瀬戸内海で、食べ物なら北海道、楽しさなら九州と本来なら考えるはずです。来春の北陸新幹線の開業でもっと厳しくなるでしょう。復興だけを売り物にしてはもうだめです。

ここに魅力ある空間をつくらなければなりません。グリーン・ツーリズムも大事な要素です。農山村に滞在して交流を楽しむ過ごし方で、リアス式海岸なら山と海を一度に体験できます。海の前に泊まって山でブドウ栽培のボランティアをするなどです。でも、自然が元に戻るには時間がかかるので、まずはスポーツ交流に期待します。

前の湾は多くの命を奪った「悲しみの海」です。でもトライアスロン選手は震災翌年から泳いでいます。海岸は16年国体の競技会場なのです。釜石市は19年のラグビー・ワールドカップ（W杯）に立候補表明しました。競技場の予定地は近くの学校跡です。

旅館前と違って、競技場そばに建設する高さ14・5メートルの防潮堤と水門には反対しません。すぐ着工しないと、5年後のW杯を「安全に開催できる」と証明できないからです。

スポーツを起爆剤に人を呼び込み､効果を被災地全体に広げていく。ここに「チリ国」をつくったらいい。チリは南米の太平洋岸に延びる細長い国。三陸の細長い被災地が一体となりましょう。復興を競い合うのではなく、一つの国としての物語を作るのです。

まだまだ「震災ハイ」です。夢を見て、あれもやりたいこれもやりたい、の状態です。偶然ですが、宮沢賢治の誕生と死去の年に三陸は津波に襲われました。賢治は「世界全体が幸福にならないうちは、個人の幸福はありえない」と言いました。震災犠牲者のためにも、賢治の理想郷・イーハトーブを目指す物語を、みんなで書き上げてみたいです。

（聞き手・山浦正敬）

# 地元メディアの苦闘

3・11 その時 そして

# 輪転機、津波に沈む

## 復興釜石新聞（2014年9月29日〜10月9日掲載）

釜石市西部を東西に走る国道283号からJR釜石線の歩行者用の小さな踏切を渡る。目前の山に向かって急坂を登ると、最も奥の左手にやや古い住宅がある。2階に続く外階段の上に張り紙がある。

「釜石新聞社」

震災後、市内の全世帯に無料で配られてきた「復興釜石新聞」の本社だ。国や市の支援が終わったため有料化することになり、27日付の紙面で発表した。ただ発行部数は、2万から約4千まで大幅に減る。配達網の構築が遅れ、10月は臨時休刊を余儀なくされた。川向修一編集長（62）ら従業員は11月からの厳しい船出に身を引き締めている。

3年半前のその時、岩手東海新聞記者だった川向さんはビル4階の自席にいた。釜石から宮古市までをカバーする夕刊紙の編集部。当日の新聞が刷り上がったため、川向さんは翌日のための取材に向かおうとした。向かいの机では、千葉東也記者（39）＝現・エフエム岩手釜石支局勤務＝が原稿を書いていた。

激しい揺れに机の資料が散乱した。パソコンを打つため外していためがねがどこかに飛んだ。

翌日に配る新聞紙面の編集に取り組む記者ら＝釜石市住吉町の釜石新聞社

「写真を撮りにいけ」と千葉記者に命じた。自らも取材に出ようとしたが、めがねが見つからない。5分ほど探したが諦めて、めがねなしで外に向かった。

無意識に海を目指していた。港と釜石駅を結ぶ大通りは車で渋滞。外を歩く人はいない。港に着くと、釜石海上保安部のビルの上から誰かが叫んでいた。「危ないぞ」と聞こえた。

大通りを戻り、駅に向かった。人が集まっているとの情報があった。途中で右の山側にある寺に子供たちの姿が見えた。「写真に撮ろう」と山側に曲がった。その境内に入ったらすぐに津波が来た。「新幹線が通過するように、家具店の建物がシュッと目の前を横切った」。その後、じわじわと水位があがり、足元もつかった。

寺の門の約100メートル先に会社ビルがあった。記事と写真を出稿しようと一瞬考えたが、すでに2階辺りまで津波に沈んでいた。新聞を刷る輪転機は1階にある。川向さんは覚悟した。「会社もつぶれ、自分の記者人生も終わる」

記者は6人いた。市役所担当記者は市議会の取材中だった。市街地に迫る山に張り付くようにやや高い位置に建つ役所は被害を免れた。ベテランの後川邦彦記者（61）は取材先の大槌町にいた。車で急いで会社を目指した。市町境のトンネルを抜けて釜石側に入った所で前の車が速度を落とした。カーブする道路の先にある住宅地が真っ黒な津波にのまれていった。トンネルを歩いて戻ると大槌側も津波で壊滅していた。立ち往生したまま、山あいの作業小屋で夜を明かした。

地震直後に写真を撮りに会社を出た千葉記者は川の河口付近で撮影中に津波にのまれた。そばの釜石港湾事務所にたどりつき、一命を取り留めた。

電話が不通で、本社の社員は、宮古と大槌にいた駐在記者らと連絡がとれなくなった。

1948年創刊の岩手東海新聞。地震直前に印刷された「第18455号」の1面コラム「記者席」は2日前の地震と津波をとりあげていた。22行の原稿の締めは「地震・津波の常襲地帯。日常の心構えが大切とは言われるのだが、実際は…」だった。

## ●発行諦め、家族の元へ

数百人の市民が避難した病院ビルで、川向記者らも一夜を明かした。

川向記者は携帯電話のワンセグテレビで震災ニュースをみていた。流れていたのは仙台平野をかけあがる津波の空撮だった。海近くの自宅を思った。「だめだろうな」。妻と娘、母がいるはずだった。

水没した輪転機と連絡がとれない家族。「新聞は発行できない。家族が心配だから自宅に帰れ」と一緒にいた同僚に指示した。

自身の自宅は三陸鉄道南リアス線の隣の平田駅そばにあった。まずはめがねを探すため会社に戻った。津波は1階の天井辺りまで達していた。めがねを見つけた後で向かった自宅で、家族は2階で無事だった。隣の住民は犠牲になっていた。「運が良かった」。

記者らが新聞発行を諦める中、被災した岩手東海新聞の社屋に戻ったのは営業担当の浦山奈穂江さん（39）だった。営業先の大槌町で地震に遭った。会社に戻れず、途中の鵜住居にある実家に身を寄せた。「新聞社だから何かあったらすぐに集まれ」と日頃から言われていたため、震災2日目でがれきに覆われた街に向かった。だが、たどり着いた会社で会えたのは、上司1人だった。

震災から1週間後の3月18日、宮古支局の社員から、復活した川向記者の携帯電話にメールが届いた。一緒にいて津波にのまれた佐々木健支局長が遺体で見つかったとの短い連絡だった。避難させる資料を支局前で車に積み込もうとしていた。津波に気づいた佐々木支局長は玄関そばの妻に向かい「2階に上がれ」と叫んだ。直後に津波にさらわれた。64歳だった。

大槌町出身で40年近く地元を書き続けた佐々木正樹記者は、水門付近で写真を撮っている姿を目撃された。57歳だった。

生き残った社員たちが顔を合わせたのは震災から約2週間後だった。新聞社から解雇を通告された。退職金が支給された。

火が消えたはずの地元新聞に、思わぬ方向から救いの手が伸びてきた。

## ●情報提供へ市長の頼み

被災した岩手東海新聞の記者らが解雇されてから半月過ぎた2011年4月15日、岩手日報の社会面に同社の広告が掲載された。

「ご愛読者の皆様へ　今後、発行に向け鋭意努力して参る所存でございます」

輪転機が水没してから約1カ月。新聞社は読者に経緯を伝える場も失っていた。解雇された元記者川向さんは会社側に「会社の方針を読者に知らせた方がいい」と進言していた。

川向さんが釜石駅横のビルに置かれた市災害対策本部に出かけたのはそのころ。呼び出したのは高校同窓の野田武則市長だった。「助けてくれないか」。被災地の雇用を支援する「緊急雇用創出事業」を使って、市広報を兼ねた地元新聞を復刊できないか、という依頼だった。

避難所に入る約6千人の市民らに情報提供するため、市はA3判1枚の情報紙を出してきた。ただ、震災1カ月で発行できたのは「3月21日」と「4月1日」「10日」「11日」の4回だけ。川向さんは「夕刊とはいえ日刊新聞があったから、市民に日々地元の情報が伝わっていた。それがなくなり、市長には情報提供で余計に手詰まり感があったのではないか」と振り返る。市長との協議には新聞社幹部も同席していた。川向さんは自らの立場を、市長からの復刊依頼を新聞社側に取り次ぐ調整役という程度に考えていた。

その役割が5月の大型連休明けに急変した。

## ●発行「私たちやります」

岩手東海新聞社を再開して再び新聞を発行できるのか。元社員は戻れるのか。設備の被災も大きいだけに新聞社も、川向さんと元同僚らも悩んだ。

大型連休明け、元社員たちが下した結論は、みんなで新会社を立ち上げて新聞を作ろう、だった。自らの経験を生かし、思いのままに動き、地域の役に立ちたかった。

「私たちでやります」。

再開を模索していた新聞社に対し、川向さんは宣言した。その瞬間、市と岩手東海新聞社の間に入る調整役から、新聞発行の責任者に立場が大きく変わった。

ちょうど、宮城県石巻市の石巻日日新聞が震災時に発行した壁新聞が米ワシントンの博物館に展示されたニュースが伝えられた時期だった。岩手東海新聞社と同じく被災で輪転機が使えなくなった中、石巻の記者たちは5日間、手書きの新聞を避難所に張り出した。その奮闘ぶりが国内外から称賛されていた。

「よく聞かれるけど、俺らは記者魂なんかじゃない。生活のためだった」

そう川向さんは動機を説明した。市の要望は「できるだけ早く新聞発行を」だった。直後には1万人近くが体育館などに避難した市内で、大型連休までに完成した仮設住宅は2ヵ所だけだった。市災害対策本部が発行できた広報紙は5回にとどまっていた。

新聞を出すと決めたものの、場所も機材もないゼロからの出発となった。

見切り発車だった。

## ●空き家を社屋に再出発

新聞社の立ち上げを決めた川向さんは友人宅のパソコンで、会社設立の方法を検索した。「法律が変わって、いまは有限会社を新たに立ち上げられないことも初めて知った」。少人数で少額の出資で簡単にたちあげられる合同会社を選んだ。

出資金30万円で、法務局に登記した。社名は「合同会社釜石新聞社」とした。

空き家だった住宅の2階に構えた釜石新聞社の本社

釜石市内は港近くの中心街が被災したため、事務所スペースが極端に不足した。本社を置く事務所探しに歩いた川向さんらはある日、「疲れたから休もうか」と妻の実家だった住宅に立ち寄った。

1人がひらめいた。「ここでいいんじゃないか」。空き家で売却を検討していた物件だった。外階段で出入りできる2階の部屋は、かつて事務所としても使われたことのある適所だった。

印刷を委託する先に記事や写真のデータを送るためには専用のパソコンが4台必要だった。数百万円かかる。緊急雇用創出事業の補助金は購入に使えない。解雇された際に出た退職金の一部をつぎこんだ。

高額な新聞紙面制作用のソフトウエアは買わず、広告制作などに使う描画編集ソフトだけで新聞も編集することにした。「イラスト用ソフトで編集する新聞は見たことがない」と取材に来た業界紙記者も驚いた。

釜石新聞社に集まった元同僚らは11人。うち記者経験者は川向さんと後川さんのベテラン2人だけだった。ただ、震災直後から陰で支えてくれる助っ人がいた。

## ●地域の業界、支援申し出

釜石市民による演奏会「かまいしの第九」は14年で37回目を迎える年の瀬の恒例行事だ。川向編集長は岩手東海新聞の新人記者時代に取材したのをきっかけに企画に参加し、最近は実行委員長を務める。

そんな音楽仲間の1人である山口和彦さん（67）から震災数日後、川向編集長に電話がかかってきた。地域紙・盛岡タイムス（盛岡市）の当時の副社長だった。「印刷の方はうちで手伝うよ。やってみないか」。山口さんは「地域を元気にするのは活字の新聞」という思いがあった。

同社の社長も3月下旬に支援物資を運んで岩手東海新聞社幹部宅に見舞いに行った。両社は県内の2新聞とともに地域新聞の協会を1989年に立ち上げていた。記事を交換し、広告営業などで協力していた。

両社幹部の接触をきっかけに、水面下で新聞の再開に向けた検討が始まった。その流れは釜石新聞社に引き継がれた。印刷と輸送を盛岡タイムスが支援することになった。

釜石新聞社が編集した紙面データを受信して新聞の印刷を請け負う。刷り上がった新聞を釜石の販売店までトラックで運ぶ。広告会社のように、盛岡市内の会社から復興釜石新聞用の広告もとった。

13年8月に復興釜石新聞の縮刷版を発行した際は、ＮＴＴ東日本から釜石市内の職業別電話帳を取り寄せて、縮刷版の購入を勧めるダイレクトメールを事業所に発送した。今回の有料化に向けても9月上旬、このリストで購読申込用紙を郵送した。

これらを一貫して担当してきた盛岡タイムスの今の副社長佐々木国男さん（58）は自社の輪転機で復興釜石新聞の創刊号が刷り上がった瞬間を鮮明に覚えている。新聞・テレビの取材が殺到した。自らの姿もテレビ映像で全国に流れた。

その創刊のニュースは思わぬ所から発信された。

## ●市外と被災地つなぐ場

震災後初の市議会定例会一般質問の初日だった。海老原正人議員が登壇した。

「失って初めて必要性に気づくものとして地元新聞がある。多くの市民は情報に飢えている」

山崎秀樹総務企画部長（当時、現副市長）が答弁した。元岩手東海新聞記者らが新聞形式の無料情報紙を6月中旬から週2回発行する、と明かした。

11年5月30日だった。議会のやりとりを取材した記者が、川向編集長の元に確認に走った。

創刊は12日後の6月11日に決まっていた。川向編集長は取材対応に追われた。「10社くらいの新聞が次々と取材に来た」。全国紙も創刊の動きを伝えた。

会社設立を決めてから1カ月の創刊で、「なし崩しみたいなスタート」。川向編集長が創刊号の1面に載せるため、野田武則市長にインタビューした。後川邦彦記者が自らの被災と避難生活の長行ルポを書いた。市内の犠牲者名と年齢を並べた。ごみ収集などの市のお知らせも載せた。

紙面を貫くテーマは「支援をつなぐ役目を果たす新聞」とした。力を入れたのは、市の外にいる釜石出身者たちに書いてもらう「希望のメッセージ」欄。外からの支援と被災地をつなぐ場を目指した。

復興への歩みを市民とともに歩む。その決意を込めて、題字「釜石新聞」の前に「復興」とつけた。川向編集長は各社の取材に答えた。「題字から復興の文字が外れるまで出し続けるのが目標」。

## ●遺品のカメラ「使って」

震災3カ月の6月11日、市広報を兼ねた釜石復興新聞が発刊された。無料で全戸配布。釜石新聞社に取材に来た外国通信社の記者は「世界でも例がない」と驚いた。

創刊以来使う事務所玄関には常に、季節の花が飾られている。毎月のように贈ってくれるのは神奈川県在住の女性で、川向編集長が取材で使う一眼レフカメラの寄贈主だ。全国紙に載った創刊の記事を読んで、がんで死亡した夫の愛用品を「みなさんで使って下さい」と送ってきた。

川向編集長は当初、「そんな大切なものは受け取れない」と断ったが、どうしてもと懇願された。「このカメラで撮った写真が今も新聞に載る。彼女はご主人がまだ生きているという気持ちになるのだろう」。女性は今も、花や手紙、果物を送ってくれるという。

津波で犠牲になった宮古支局長と親交のあった全国紙の記者からも、「今はデスクで使わないから」とこれまで取材で使ってきたカメラ2台が届いた。

支援も受けながら新聞を出し始めた。地元の細かな動きが載る紙面に、取材依頼が相次いだ。外から支援に来る人からも日時や場所の案内が来た。掲載記事が支援活動の記録となった。

被災者への新聞配達先は次第に、避難所から仮設住宅に変わり、災害公営住宅にも広がった。2人だった記者に、前は営業だった浦山奈穂江さんが転身し、創刊号1面に撮影した写真を載せた。笑顔やピースサインする児童33人のカットに、未来の明るい光を感じたと説明を添えた。地元ケーブルテレビ出身の古川直子さん（43）も加わり、4人体制となった。

発行は順調だが、緊張関係にあるはずの行政から支援を受ける異色の経営が続いた。

## ●難しい政治との距離

創刊から3カ月後の9月11日、震災で延期された知事選と県議選、釜石市議選のトリプル選挙の投票日だった。新聞なら本来、選挙の報道でも自由に論評できるが、緊急雇用創出事業という公的資金で発行している復興釜石新聞はどうか。3選挙が迫る中、川向編集長は総務省に問い合わせた。

総務省の見解は、各候補者が新聞に出す選挙広告はだめだった。「公的な援助を受けているから、偏ってはいけないというのが理由みたいだった」。公的な支援を受け、市広報を兼ねているため、政治との距離の取り方は難しい。選挙の紙面づくりで痛感した。

釜石新聞社も市も、この態勢は緊急対応で、将来は普通の新聞となることを当初から想定はしていた。

緊急雇用創出事業で年間約7、8千万円の援助を受けていることについて、川向編集長は「地域の役に立っているかもしれないが、新聞としていかがなものか」と思い始めた。そのためもあり、市から、13年度末での支援終了を伝えられた際、そのまま受け入れた。

だが、緊急雇用創出事業は制度上、利益をあげられないので、会社の蓄えはゼロ。川向編集長は、市広報を載せる代わりに半年だけでも広告料を出して欲しいと市に頼んだ。「その間に独立に向けて準備する」

その広告料予算を審議した14年3月の市議会で、市は「有料化に向け事業計画を立て、自立することが望ましい」と述べ、独立への流れを作った。

何人が購読料を払って読んでくれるのか。ベテラン記者にも見通せないまま時間だけが過ぎた。

## ●継続決断に市民も応援

創刊から3年の14年6月。復興釜石新聞を10月以降も出し続けるかの判断を当初、川向編集長はこの時期に下すつもりだった。しかし、廃刊か継続かを決めきれないまま時間だけが過ぎていった。

決断は8月6日紙面だった。1面に大きく社告「有料化のお知らせ」を掲載。申込数が少ない場合は「9月末をもって新聞発行を終了しなければなりません」とも伝えた。

当日は事務所の電話が鳴り続け、約200件の購読申し込みが来た。しかし翌日から減った。社員は危機感を抱いた。元同僚らも心配した。9月6日付の社告は「見通しが立たない状況」と厳しい状況を訴えた。

その間も、印刷・輸送を請け負う盛岡タイムスが申し込みチラシを市内の事業所に郵送して購読を勧めた。「100部の申し込みを集めてくる」と申し出てくれる市民が現れた。情報が届かない震災直後の不安を覚えている被災者は、購読料を払って自分らが新聞を支えようと呼びかけた。そして9月下旬、採算ラインとした4千部を超えた。ほかの新聞が配達できないような山間部からの申し込みも目についた。川向編集長たちは逆に怖くなった。「こんな新聞なのに…」。そして気を引き締めた。

ただ、最後の最後に難題にぶつかった。

## ●休刊1カ月、再出発へ

川向編集長は9月20日付の1面で、必要な契約部数を確保したので、10月以降の継続を決めたと報告するつもりだった。

しかし、原稿締め切りの19日になっても、有料化後の新聞配達と購読料の集金を担ってもらう配達・集金人のめどがたたない。前向きだった人からも「やはりできない」と断りが入るなどした。被災が激しい地区を中心に複数の区域で難航していた。

川向編集長は「記者ら社員で配るしかないか」とも思い始めた。

果たして10月から発行できるのか。全員で話し合った結果、24日付の1面で、市民に「発行の延期」の可能性を初めて伝えた。全戸無料配布の最後の新聞となった27日付「第331号」で正式に、10月は新聞発行を休み、11月1日から再開すると宣言した。

10月の休刊期間に入っていま、配達網づくりを急ピッチで進めている。有料化する再開第1号は、休刊する10月中のダイジェスト記事を載せるつもりで、記者たちはこれまでと同じく取材を続けている。

地元の復興を見届けた時に外すと創刊時に宣言した題字につく「復興」の2文字を消せる日はいつか。11月1日の再開を前に、釜石新聞社の社員たちにもまったく見通せない。

（山浦正敬）

## 最も身近な情報源

### 大槌新聞（2014年10月10〜18日掲載）

2014年9月29日、大槌町役場で「情報発信のあり方研究会」が発足した。町民に対して復興の進み具合を伝え、コミュニティーの再構築に役立てるため、町外に対しては交流人口拡大などのため、情報発信は重要な役割を持つ。その効果的な方法を、町と、震災後に町内にできたメディアが、有識者を交えて半年かけて議論しようという会合だ。

メンバーの1人、菊池由貴子さん（40）は「本当に待ちに待っていた」とあいさつした。毎週、町内に無料で全戸配布している「大槌新聞」を書き続け、2年3カ月。今や、生活再建に向かう町民の最も身近な情報源になっている。

震災後の情報不足から自ら新聞を書き始めた菊池さんは、この会議の必要性を説き続けていた。

「やっとここまできた」

13年から、菊池さんは、臨時災害ＦＭ局の「おおつちさいがいエフエム」や、インターネット発信を続ける一般社団法人「和ＲＩＮＧ－ＰＲＯＪＥＣＴ（わ　リングプロジェクト）」のスタッフと、協力して新しい組織を作れないか、議論を始めていた。

すべて震災がきっかけでできたメディアだ。運営資金は、それぞれ国の緊急雇用助成金に依存していた。助成金は縮小方向にあり、いつ途絶えるかわからない。どの団体も20～30代の町民が中心で、この仕事を辞めても、人手不足の被災地では引く手あまただが、「町民からの情報発信は必要だ」との思いで続けていた。

大槌新聞は、唯一、広告を取ったり年賀状や縮刷版の販売を手がけたりして印刷や配達の経費

創刊2年3カ月で111号を数える「大槌新聞」

を工面していたが、人件費まではまかない切れなかった。

菊池さんは、それぞれのメディアや町の広報が別々に取材して情報を流すのは非効率だと思っていた。「大都市ならまだしも、1万3千人の町は、役場だ民間だ、新聞だラジオだ、と言わず連携しなければ。それに、みんな顔なじみな町だからこそそれができるはずだ」

ちょうど同じ頃、碇川豊町長が、会議やあいさつの場などで「メディアセンター」構想について発言するようになった。建物ではなく仕組みの話で、菊池さんと発想は同じだった。ケーブルテレビを多機能に活用し、それを軸に既存の地域メディアを一体運用させ、町の広報誌の制作も委託する。災害時の対応もにらんでいた。

13年11月、菊池さんは碇川町長宅を訪ね、構想をすりあわせた。町長は、チラシの裏に、目的、課題、そのために必要なことを、時系列にさらさらと書いていった。

実現すれば日本に例のない画期的なしくみだったが、いくつかのハードルも見えてきた。

## ●釜石は助成打ち切りに

菊池さんは、碇川町長の自宅で、お互いの「メディアセンター」構想について話した。まず、組織作りができる人が必要だという点で一致した。

新聞、電波、ネットというメディアを官民連携で一体運用している例は、国内でも例がない。効率的な組織や人繰りを整え、広告に加え、公的や民間の助成金の活用などで持続的に経営していかねばならない。「絵がかける人はいないか」。碇川町長は、役場職員にも構想を話したが、なかなか理解してくれなかった。

そうしているうち、隣の釜石市で無料全戸配布していた「復興釜石新聞」が雇用助成金を14年度から打ち切られることが決まった。移行措置として半年間、市の情報を掲載する委託料をもらう以後は、公的支援はなくなる。元岩手東海新聞の記者らが、市長に請われて立ち上げたものの、市広報が震災前の体制にもどり、町づくりの方向性も見えたことが理由だった。

「まだ住民にわかりやすく伝えるべき情報は、たくさんあるのに」

菊池さんは、正反対の方向に進む釜石市を残念がりながら「大槌の構想は必ず成功させなければ」との思いを強くした。

ただ、碇川町長とは思いを共有できても、職員の間のメディアに対する認識は、釜石も大槌も変わらなかった。菊池さんは、ことあるごとに、広報を担当する総合政策部の職員らに「メディアセンターで官民が情報を共有することが、町をひとつにする軸になる」と訴え続けた。

そんな菊池さんに、援軍が現れた。

## ●構想に共鳴、交流・助言

菊池さんは、震災後、被災者に必要な生活再建情報が伝わらないことに疑問を持ち、12年6月、1人で未経験の新聞づくりを始めた。それがマスコミに取り上げられ、同年末、日本記者クラブから会報への寄稿を頼まれた。菊池さんは、経緯や思いを書いた。

その文に共鳴した人がいた。京都新聞社の元社長（現・京都新聞ホールディングス顧問）の齊藤修さん（66）だった。齊藤さんは、見ず知らずの菊池さんの携帯電話にかけてきた。

「地方の新聞の原点を、改めて見た思いがしました」

ショッピングセンターで買い物していた菊池さんは、誰だかよくわからず、生返事をしていたが、後で同じ趣旨の感想を書いた手書きの手紙が来て驚いた。

翌13年1月、菊池さんは、神戸へ講演に招かれた帰り、京都に立ち寄って、齊藤さんから広告の取り方などのアドバイスを受けた。4月には、齊藤さんが大槌町を訪ねてくるなど、交流が続いていた。菊池さんは、メディアセンター構想について「知恵を貸してくれる人はいませんか」とメールした。

齊藤さんは震災後に被災地を巡り、地方紙の幹部から「翌日の新聞が出るまで、被災者に何の情報提供もしなくていいのかと思った。災害時には『メディア総体』として情報提供していくことが重要だ」と聞いた。それに共感した齊藤さんは、日頃から情報交換できる「京都メディア懇話会」を作り、理事長を務めていた。

齊藤さんは、懇話会の会長で、同志社大学社会学部でメディア論を専攻する渡辺武達《たけさと》教授（70）を紹介してくれた。

## ●亡き記者、結びつけた？

14年4月、菊池さんが副代表を務める一般社団法人「おらが大槌夢広場」は、東京都内で大槌新聞の町外購読者や支援者との集いを開いた。

ちょうどその日、渡辺教授が東京に出張していた。菊池さんが行政を巻き込んで実現したいと思っているメディアセンター構想の助っ人として、齊藤さんから紹介された人だった。菊池さんは都内のホテルのロビーで構想を切々と語った。

渡辺教授は、国内外の地域メディアに詳しく、欧米で公的支援を得て運営しているメディアの例があることなどを説明。実現に協力することを快諾した。6月には齊藤さんとともに大槌町役場を訪れ、そうしたしくみをつくるべきだと進言した。

大槌町内でも、新たなメディアの方向性について考えている人がいた。震災後、災害FM開設を町に提案し、現在、おおつちさいがいエフエムを委託運営しているNPO法人「まちづくり・ぐるっとおおつち」の倉本栄一理事（60）だった。

9月、菊池さんの構想を知った倉本さんは、連絡を取った。倉本さんは打ち明けた。町広報誌を委託する民間組織を作って、同級生の新聞記者を代表にしようという構想が、同級生グループの中にあった。当時町課長で行政のスリム化を進めていた、碇川町長も同じ考えだったという。「しかし、その記者は、津波で亡くなってしまった」

その記者とは、岩手東海新聞の佐々木正樹さん（当時57）。菊池さんも佐々木さんのことを震災後に知り「経験のない自分が記事を書けるのは、佐々木さんが乗り移ったのでは」と思っていた。2人は意気投合した。

## ●紙面を評価、方々から

倉本さんは、「震災直後、ラジオだけが貴重な情報源だった」と、臨時災害FM局の開設を町に提案し、運営を引き受けた。しかし、運営資金は国の緊急雇用助成金頼みで、その助成金は今年度末で打ち切られかねない状況になっている。

常設のコミュニティーFM局に移行するには、民間の事業所から出資金を集めたり、CMや会費を取ったりして経営基盤を整える必要があった。7月、FMのスタッフが設立準備委員会を組織しようと、NPOや商工会の代表らを集めて協力を求めたが、あまりにも唐突で机上の空論だったため、「広告のあてはあるのか」などと質問され、頓挫していた。

一方で倉本さんは、「紙媒体の発行もすべきだ」とかねてFMのスタッフに話し、大槌新聞の内容を評価していた。FMに菊池さんが出演して毎週、大槌新聞を読む番組もあった。菊池さんは、経営能力がない自分を、倉本さんが補ってくれればいいなと思っていた。1時間半語り合った後、「もっと連携していこう」と別れた。

大槌新聞を評価しているのは、倉本さんだけではなかった。

9月24日、竹下亘復興相が被災地を視察に訪れ、大槌町にも立ち寄った。町を見渡せる城山で説明役をする大水敏弘副町長は、菊池さんに「大槌新聞持ってる?」と声をかけた。菊池さんは車に取りにもどって渡した。視察の最後、大水副町長は竹下復興相に突然、大槌新聞を見せ、碇川町長と2人で褒め始めた。

「これ、いい新聞なんです」「この新聞で復興が遅れてるなんて書かれたら、町長何やってんだと言われます」「町民は町の広報を読まないで、これぱかり見ていて……」

## ●復興相に意気込み話す

視察に来た竹下復興相に、碇川町長と大水副町長は、菊池さんが書く大槌新聞をほめちぎった。たまたま広げたページには、町の不祥事を問いただす町議会一般質問の記事が載っていた。菊池さんは「批判的な内容が載っている新聞を、なぜこんなにほめるんだろう」と不思議に思ったが、新聞を認め、大臣と話す機会を与えてくれたのだった。

2人に促され、菊池さんは竹下復興相の横に立った。菊池さんは出版事業も始めたことを説明し、7月に発行した「生きた証《あかし》」という本を手渡した。震災で一人息子を、その後夫を病気で失い、自らも乳がんを発病した女性の歌集だった。老いた犬と仲良く暮らす日常や、2人への思いをつづっている。「新聞では書き切れない文化の発掘を」と町の業者に印刷を頼んだ。好評で、増刷を重ねていた。

菊池さんは、次の視察場所に向かうために車に急ぐ竹下復興相の横にぴたりとつき、歩きながら早口で、メディアセンター構想について説明した。

「今までの日本にない、新しいメディアをこの町に作ります。他の分野でも、震災の後、（被災地で）新しいあり方ができてきています。それを見ていてください。そうすればこの国も必ずよくなります」

菊池さんは、頭を下げていくつも陳情を並べるばかりの町幹部の姿を見て、もの悲しくなって

情報発信のあり方研究会の初会合＝2014年9月29日、大槌町役場

いた。一言でも胸を張って、意気込みを見せたかった。

竹下復興相は表情を変えず、本を同行者に渡して、ワゴン車に乗り込んで去った。

## ●既定の議題並び、怒り

話を9月29日の「情報発信のあり方研究会」に戻す。

会議は役場3階の大会議室で行われた。大槌新聞、おおつちさいがいエフエム、インターネット「大槌チャンネル」を町から委託され、運営する「和　リングプロジェクト」の当事者と、渡辺教授、河北新報のデジタル担当部長らが集まった。

菊池さんは、待ちに待った「メディアセンター」構想を話し合う場だと思って会議に参加していた。しかし、コンサルタントとして町から事務局を任された情報通信会社の説明を聞いて、だんだん怒りがこみ上げてきた。

事務局は今後半年間の会議のメニューをあらかじめ決めていた。例えば次回は町広報と大槌新聞についてに絞り、「レイアウトの方法」などが項目に並んでいた。その後の日程では、視察場所まで決めていた。新たなメディアをつくるというより、各既存メディアの技術向上講座のようだった。渡辺教授は、どこのコンサルタントでも示す、どの町にもあてはまる内容だな、と思った。

菊池さんは、そんなことの前に、メディアセンターの理念とか組織について話すべきでは、と抑えきれず、口火を切った。

「町は復興基本計画を話し合うのに半年かけた。レイアウトなど枝葉の話。幹の部分を話し合いたい」

## ●「ひどい会議」経て本気

9月29日、大槌町役場で開かれた「情報発信のあり方研究会」で、新聞、FM、インターネットで情報を伝えている側の話を聞いたコンサルタントの司会者は、「想定していたことと違う」と言い、こう続けた。

「地域のために生き残るため、手段を考えたいというお話ですか」

渡辺教授は即座に「全く違う」と言った。「町に何ができるか考える場。大きな組織の人にはわからないかもしれないが。大槌で新しいことができるかもしれない」

会議は想定されていた「お役立ち講座」ではなくなったが、その後の議論も、やはり「生き残るための手段」に終始した。

菊池さんは、怒りを押し殺しながら言った。「何も私たちの食いぶちのために生き残ろうとして言っているのではない。町にとって必要なことだからだ」

そして、諭すように続けた。「震災の時、私たちが欲しかった情報と大手が流す情報は違った。これからは自分たちの情報を自分たちで伝えることで、地域住民が賢くなり、地域の底上げが図られる。こういう理念を条例にしてほしい」

会議はそこで打ち切られた。次回のメニューは見直され、各団体の現状と課題や、町の取り組みの説明から始めることになった。

会議後、菊池さんは、横にいた倉本さんと言い合った。「これじゃあだめだ」「早く（メディア合同の）団体を立ち上げっぺし」

会議を聞いていた大水副町長も「コンサルに任せていられない」と、腹案を考えることにした。

ひどい会議だったが、おかげでみんな本気になってきた、と菊池さんは思った。参加者に配られた大槌新聞の題字下には、赤い字でこう書かれていた。おまじないのように、毎回必ず載せている言葉だ。

「大槌町は、絶対にいい町になります」

（東野真和）

## 迫る猛威「記録を」

### 東海新報（2014年10月19～30日掲載）

「これは、必ず来る」

大船渡市大船渡町、東海新報社の鈴木英彦社長（72）は慌てなかった。

2011年3月11日午後2時46分。2日前とは違う大きな揺れだった。社屋は津波の心配がない標高約70メートルの丘の上にある。すぐ社屋内にいた記者に、来るだろう津波をビデオで撮影するように命じた。記者は、社屋のさらに上にある市丸森墓園前の道路から、1時間以上、撮影を続けた。鈴木社長も、津波を自分の目で確かめたいと外に出た。

東海新報社の記録では、午後3時9分、大船渡湾口に第一波の津波が押し寄せた。5分ほどで、海面からの高さが5メートルほどの湾口防波堤を軽々と超え、門柱のように防波堤の両端に立つ二つの灯台をなぎ倒した。

港には何十隻も船が停泊していた。船を助けようと、漁師たちは懸命に沖に出そうとした。しかし、出遅れた数隻は、湾内まで到達した津波の勢いに負けて転覆した。波に向かってエンジンを全開させた時に出る黒い煙があがった。鈴木社長は「断末魔の叫びのようだ」と心が痛んだ。

津波は第二波、第三波と押し寄せ、湾内で渦を巻き、行き場を失った船をのみ込んでいった。

午後3時9分。防波堤の間から湾外に逃げようとする漁船

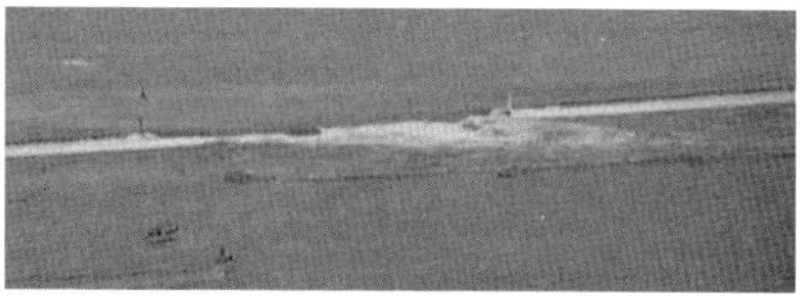
午後3時15分。防波堤を乗り越えて津波が湾内に

午後3時21分。津波はさらに勢いを増し、灯台も倒れた

午後3時52分。寄せる津波と、ひき波で巨大な渦巻きができた

午後3時28分。津波にのまれた大船渡湾の魚市場（左下）付近

午後3時42分。ひき波で再び姿を現した魚市場(中央)。付近の建物は海へと流されていった

＝いずれも東海新報社「鎮魂3. 11」付録のDVD動画より

引き波になると、浜に近い家屋が、次々と海に引っ張り込まれていった。

後に、鈴木社長はこのビデオを国土交通省に寄贈し、地元の漁師にも見せた。津波の研究や、どの段階までに船を出せば助かるかなど、今後の参考にしてもらいたかった。

当時、防災無線からは「3メートルの津波を観測しました」「避難してくださ い」と、数分置きに大船渡市役所から津波の情報が流れてきた。しかし、事態はそれに先行していた。市役所は内陸にあった。「津波が見通せていれば、早めの情報を流せたのに」と鈴木さんは悔やむ。

この惨事の中、通常時のチャイムを鳴らし、呼びかける声も、鈴木社長には「まったく切迫感がない。あれではだれも急いで逃げようと思わない」と感じた。

以前、「津波対策のため、高台に定置カメラを設置すべきだ」と県や市の職員に提案したことがあるが、聞いてもらえなかった。「カメラを見ながら放送していたら、もっと必死で呼びかけ、犠牲者が減ったかもしれない」

東海新報社の津波への「備え」はこれだけではなかった。それは、前回の津波の教訓を生かした結果であり、それが被災者を助け、会社の危機を救うことにもなる。

## ●チリ教訓に発電機導入

東海新報の本社は、かつて海に近い野々田地区にあった。1960年のチリ津波で流され、印刷機が使えなくなり、1週間、新聞発行ができなかった。他の県紙や全国紙は内陸で印刷するので、翌日から新聞が配られた。

鈴木さんの父の故・正雄さんが創刊してまだ2年しか経っていなかった。高校生だった鈴木さんは、朝早くから避難したことや、その時の父の悔しそうな顔を今も覚えている。

この教訓から東海新報は「次」に備えた。

社長が代替わりして7年後の88年、現在の高台に社屋を移した。これで津波の心配はなくなったが、停電すれば印刷できない。東日本大震災の2年前、2009年には自家発電機を買った。

震災時、社員のうち本社にいたのは半数くらいだった。記者は、出先で身を守りながら取材したり、市役所や避難所に走ったりした。その情報を翌朝には住民に届けることができる態勢は整っていた。

鈴木さんは、社員を連れて、無事だった市街地のガソリンスタンドに軽トラックを走らせた。自家発電機に使う軽油を買いだめするためだった。

途中、三陸自動車道が通行止めになっていたが、警備員がいなくなったのを見計らって、遮断機を上げて通った。

## ●翌日には避難所へ号外

自家発電に使う軽油はタンクいっぱいにあったが、それが底をついてはいけないと、鈴木さんと社員は、軽トラックで大船渡市街地のガソリンスタンドに向かった。まだ車は殺到してはいなかった。

事情を話すと、18リットル容器で5缶分の軽油を売ってくれた。容器がなかったので、スタンドの隣の閉まっていた荒物屋に頼み込んで容器を買った。ガソリンスタンドは、その後も「新聞発行のためなら」と優先的に軽油を譲ってくれた。「町中で、うちだけ電気が明々とついているのが申し訳ないくらいだった」と鈴木さんは振り返る。

あとは、輪転機を回すだけだったが、11日は、その技師が本社にかけつけることができなかった。仕方なく、A3判表面だけの「号外」をカラーコピー機で印刷した。12日未明、刷り上がった2千部の新聞は、社員が手分けして避難所に配って回った。

11日午後10時30分現在の情報で、死者が大船渡市で31人、陸前高田市は5人、行方不明者多数、としかわからない状態だったが、津波にのみこまれた大船渡市街地の写真を掲載し、市内で約4千人が避難所にいることなどを伝えた。

　宮城県石巻市の石巻日日新聞社は、被災して印刷ができず、記者が手書きした「壁新聞」を避難所に張り、「ジャーナリスト魂」が世界中から称賛された。

　そんな同社の近江弘一社長も、「6枚の壁新聞」（角川SSC新書）のあとがきで、津波に備えていた東海新報を紹介している。そのうえで、「壁新聞は災害に対して準備をしてこなかった末の結果でもあり、経営者として複雑な心境であり、未熟さを痛感しています」と反省している。

号外　東海新報

平成23年（2011年）3月12日 土曜日

大津波、街を呑む

死者、行方不明者多数

気仙沿岸に壊滅的被害

震災翌日に配られた号外

## ●紙面は生活情報に特化

東海新報は、震災2日目からは通常の輪転機で新聞発行をした。紙面のほとんどは避難者の名で埋まった。「今、最も知りたい情報」だと判断したからだ。

震災直後は、大船渡市役所にも生存者の情報は集まっていなかった。記者たちは各避難所に張り出されていた手書きの名簿を写真に撮り、本社でそれをもとに、社員全員で手分けしてパソコンに打ち込んだ。読み取れない字は「●」にした。3月22日からは身元不明遺体の情報も「70～80代男性、酔仙酒造付近で発見、格子柄ジャンパー」などと特徴を載せた。

新聞は、震災後1週間ほどは、記者ら社員が手分けして避難所に届け、無料で配った。全国紙や県紙は、まだ配達ルートが復旧していなかったし、ラジオも被災地全体の情報を順番に伝えるため、身近な情報は、東海新報に頼るしかなかった。

避難所では、被災者が明け方から新聞を待ち構えていた。「届けると、奪い合うように取っていった。怖いくらいだった」と鈴木さんらは振り返る。

記者たちは、ひたすら生活情報を集めた。どこに医者がいて、薬を処方してくれるか。支援物資はどこで手に入るか。電話が通じないので、すべて記者が足で集めた。全国紙は、被災者の悲劇をクローズアップすることに紙面を割いていた。長谷川一芳編集局次長（52）は「外の読者向けには必要かもしれないが、地元住民にはそんな話はいらないと思った」と振り返る。

## ●住民から信頼、部数回復

東海新報は大船渡市と陸前高田市、住田町が配達エリアだ。震災前、計約2万5千世帯のこの地区で1万7千部を発行する圧倒的なシェアを持っていた。

震災翌日から休むことなく新聞発行を続け、無料で避難所に届けていた。鈴木さんは震災後まもなく社員を集め、「3カ月間、給料を半額にしたい」と切り出した。「何とかがまんしてくれ」

と頭をさげると、みんな納得した。仕事を失った住民がたくさんいる今、文句は言えなかった。

しかし、いつまでも無料では経営が成り立たない。しかも、避難所では無料なのに、家が無事で有料購読している住民には配達が行き渡らず、苦情の電話が来ていた。

鈴木さんは、4月1日から有料に戻し、避難所は壁に張るだけにした。有料読者の数は半分以下の8千部にまで落ちていた。

「やっていけるだろうか」と言う鈴木さんの心配は、そう続かなかった。夏になり、仮設住宅に住み始める頃には購読の申し込みが相次ぎ、1万4千部まで回復した。

「震災直後は本当にありがたかった」と申し込んでくれる住民が何人もいると、鈴木さんにも伝わってきた。「翌日から絶やすことなく生活情報を届け続けてきたことで信頼感を持ってくれたんだろう」と感謝した。

## ●営業畑出身、次々に妙案

鈴木さんは、地方紙記者から会社を興した父とは違い、社内では営業畑を歩み、経営の安定に知恵を絞った。例えば、デザインを独学して依頼された広告を見栄えするように作り、掲載料をしっかり取った。部数も拡張して、入社当時は2千部に満たなかったが、震災前には1万7千部にまで増やした。

震災後、部数減で経営が苦しくなると、空撮で写真集を作ることを思いついた。11年5月、ヘリをチャーターし、他の記者は忙しそうだったので自分が乗って配達エリアを細かく撮影して、

8月に出版した。

全国紙や県紙が出した写真集に比べ、大船渡、陸前高田両市周辺に限定した写真集は貴重で、あっという間に1万5千部を売り切った。

震災1周年にも、記者たちが撮り続けた津波襲来時から復興に向かうまでの写真を2冊組の写真集にまとめ、津波襲来の様子を撮ったDVDも付録につけて出版した。しかし、その写真集は、思ったほど売れなかった。「震災の記憶の風化はそんなに早いのか」と鈴木さんは驚いた。

鈴木さんは今、次のアイデアを膨らませる。趣味の無線操縦ヘリにカメラを搭載して空撮の注文をとり、商売にできないかと試行錯誤している。「有人ヘリをチャーターして写真を撮るよりずっと安上がりだ」。無線操縦でも200メートルほど上空での撮影が可能で、最近、紙面にも活用している。

## ●記者も被災、自身を語る

震災1年半を迎えた12年9月11日、東海新報の1面に、高橋信《しん》記者（27）の手記が掲載された。高橋記者は、県警大船渡署の高田幹部交番所長だった父・俊一さん（当時60）を津波で失った。俊一さんは、震災前日、東海新報を訪れ、鈴木さんに「息子をよろしく」とあいさつに来たばかりだった。

手記を載せるのは、高橋記者が望んだわけではなかった。

東海新報は、震災後、あえて住民に最も必要とされている生活情報や復興状況を中心に報じてきた。一方で震災で家族を失った人たちに対しては、社員にも被災者が多かったことで、踏み込めずにいた。震災1年半を節目に、その悲しみにも向き合っていこうと、連載を始めることにした。「それには、まず記者自身のことから」と、編集会議で高橋記者が思いをつづることに決まってしまったのだった。

高橋記者は、震災直後の忙しい状態の中、入社予定の4月を待たず、3月末から避難所などに行き、先輩記者について取材を始めた。取材相手には、自分からは父を亡くしたことを言うことはなかった。

「正直、父のことは掘り起こしたくはない」との気持ちが強かったが、こうなったら書くしかなかった。

手記は11年4月8日、取材で訪れた大船渡署で偶然、「たった今お父さんが見つかった」と副署長に手を強く握られた時から始まっている。俊一さんは広田湾内で見つかった。警察署内に安置された遺体と対面して「『海は冷たかったろうに』と涙がこぼれた」と心境を記している。

## ●亡き父の思い、記者魂に

高橋記者が、震災1年半の紙面に書いた手記は、その後、こう続く。

俊一さんは、定年退職を3日後に控えていた。無線で指揮を執るために交番に戻った直後、津波にのみこまれたらしい。俊一さんは、高橋記者の入社が決まると「新車を買ってやる」とカタログを取り寄せて調べていた。俊一さんの部屋に残るカタログの山を見て「ただただ、『会いたい』

と思った」。

「1年半。まちの復興は進んでいるが、大切な人を津波で奪われた私たち家族の傷は今も癒えない」。車に乗せた母が海を見て「普段はこんなに静かなのにね」とふと漏らした言葉にも「胸が締めつけられた」。

手記は、行方不明者の家族に「心中は察するに余りある」とし、捜索を続ける警察署員には感謝する心配りをした後、震災前日に俊一さんから届いたメールを紹介している。

「新聞記者は毎日大変だが、やりがいもあると思う。父はいつも応援している」

そしてこう結ぶ。「亡き父の“遺言”に報いるためにも、この悲しみと正面から向き合いながら、記者生活を送っていきたい」

手記

震災遺族の3・11

「父の思いに報いたい」

東海新報記者 高橋 信

震災1年半の紙面に掲載された高橋信記者の手記

掲載された9月11日、大船渡市の本社には励ましの電話が相次いだ。高橋さんも取材先で「知らなかった」「がんばって」と優しい言葉をかけられた。

「書くことが苦しくて、載った後の反響など想像する余裕もなかった。支え合うってこういうことなのかなと単純にうれしかった」

3年半経った今も、俊一さんを思うと頭から離れない。単身赴任が多かっただけに「どこか遠くに行った、という感覚のまま」だ。

遺族への取材は、自分が取材されるとつらいことがよくわかるので「かける言葉が出なくなる」。しかし、高橋さんは父に誓った通り「記者として向き合わねば」と自分に言い聞かせながら取材を続けている。

## ●不明者情報検索が発端

「東海新報社」という地域メディアの軸があることが、震災後、大船渡市周辺で始まった新たな市民メディアの展開に貢献した。

11年4月7日、無線やインターネット関連の事業をするNTTPCコミュニケーションズに勤める福山宏さん(50)が、大船渡市を訪れた。社内で被災地支援プロジェクトを立ち上げ、取引先などから2億円の資金を集めていた。

知人の大学教授に「教え子の市議の様子を見に行ってくれ」と頼まれて来たが、ガレキが広がる光景を目の当たりにして「畜生っ」と涙が出た。そして「ここで自分の脳みそを全部使ってやろう」と思った。

その夜、市議宅に泊まった。震度6の余震が襲い、停電した。テレビは消え、ラジオは地元の情報が流れない。防災無線は聞き取れない。寒い。「忘れまい」と明かりの採れる多機能携帯に状況を書き込んだ。

翌朝、市議は「これ、何とかインターネットで検索できるようにならないかな」と東海新報の紙面を見せた。身元不明者の情報を書いた記事がぎっしり載っていた。「まずこれから始めよう」。それが福山さんと東海新報との最初の接点だった。

## ●新市民メディア具現化

東海新報にヒントを得た福山さんは、インターネットで特徴を入れると不明者や遺留品が検索できるようなシステムを作ろうと思った。

早速、県警に写真を含めたデータ提供を願い出た。最初は門前払い。その後も「なりすまして金品を持って行かれるのでは」などと渋られたが、5回通ってやっと許され、5月下旬に稼働した。宮城や福島にも広げ、3千件はどのデータベースになった。

福山さんは井上裕生社長（現NTTデータ顧問）に直談判して「国難だから思い切りやってこい」とお墨付きをもらっていた。システムの構築や管理は、東京にいる同僚の技術陣が活躍した。

その年の12月、福山さんは、東海新報の鈴木さんを訪ねた。そのシステムの件ではなく、自分が考えたアイデアを実現するために協力を求めるためだった。

防災情報を無線、携帯メール、FM放送などで一斉に流せるメディアを整備する。しかし、災害時だけ使っても、流す方も聞く方も慣れていない。そこで、普段は学校の連絡や地域情報を流していて、災害時に切り替わるようにしてはどうか——。余震の日、自分も体験したことから発想した。

即座に、「それはいい」と思った鈴木社長は、福山さんの目の前で地元有力企業のトップに電話し、30分ほどで賛同を取り付けた。

2人は戸田公明大船渡市長（65）にかけあうことにした。

## ●臨時局継ぎ常設FM局

11年12月、福山さんと鈴木さんは戸田市長を訪ねた。新年度事業は固まりつつあったが、意義を認めてリーダーシップを発揮し、その中に組み込んだ。

市は総務省の補助金を申請し、約3億円かけて機材を整備してくれた。12年8月、鈴木社長を理事長に、アマタケ、マイヤ、さいとう製菓、橋爪商事、ライフ工業……市内の有力企業が名を連ねるNPO法人「防災・市民メディア推進協議会」が発足した。

その中核になる「FMねまらいん」（87・5メガヘルツ）が翌13年4月に放送を開始した。市は震災直後に立ち上げた臨時災害FM局を1年で廃止する予定だった。市内でIT企業を営む今野雅光さん（52）が「今後も必要だ」と、強く主張し、福山さんも今野さんの意をくんで、FMを組み込んだ構想をまとめた。

推進協ができることになって、臨時災害局としてもう1年延長して準備し、常設のコミュニティラジオ局として引き継がれたのだった。今野さんは放送局長になった。

スタジオは、東海新報の本社2階で、かつて写真現像の暗室に使っていた場所を改装した。内容は、これまでの市役所の発表資料やお知らせを読み上げることが主の放送とはがらりと変わった。

## ●「次」に備え絶対に維持

臨時災害局を引き継ぐ形で大船渡市に誕生したコミュニティラジオ局「ＦＭねまらいん」は、現在、今野さんを放送局長に、４人の女性がすべてをこなす。番組は基本的に１人で担当し、パーソナリティーとして話しながら機材も操作する。もちろん取材や録音の編集もだ。

現場を仕切るのは及川透子《ゆき》さん（31）。火曜から金曜の昼間、生放送を担当する。震災直後、唯一、市役所２階で臨時災害局が立ち上がった時から携わっている。

勤めていた美容院が被災して失業中に知人から誘われ、ボランティアで加わった。震災直後、実家の両親と幼い娘２人で、公民館に避難していた。「夜、暗くても電気も使えず携帯電話も電源切れ。恐怖感を和らげてくれるのは、ラジオから聞こえてくる人の声だった」。そんな経験から手伝うことにした。

市からの情報を間違えず読み上げるだけだった臨時災害局当時と違い、方言も交え、楽しく放送することを心がける。４月、開局１年で初めて公開生放送をした。会場になったショッピングセンターは、２階まで聴衆で埋まった。「間違ってなかった」と実感した。

産業まつりで公開生放送を終えた「FMねまらいん」のスタッフ＝2014年10月25日、大船渡市盛町の市民体育館前

こうして認知されてきた「ねまらいん」だが、経費は年間3千万円ほどかかる。企業などからの会費やCM収入ではまかないきれず、国の緊急雇用助成金や市の情報を読む委託料で何とか採算を合わせている。

今野さんは本業のIT企業をそっちのけで携わる。「市民が声をあげる手段を持つのは大事」だと思うからだ。東海新報の負担も大きいが、鈴木さんも言い切る。「次の災害に備えて絶対に維持しなければならない」

（東野真和）

# 資料

3・11
その時
そして

# 主な被災自治体の復旧状況

いずれのデータも県まとめ

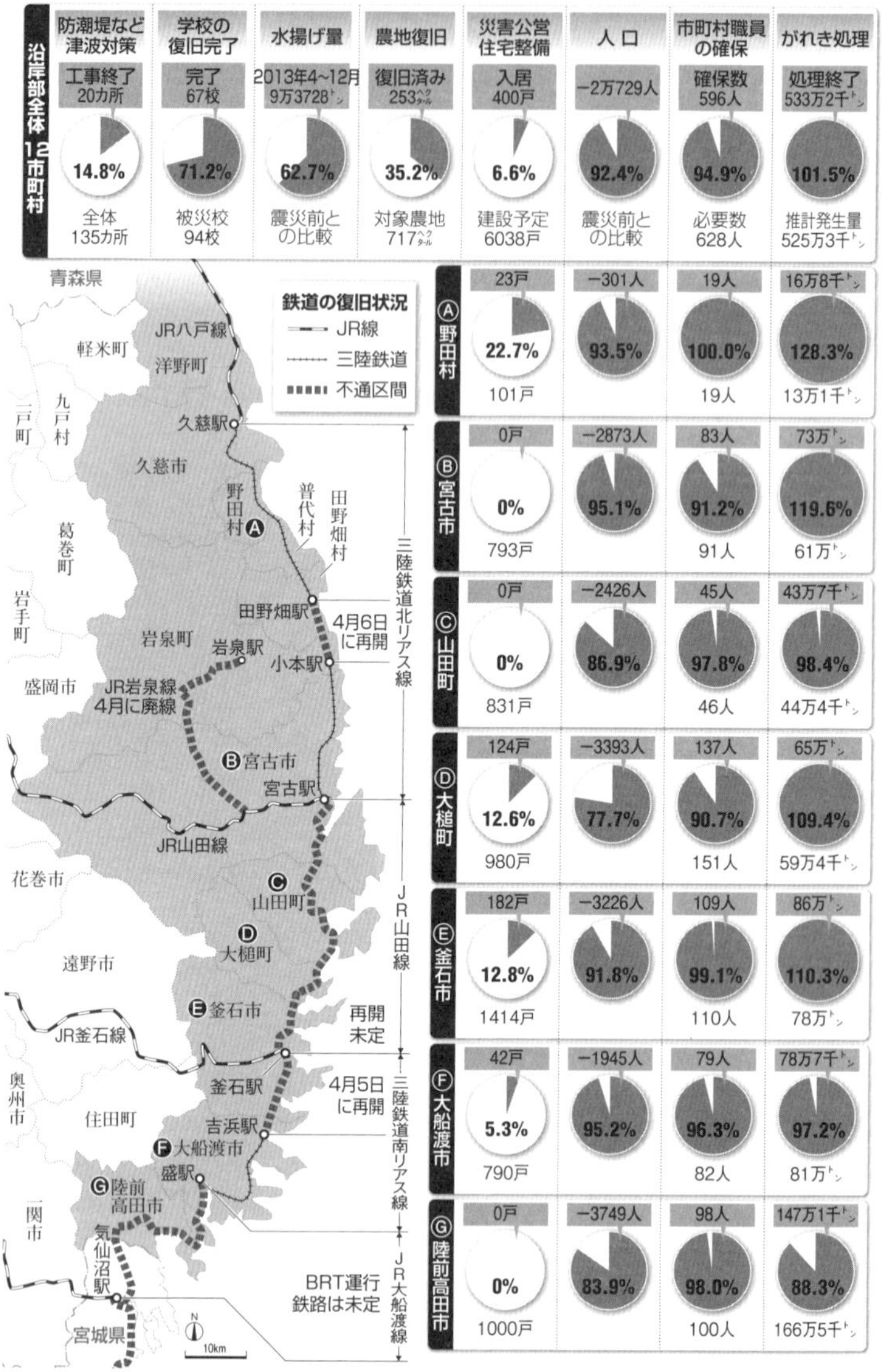


2014年3月11日朝刊

かさ上げ工事の例　陸前高田市では10メートル超

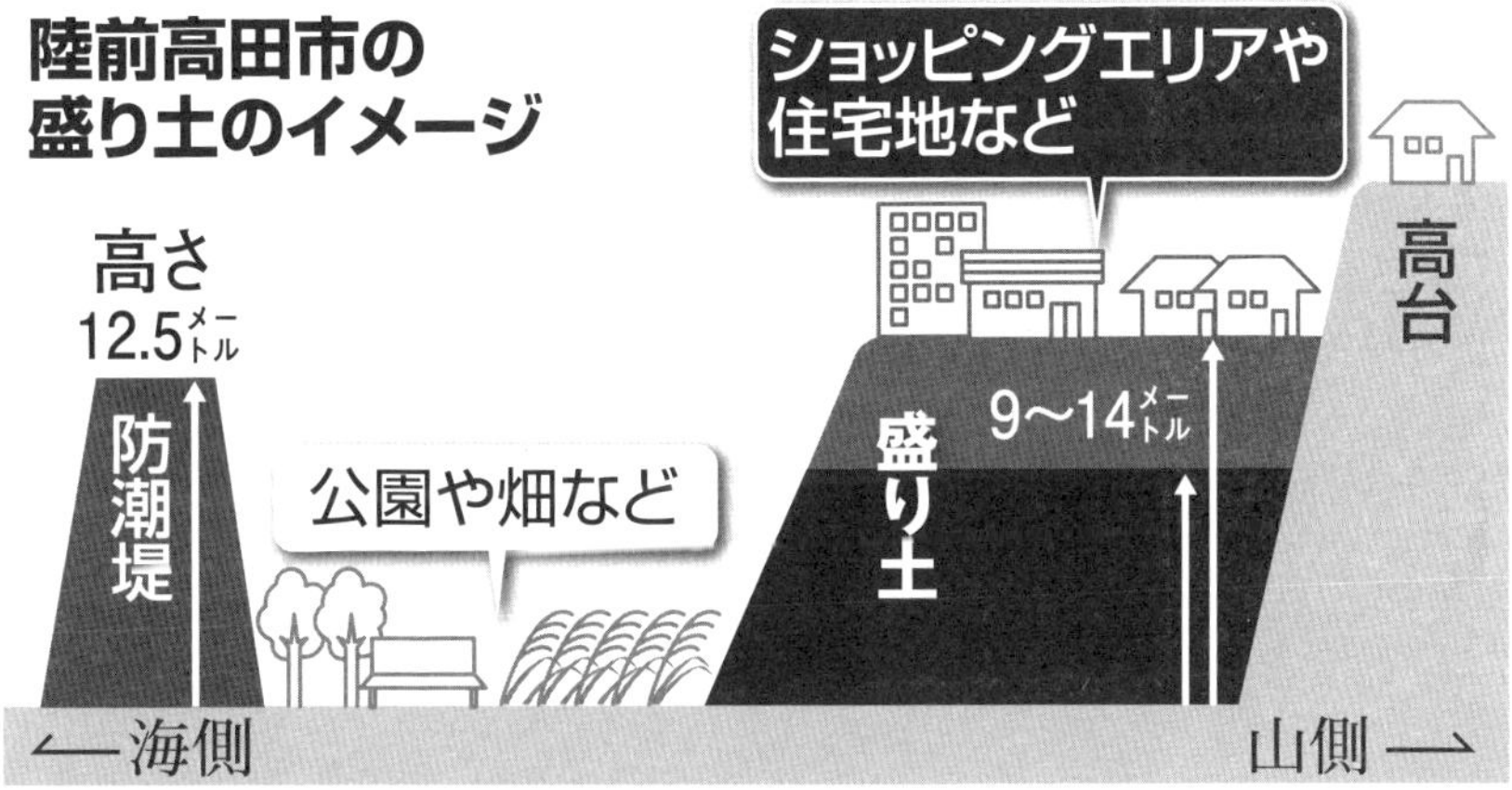


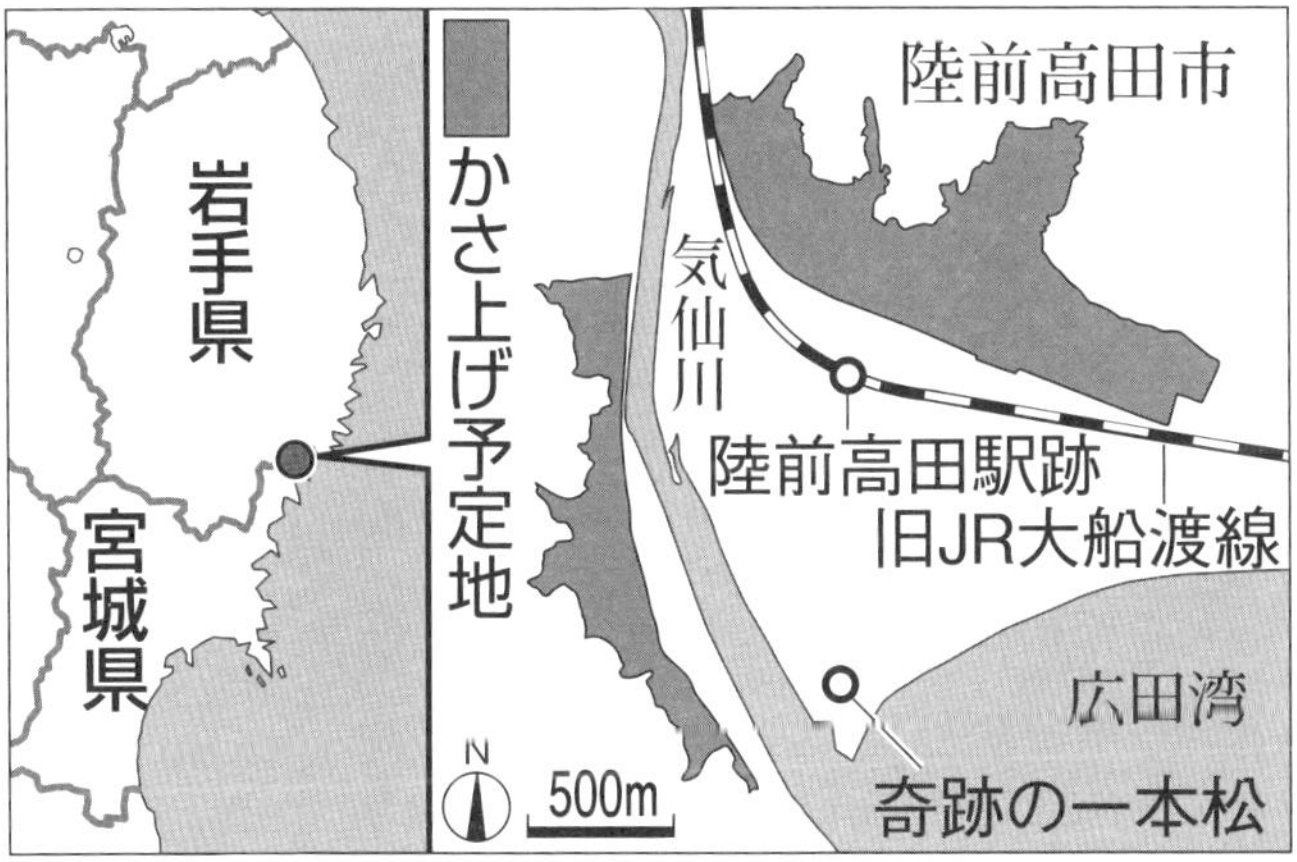

# あとがき

その時、私は朝日新聞東京本社の新館5階にいました。窓際のテレビで国会中継を見ていると、突然、ぐらぐらと揺れが襲ってきました。過去に覚えがない大きさ、そして長さ。「ビルが倒れるかも」。体は強張り、「日本沈没」という言葉が頭に浮かびました。窓から隣のビルを見ると一面総ガラス張りが波打ち、こちらに向かって倒れてきそうです。「ついに東海大地震が来たのか」「ここで人生終わるのか」。生きた心地がしませんでした。

ところが、三陸は、そんな生半可なものではありませんでした。

2011年3月11日午後2時46分。最初はただ茫然とし、やがてもたらされた北国の惨状に言葉をなくし、憤り、嘆き、そして無力感にさいなまれることになったのです。

あれから4年の月日が流れました。岩手県内だけでも全壊した建物は1万9千戸を超え、4673人の命が奪われて、いまだに1129人の行方が分かりません（15年2月現在の県警まとめ）。自然災害だったのだとあきらめるには、あまりにも大きすぎる痛手。戻れるならばあの時に戻ってやり直したい――残された人たちも心に傷を負いました。しかし、いくら嘆いても、失われてしまった命が戻ってくることはありません。これだけ甚大な被害から立ち直るのは容易ではなく、いまもなお応急仮設住宅に住んでいる人が2万人以上います。

そんな時、いったい新聞記者には何ができるのだろうか。答えは一つしかありません。

それは、伝え続けることです。あの時一人一人の場所で起きたことをできる限り掘り起こし、伝えること。何が起きたかを学ぶことによって、人々が二度と悲しい思いをしなくて済むように。岩手が生んだ詩人・宮沢賢治は明治の三陸津波の年に生まれ、昭和の三陸津波の年に亡くなりました。この二つの津波の間は37年しかありません。そして昭和から平成の三陸津波までは78年。いずれまたやってくる。それを前提に対策を練らなければならないのです。そしてそれはいつかどこかの次なる被災地でも参考になるものであってほしい。

そうした思いから震災1カ月後に朝日新聞岩手版で始めた連載は一日も休まず今年1月1日付で1326回を数え、いまも毎日、被災した人々の体験と暮らしを刻み続けています。本書は、その連載をまとめた12年発行の「負けないで　3・11　その時そして」の続編です。前著が震災直後1年の記録集とすれば、今回は遅々としながらも復興へと向かう被災地の奮闘録です。過疎化と少子高齢化が進む社会で、破壊された街をどう造り直していくのか。心の復興はどうしたらいいのか。単なる復元ではない、本当の復興とは何かを探るための記録として少しでもお役に立てれば本望です。

最後に、つらい取材にもかかわらず協力してくださった皆様と、出版にあたって助言をくださったツーワンライフの細矢定雄さんに改めて御礼を申し上げます。また、本書収録記事のほとんどを監修した盛岡総局の黒川和久デスク、出版の準備作業を手伝ってくれた総局スタッフの鎌田志穂さんにも感謝します。

２０１５年春

朝日新聞盛岡総局長

南　雲　　隆

# 復興とは 3・11 その時そして


二〇一五年三月十一日　初版発行

編　　者　朝日新聞盛岡総局
〒〇二〇-〇〇二一
盛岡市中央通一-六-二〇
TEL 〇一九-六二四-二二一一
FAX 〇一九-六二四-二二二九

発 行 者　細　矢　定　雄
発 行 所　㈲ツーワンライフ
〒〇二八-三六二一
紫波郡矢巾町広宮沢一〇-五一三-一九
TEL 〇一九-六八一-八一二一
FAX 〇一九-六八一-八一二〇

印刷・製本　マコト印刷株式会社

ISBN4-907161-43-9